명인 명사를 찾아 떠나는 차문화 기행

명인 명사를 찾아 떠나는 차문화 기행

2017년 11월 10일 초판 1쇄 인쇄
2017년 11월 17일 초판 1쇄 발행

지은이 최혜경
펴낸이 권혁재

편집 조혜진
출력 동양인쇄
인쇄 동양인쇄

펴낸곳 학연문화사
등록 1988년 2월 26일 제2-501호
주소 서울시 금천구 가산동 371-28 우림라이온스밸리 B동 712호
전화 02-2026-0541~4
팩스 02-2026-0547
E-mail hak7891@chol.com

ISBN 978-89-5508-380-4 93910
ⓒ 최혜경, 2017
협의에 따라 인지를 붙이지 않습니다.

국제차문화·산업연구총서 4

명인 명사를 찾아 떠나는 차문화 기행

최혜경 지음

학연문화사

일러두기

1. 이 책의 수록 순서는 인명과 시간의 기준을 두지 않았다.

2. 본문마다 부재를 표기하여 인명을 밝혔고, 탐방한 곳의 사진을 실어 현장감을 높였다.

3. 인용한 서명의 경우 〈 〉로 표시하였고, 인용문의 경우 " ", ' '로 표기하였다.

발 간 사

목포대학교에서는 2003년부터 '동서양의 차문화'라는 교양과목을 개설하여 2004년에는 국립대학 최초로 일반대학원에 국제차문화학협동과정 석사반, 2011년에는 박사반을 개설했다. 차에 관한 연구 분야의 확장성 때문에 문과와 이과의 석사·박사 과정을 투트랙으로 운영하며, 차문화와 차산업 전반에 대한 심도 있는 교육을 통해 국제적인 전문가를 육성하고 있다.

이를 바탕으로 2004년에 처음 문을 연 국제차문화연구소가 2012년에는 목포대학교 국제차문화·산업연구소로 정식 개소하게 되어, 한국은 물론 세계 각국의 차문화 원형발굴과 이를 활용한 관련 산업과의 융·복합을 기반으로 차의 6차산업화를 목표로 하는 세계 유수의 연구기관으로서 활발한 연구를 진행하고 있다.

본 연구소에는 다양한 전공의 교수급 20여명과 박사급 연구교수 및 전문연구원 30여명 등 총 50여명의 국내 최고수준의 연구진이 포진하고 있으며, 주로 차 관련 연구사업과 세계 차문화·산업계와의 학술교류에 집중하고 있다. 이러한 성과를 바탕으로 2017년 7월에는 중국 제2의 차산지인 귀주성(貴州省) 메이탄(湄潭)에 있는 天下第一壺中華茶文化博覽院에서 목포대학교 국제차문화·산업연구소의 박사 연구기지를 개소하고 현판식을 열기도 했다.

차 관련 연구사업으로 국제차문화·산업연구소는 구성원들의 연구업적을 총서로 발간하고 있다. 국제차문화·산업연구소의 총서발간은 연구원들의 연구의욕을 고취시킴은 물론 구성원들의 연구성과를 사회에 환원하자는 취지에서 기획된 사업이다. 연구소 역점사업의 하나로 진행되는 총서발간이 연구원들의 연구력 제고에 기여함은 물론 국제차문화·산업계의 발전에도 일정부분 기여할 수 있기를 바란다. 기쁘게도 국제차문화 · 산업연구총서 제3호로 발간된 장효은 전임연구원의 〈한국 전통 발효차의 생산방식과 소비형태〉가 '2017년 세종도서 우수 학술도서'로 선정되었다.

　이에 더불어 지난 10년 간 차문화의 현장을 찾아 계간 〈계간 차생활〉에 기고했던 탐방기사들을 모아 국제차문화 · 산업연구총서 제4호 〈명인 명사를 찾아 떠나는 차문화 기행〉을 상재하신 持榮 崔惠慶 교수님께 감사드린다. 아울러 최교수님에게 지면을 할애해주신 〈계간 차생활〉의 김용기 발행인과 취재에 응해주신 명인 28분과 명사 25분께 존경과 감사의 마음을 함께 전한다. 끝으로 출판계의 어려운 여건을 무릅쓰고 총서발간을 흔쾌히 허락해주신 학연문화사의 권혁재 대표님께 감사드린다.

2017년 10월

목포대학교 국제차문화 · 산업연구소장 笑庵 趙紀貞 삼가 적음

머 리 말

15~6여 년 전 제주 대정 추사 유배지에 헌다공양을 올리고 그 후기를 쓴 것이 계기가 되어 〈계간 차생활〉과 인연은 시작되었다. 차생활 원고를 위해 발로 뛰어 다니던 시간들이 삶에 있어서 많은 위안과 배움의 길이 되었던 것은 또 다른 은택이었다.

처음 차를 즐겼던 생활은 비단 문화적인 배경으로 존재한 것만은 아니었다. 삶의 여정 속에서 차는 말없이 나를 지켜주는 도반이었고 벗이었다. 언제 어디서나 함께 할 수 있었던 진정한 말동무이자, 침묵의 가르침으로 내 삶의 중심에 있었다. 그 가운데 차에 대한 연민과 동경은 늘 궁금증을 자아냈고 학문적인 갈증으로 끊임없는 관심을 놓치지 않게 했다.

그러던 와중에 푸른차문화연구원의 오영환 선생님과의 만남은 필연적인 인연으로 다가왔다. 선생님의 권유로 차생활에 원고를 기고하면서부터 전국의 제다인들과 차인들의 탐방이 이어졌고, 그들과의 조우는 차의 세계에 눈을 뜨게 하는 새로운 출발이었다. 먼 길을 달리며 바람에 마음을 씻고, 밤길을 제치고 찾던 걸음은 차가 주는 생명의 활기였다. 그렇게 10여 년. 발로 뛰며 써 온 글들을 모아 한 권의 책으로 내놓는 것은 그간의 차생활을 돌아보고 앞으로 나아가야 할 길에 대한 점검의 노정에서이다.

이렇게 탐방하며 쓴 글들은 차가 맺어준 또 다른 삶의 한 면이자 현장의 재현이었다. 차문화의 현장에서 차를 생업으로, 혹은 문화생활로 서로 다른 여건에서 자신의 길을 소중하게 살아가는 차연들의 삶을 그대로 펼쳤다. 한품 한품 들여가며 만난 인연들이 같은 문화를 공감하고 역사의 시간을 구성한다는 사실에, 문화 공동체로서 보이지 않는 숙명의 궤적을 느낄 수 있었다. 역사와 문화는 오늘에 만들어진다. 오늘의 삶이 곧 어제의 역사가 되고 내일의 미래가 되는 것이기에, 오늘도 차에 충실한 이들의 삶을 어찌 한 순간에 머무르게 하겠는가. 하나의 손길, 하나의 정성이 모여서 차의 물길을 내고 차문화를 형성한다는 것을 알고 있다. 그래서 그 길은 보이지 않지만 끊임없이 이어지는 문화공동체로서 한 사람 한 사람의 소중한 삶을 확인하는 조명이었다.

이 책은 차를 제다하는 차산업의 명인 28인과, 차문화를 생활로 담아내고 있는 명사 25인의 일상을 소개하는 방식으로 기술하였다. 이미 고인이 된 명인도 있지만, 현역으로 활동하고 있는 차인들이 대부분이어서 그들의 생생한 삶의 현장을 스케치 하는데 소임을 다했다. 차가 가장 많이 생산되는 광주 · 전남권과 지리산권에 제한된 지역적인 한계가 있지만, 차산업과 차문화의 전통적인 맥을 이어가는 현주소를 비춰보았다는 점에 의미를 두었다. 취재 일정을 짜고 발품을 팔아 한뜸 한뜸 빈 공간을 채워가는 과정을 즐기며, 그들과 함께 공감하고 소통할 수 있는 차인으로서의 만족에 더 큰 보람이 있었다. 앞으로는 시간이 허락 되는 한 지역적인 한계를 넘어 더 많은 차인들의 사람 사는 이야기를 담아볼 계획이다.

이 책이 나오기까지 안팎으로 도와주신 오영환 선생님과 조기정 교수님께 깊은 고마움을 표한다. 그리고 그간 차를 함께 해 준 지인들에게 감사를 드리며 항상 믿고 응원해 주는 두 아들과 형제들의 후원에 잊을 수 없는 고마움을 전한다. 그리고 각기 자신의 삶의 현장에서 차문화의 발전과 향상을 위해 애쓰는 모든 차인들에게 이 책을 삼가 바친다. 부족한 대로 쉼터를 열어주는 가죽나무의 그늘처럼 한편의 글에 위로가 된다면 더 없는 기쁨으로 여기겠다. 질정으로 손잡아 주길 바란다.

2017년 10월 가을날

지영 최혜경

目 次

명인편

한국차산업의 선두
- 한국제다 서양원 명인 -

50 · 60년대 전후 한
국사회에 불기 시작한
바람은 경제성장이었
다. 전쟁의 상흔을 딛고
아픔을 치유하기 위해
서는 경제성장의 기반
이 절실히 필요했다. 70
년대 새마을 운동의 사
회개혁은 대한민국의

경제를 급성장하게 만드는 원동력이 되었고, 80년대 들어서 산업 경제의 발달로
삶은 점차 윤택해지고 여유가 생겼다.

90년대에는 전통문화의 바람이 불면서 차인구가 급속히 확대되었고, 잊혀져가
던 우리 문화에 대한 관심이 새로운 꽃을 피운 시기였다. 이때 보급되기 시작한 차
문화는 우리 전통문화의 맥을 이어가는 새로운 문화 트렌드로 등장하였다.

차문화가 대중화되기까지 차문화의 보급과 차가공산업의 선두적인 위치에
선 서 양원(78, 한국제다) 대표가 있다. 서 대표가 차를 처음 접하게 된 것은 어
렸을 때 뒷산 대밭 사이사이에 있는 찻잎을 따서 약으로 달여 먹던 시절이었다.
차와 함께 자라고 생활하며 그 안에서 세상을 본 서 대표는 차가 자신의 조상이
라고 했다.

서 대표는 아무도 차에 관심을 갖지 않고 눈을 뜨지 못한 50년대 암울한 상황에서 한국 차산업에 뛰어들었다. 차가 먹거리로 인식되기도 전 맨 처음 창립한 한국홍차는 커피와 외국홍차의 수입으로 위기에 몰렸다. 커피가 들어오면서 10가구 정도의 농가와 계약 재배하고 생산한 홍차는 판로가 열리지 않아 전량 폐기할 수밖에 없었고 저장 창고도 없어 찻잎이 얼어버리는 일이 수 없이 많았다. 또한 이때에는 차를 만들어도 차를 마시는 인구가 적어 차를 버리는 경우가 많았고 일반인들은 차를 공짜로 얻어먹는 것이지 돈을 주고 사 먹어야 한다는 인식이 없어 경제적으로 어려움이 많았다.

서 대표는 홍차 단일 상품으로는 운영이 어려워지자 태평양화학을 찾아가 녹차를 만들어 브랜드화하자고 설득했다. 태평양화학이 찻잎을 생산하기 전 처음 5, 6년 동안은 서 대표가 찻잎을 공급하고 설록차란 이름으로 제품을 판매하였다. 그리고 건강식품으로 대용차를 개발하고 전통 녹차의 맛으로는 소비자의 기호를 충당할 수 없어서 발효차를 개발하였다. 현재 한국제다에서 출시되는 발효차는 초창기의 발효 과정과는 다른 방법으로 한국인의 입맛에 맞춘 반발효차다. 그 후 두충차나 결명자차 등 대용차를 개발하여 차가공산업의 영역을 넓혔으며 현재는 총 7종 31품목의 천연 건강 다류를 생산 판매하고 있다.

서 대표는 전국에 있는 200여 곳의 차밭을 직접 답사하고 조사하여 지금의 영암, 장성, 해남에 10만 여 평의 차밭을 만들고 가공공장을 설립하였다. 처음 대만에 갔을 때 우리나라의 차시장과는 비교가 안 될 정도로 규모나 질적인 면에서 월등히 앞서 있었던 차시장을 보고 엄청난 충격을 받았다. 그때부터 한국의 차산업을 일으키기 위해 차가 있는 곳이면 장소와 시간을 막론하고 발로 뛰어 다니며 정보를 수집하고 연구하여 지금의 한국제다를 만들어 갔다.

90년대 들어 상호를 한국제다로 변경하고 두충차와 작설차를 일본과 캐나다에 수출하여 우리나라 차가공산업의 발전된 모습을 보여주었고, 일본 세계차대회에 한국 대표로 참석하여 한국 녹차의 국제적 위상을 높이기도 했다. 1997년에는 차문화의 보급과 홍보를 위해 차문화 교육의 필요성을 절감하고 운차문화회관을 개관하여 차교육장을 일반인에게 제공함으로써 차문화 보급과 차인의 저변 확대 및 차생활을 격상하는데 앞장섰다.

2000년대에 들어서는 가루차, 우전감로, 감로 등이 국제명차대회에서 우수상을 수상하여 한국제다의 품질을 입증하였고, 명예식품공학박사학위를 수여하면서 전통식품 명인으로 지정되었다. 명차대회의 농림수산식품부 장관상은 차와 일평생을 함께한 그의 정신과 노력이 학술적으로 인정받은 결과였다. 그는 지난 2008년 농림수산부가 차산업계의 공로자를 발굴하고 그 성과를 인정하는 명인선정분야에서 황차, 말차 부분 제 34호 전통명인으로 선정되었다. 그 후 2009년에는 한식세계화적합명차대회에서 농림수산부장관상을 수상하는 등 그의 한국 차가공산업의 선두적 역할은 차문화를 일반화하고 대중화하는 데 커다란 받침목이 되었다.

그러나 서 대표는 이러한 상들이 차인들의 의욕을 높이고 격려하는 차원에서는 긍정적인 부분이 있으나, 그들에 대한 사전 검증이나 점검 없이 상을 수여하는 것은 차계의 발전에 부정적인 영향을 준다고 우려했다. 서 대표가 차와 인생을 함께한 것은 명인이란 호칭이나 명예가 아니라 그저 차와는 뗄 수 없는 외길 인생에 대한 나름의 책무라고 생각한다. 그가 명인이란 이름을 얻은 것은 지난 시간 황무지 같은 차계에 부딪치며 터득한 60년 인생의 결과였다. 그러한 맥락에서 선정된 명인은 정부차원에서 인간문화재와 같이 보호하고 육성하여 그 가치를 인정해 주었을 때 차산업의 발전을 가져올 수 있을 것으로 본다.

서 대표는 진정한 명인이란 역사성이 있어야 한다고 했다. 그가 존경하는 차인들 중에 지금은 작고하고 안 계신 응송 스님, 효당 스님, 금당 최 규용 선생 등은 역사적으로 차문화를 지키고 계승해 오신 분들이다. 이들은 개인차원에서가 아니라 사회, 국가가 인적자원과 지원시스템을 갖추고 역사적인 맥을 이을 수 있도록 관리해야 할 것이다. 이러한 취지를 잇기 위해 서 대표는 자신의 가족을 인적자원의 유자격자로서 활동할 수 있도록 교육시켜 전수하는 과정을 진행하고 있다. 현

재 그는 차가공산업과 차문화를 발전시켜나가야 할 민족적 사명감과 책임을 느끼고 전국에 14개의 차생원을 개설하여 차문화 보급과 전통의 맥을 잇는 데 주력하고 있다.

서 대표는 우리의 차산업도 세계화를 위해 준비해야 한다고 강조한다. 5, 60년대의 차가공산업 수준에서 벗어나 새로운 육종의 개발과 수종을 연구 개발하여 차나무의 품질을 높이고 차의 질을 높여서 생산해야 한다고 말한다. 차의 대중화를 위해서 기계를 통한 원가절감과 유통마진을 줄여 소비자 가격을 낮추는 데 주력해야 할 것이며, 그러기 위해서는 가공업자뿐만 아니라 학자들이 차시장에 대

한 분석과 차의 식품안전관리에 대한 철저한 검증을 거쳐 최상의 차를 생산하도록 일조를 해야 한다고 했다.

차가 몸에 좋다는 과학적 증거를 학술적으로 마련하고 차를 심을 수 있는 환경과 조건을 만들어 발전시키는 것이 차산업의 성장을 위한 길이라고 한다. 그래서 차산업의 현대화를 통한 대량 생산과 대중화는 차문화의 가장 시급한 문제라고 했다.

일본의 경우는 우리나라보다 700-800년 후에 차문화가 형성되었지만 현재 차시장은 우리나라 보다 몇 배나 큰 규모를 갖추고 있다. 일본은 차를 재배할 때부터 판매할 때까지의 모든 공정을 식품안전상의 증거를 확실하게 검증한 후에 소비자들이 차를 마실 수 있도록 국가적 차원에서 관리감독하고 있다. 이는 소비자들이 차를 안전하게 마실 수 있도록 함으로써 1조 5천억이나 되는 일본차 시장을 지키려는 것이다. 우리나라도 국가 차원에서 차의 품질에 대한 식품안전관리를 철저히 한다면 차의 불신을 초래하는 일을 미연에 방지할 수 있다. 실제로 몇 년 전 농약 파동이 일어났을 때 우리나라 차시장이 충격을 받고 풍파가 일어났던 것은 그만큼 국가의 관리가 소홀했다는 것을 보여주는 단적인 예이다. 차가공업자들이 눈앞의 이익에 급급하여 과도한 홍보와 허위 사실들을 유포하고 정부에서 특수농가들을 과잉보호하면서 막대한 자금을 투자한 것이 차산업을 위기에 처하게 만든 요인이었다. 차재배 농가에 자금을 투입한 만큼 철저하게 관리하고 검증해서 차를 생산하고 차를 판매할 수 있도록 판로를 개척해 주는 지도력이 있었다면 그러한 실패는 없었을 것이다. 자금을 무상으로 지원하는 것은 좋지만 앞선 지도력으로 차산업을 육성하는 책임도 함께 있어야 앞으로의 차산업이 흔들리지 않고 발전할 수 있기 때문이다.

아울러 서 대표는 차인들이 중국차를 선호하는 경향에 대해서도 우려를 보였다. 중국차를 선호하는 우리나라 차인의 수가 급격히 늘어나고 있는 현상에 그는 문화의 융합이나 시장의 개방이란 차원에서 좋은 면도 있다고 말한다. 하지만 또 다른 면에서 보면 마치 중국차 식민시대가 아닐까 할 정도로 중국차에 대한 맹목적인 수용은 큰 문제가 아닐 수 없다고 개탄한다. 차 전문 잡지를 보면 온통 중국차문화에 대한 기사가 실려 있고 중국차를 무조건 수용하고 중국을 답사하고 와야만 차인의 격에 들 수 있다는 문화 풍조에 대하여 중국차문화의 식민시대같다는 우려를 보였다. 또한 상대적으로 우리차를 비하하는 인식도 매우 안타까운 일이이라고 했다. 우리 차문화를 널리 확산시키고 발전시키기 위해서는 깨어 있는 차인들의 바른 각성이 필요할 때라고 힘을 주었다.

서 대표는 차가 인간의 품성을 높이는 데 매우 좋은 가르침을 준다고 말한다. 차가 정직하고 성실한 만큼, 차를 대하는 사람은 누구나 솔직하고 진실한 자세를 갖추는 것이 중요하다는 것이다. 차는 평생을 도반처럼 생각하고 함께 해야 하는 평생지기로서 차를 대하는 마음을 순수하고 진실하게 가져야 한다고 말한다.

그래서 차를 만드는 서 대표는 매일 생산되는 차를 직접 검사한다. 차를 제조하는 동안 삿된 마음으로 차를 대하거나 생산하면 그 기운이 차에 밴다고 한다. 하여 차를 가공해서 제품을 생산하는 전 공정에서 직접 온도, 습도, 열풍, 맛, 색, 향 등을 일일이 검증하기 위해 그때그때마다 체크해서 차의 품질을 결정한다. 그 시간이 대략 2시간 40분 정도 걸리는데 당일 제품에 대해 검색을 하면서 순회하는 동안 20~40잔 정도의 차를 마신다. 그는 직접 차를 검증하기 때문에 외출을 삼간다. 그에게 있어서 외출은 불과 1%에 불과하고 집과 공장에서 차를 점검하고 체크하는 일로 하루를 보낸다. 이때 그는 안주인인 김판례 여사와 함께 차를 맛보고 품평한다. 매일 새벽에 일어나 둘이 마주 앉아 차를 마시는 것부터 하루를 시작한다. 부부가 새벽 시찰을 하고 난 뒤 서로 마주 앉아 반드시 두 손으로 차를 주고받으면서 서로가 지켜야 할 다짐이나 하루를 살아가기 위한 덕목, 살아 온 인생을 얘기하며 차담을 나눈다. 또 가족이나 자녀들에게 차를 대하는 심성, 마음을 다스릴 수 있는 차의 기본예절 등도 가르친다. 일본사람들은 차를 통해 서로에 대한 배려와 존중하는 마음, 예절 등이 몸에 습관처럼 배어 있다고 한다. 우리도 아름다운 우리 차문화를 통해 마음을 정리할 수 있는 힘과 정신을 길러서 차인으로서의 품위를 잃지 않는 것이 중요하다고 말한다.

서 대표는 차인으로서 가장 의미 있었던 일로 1999년 해남 대흥사에 순수 사비로 다성 초의 선사의 동사을 건립한 일을 꼽는다. 초의선사는 조선후기 차문화를 정립한 선승으로서 우리나라 차문화의 중흥조로 추앙받고 있다. 대흥사 일지암에 주석하며 많은 유학자들과의 교류를 통해 쇠퇴해 가는 조선의 차문화를 다시 복원한 역사적 위업을 기리기 위해 동상을 건립한 것이 가장 보람 있는 일이라고 했다. 차의 길을 걷고 있는 인생에서 초의선사는 오늘의 서 대표가 있게 한 스승이자 역사적인 문화를 잇게 한 근본이기 때문이다.

　아울러 우리의 전통문화와 함께 차의 세계화를 위해서 판로를 개척하고 한국제다의 황차와 녹차를 아시아나 공식 음료로 납품하고 LA에 현지법인을 설립하여 미국이나 유럽 등지에 우리 차문화를 보급한 일들은 한국차의 세계화를 위해 매우 의미 있는 일이었다고 한다. 앞으로도 한국의 차문화가 세계 속의 아름다운 문화로 자리 잡을 수 있기를 희망하며 오늘도 서 대표는 제다공장을 한 바퀴 돌아본다.

2009.12.19.

　한국제다는 2012.9에 서양원 대표가 작고함으로써 현재는 장남 서민수 대표가 운영하고 있다.

차의 본을 지키는 17대 선암사 다맥

- 신광수茶 신광수 명인 -

육우는 〈다경〉에 '차맛의 근본은 매우 차서 그것을 마시기에 적합한 사람은 행실이 바르고 질박한 덕망을 갖춘 사람이다(茶之爲用 味至寒 爲飮最宜 精行儉德之人)'라고 하였다. 차의 성품이 차다(寒)함은 심지가 반듯하고 바르다는 말과도 통한다. 이는 차를 마시는 사람은 모름지기 마음부터 다스릴 줄 알아야 한다는 의미일 것이다. 마음을 다스린다는 것은 인간으로서 지켜야할 본분을 지키는 본성의 자유로움을 말하는 것이 아닐까.

길이길이 보전될 산기슭에
내 사랑 차나무 가꾸기 반평생
짙은 안개 찬란한 금빛 햇살
하늘 호수에 비친 달빛 세상 별빛 세상
멀리서 찾아온 귀한 손님들
모두 시선(詩仙)이 되고
대대로 이어온 바른 제다법은
차향 황홀한 극락을 경험하게 한다.

해산 한승원 선생은 신광수(명인신광수茶 대표, 제18호 식품명인)를 두고 바른 제다법으로 황홀한 극락을 경험하는 다인이라고 평했다. 실제로 그는 18세 되던 해 자신이 만든 차를 우연히 마시고 온 몸에 소름이 돋으며 기운이 솟아 형용할 수 없는 선열감에 빠지는 체험을 했다. 그후 다기를 부처님께 공양하는 의식을 치르고 차를 향한 애절한 마음으로 제다하는 오늘의 신광수가 되었다.

그는 어려서부터 선암사에서 다각 소임을 맡으며 스님들께 차 시중을 들면서 선암사 다법을 익혔다. 선친인 선암사 16대 다맥 용곡 정호(龍谷 正浩)스님으로부터 선암사 제다의 비법을 전수 받아 오늘의 명차를 생산하게 된 차와의 인연은 부처님이 주신 삶의 길이었다.

선친인 용곡 정호 스님은 고령신가 종손 4대 독자로 태어났다. 돌이 되기 전 남편을 잃고 홀로 되신 할머니가 전국 산천을 돌며 선친의 무병장수를 빌고 대 잇기를 기원하던 중 선암사 대승암에서 경운 스님을 만나는 인연을 맺게 되었다. 당시 경운 스님은 8월 한 여름에 누비옷을 입은 채 찻사발을 들고 좌선에 들어 다선일여의 삼매에 빠져 있었다. 이때 스님은 할머니를 보고 아이를 나에게 맡기면 두 가지 소원을 다 들어주겠다고 하여 경운 스님에게 아버지를 맡기고 불공을 드리며 살았다고 한다. 그 후 할머니는 가산을 팔아 선암사에 보시를 하고 고흥에서 선암사 대승암까지 100여 리 되는 길을 3일에 한 번씩 다니며 선친의 무병장수와 손 잇기를 지극하게 기원하였다. 선친인 정호 스님은 경호 스님 밑에서 경서를 배우며 출가의 뜻을 굳혀 선암사에서 머리를 깎고 법당에서 기도를 하던 중 자신이 어머니 목을 조르는 꿈을 꾸었다고 한다. 정호 스님은 어머니의 목을 조르면서까지 독신을 고집하는 것에 대해 심각한 고민을 하고 후손을 이어 지금의 신광수가 있다고 하였다.

선친이 살았을 당시는 일제강점기여서 일본 조동종은 한국 불교의 법맥을 끊기 위해 불교를 탄압하던 시기였다. 그러나 선친인 용곡 정호 스님은 일본의 조동종에 합류하지 않고 임제종의 법맥을 이어 갔다. 또한 임제종의 다법을 이은 선친은 천만 권의 책을 읽는 것보다 차 한 잔을 마시며 참선에 들면 깨달음에 이를 수 있다는 승속불이의 다맥을 전해 주었다. 전하는 용곡 정호 스님의 다시를 감상해보자.

지랑재굅구년다	紙囊纔乏舊年茶
우자강남귤유화	又煮江南橘柚花
일루향연장부득	一縷香煙藏不得
송풍취송성인가	松風吹送聖人家

종이 주머니에 조금 남은 지난 해 묵은 차를
다시 강남의 귤, 유자꽃과 함께 달이니
피어오르는 한 줄기 향연 부득이 감추고 싶은데
솔바람이 불어와 성인의 집으로 날려 보내네

지난해 묵은 차를 귤, 유자와 함께 달이니 피어오르는 향이 감추고 싶을 만큼 좋으나 솔바람이 이를 알고 성인의 집으로 날려 보낸다 한다. 차향이 혼자 마시는 것을 허락하지 않고 성인에게 먼저 올리라는 솔바람의 지혜가 군자와 같은 성품을 지녔다는 것이다. 차의 현묘함이 인간의 심성을 일깨우는 다선의 일체를 느끼게 한다.

신 대표는 자연스럽게 절에서 자라고 생활하면서 어려서부터 선친과 선암사 대중스님들께 차를 시중들고 차밭을 가꾸었다. 절집에서의 생활은 제도권의 사회활동에 진입하기 어렵게 만들었다. 성장하면서 진로 설정에 대한 수많은 고뇌와 갈등을 하고 비록 불가를 떠나더라도 차를 떠나서는 살지 않겠다고 다짐하였다. 일본차의 다조 에이자이가 쓴 〈끽다양생기〉를 읽고, 차를 마시는 것은 인간의 근본을 양생하고 건강을 위하는 묘수가 있음을 알았다. 그 후 일본 세브리산에 심어진 800여 년 된 심근성(深根性) 차밭을 찾아 가 차의 본(本)을 삶의 근본으로 삼았던 순간을 그는 인생의 가장 큰 획으로 여긴다. 차의 본성은 자연의 영원성과 맞닿아 있어 본을 망각하면 자신을 상실하는 것이고 본을 찾아야 기본 인격을 생성해 자유에 입각한 깨달음을 얻기 때문이다.

신 대표는 차밭을 구하기 위해 순천 선암사 상사호 주변을 샅샅이 공부했다. 허균이 지은 우리나라 최초의 식품자료인 〈도문대작〉 '작설차는 순천산이 제일 좋고 다음이 변산이다'라고 실려 있다. 또 1618년 순천부사 이수광이 지은 〈승평지 진상조〉에는 순천 작설차를 진상품으로 올린 기록이 있어 순천의 차가 전통성이 있다는 기록을 근거로 해서 1997년 그는 차와 궁합이 맞는 땅(기후풍토와 토심, 산의 경사도와 방향, 땅의 기운 등)을 구입했다. 15만평의 야산을 구입해 벌목을 하고 화전을 일군 뒤 심근성 재래종 야생 차나무로 차밭을 조성하여 차의 직근성을 보존했다. 심근성 차나무는 개량종이나 변종과 달리 잔뿌리가 적고 차나무 자체 키보다 2배 이상 긴 뿌리를 내리는 특성을 가지고 있다. 개량종 차나무는 대량생산을 목적으로 개량된 품종이어서 차나무에서 싹을 틔우는 개체수가 많아 적은 면적에서 대량 생산할 수 있는 장점이 있으나 잔뿌리가 많고 뿌리를 깊이 내리지 못해 비료나 농약을 사용하지 않으면 차다운 차를 생산하기 어렵다.

신 대표는 심근성 차나무를 보전하기 위해 땅의 신령스러운 기운과 미량의 원소를 섭취해 성장하는 자연농법으로 차나무의 생리를 그대로 보존하면서 차의 근본이 유지되는 자연친화적인 농법을 원칙으로 차밭을 가꾸었다. 그래서 차밭이 조성된 지금까지 비료나 농약은 한 번도 해 본적이 없다. 비료나 농약을 칠 경우 차는 생리적으로 이를 거부하며 점차 변종이 되어가기 때문이다. 또한 차나무는 밭이나 논에 심으면 이미 영양분이 없어진 땅에서 제대로 자랄 수 없어 차의 성분이 떨어진다. 이렇게 자연농법으로 재배한 차밭은 국립농산물 품질 관리원으로부터 친환경 농산물 인증(유기재배), 미국FDA승인, 일본 유기인증 JAS를 획득하였다.

그가 이룬 경사진 야생차밭은 상사댐의 자연 습도와 조계산의 자연 채광이 적절하게 조화를 이루어 차나무의 생육에 아주 좋은 기후 조건을 제공해 준다. 이러한 생사댐의 습도와 자연 채광에서 자란 차나무는 잎이 튼튼하고 비타민이나 그 외의 영양분을 다량 함유하고 있어 찻잎의 순수성을 그대로 유지하고 있다. 그래서 그가 만든 차는 느끼하거나 비릿한 맛과 향이 아니라 맑고 정갈한 순수한 맑은 차맛을 낸다.

또한 그의 차밭은 해발 700~800m에서 자라고 있어 중국의 유명한 명차가 나는 고산지대와 같은 고도를 유지하고 있다. 특히 이번 겨울의 한파에 냉해 피해가 많은 보성과 하동의 차나무에 비해 피해가 훨씬 적은 것도 높은 고산지대였기 때문이라고 한다.

그의 제다 공장에는 여느 제다 공장과 달리 기계가 보이지 않는다. 타 회사의 제다실에는 기계가 설치되어 있어 사람의 손길보다 기계의 힘을 빌려 차를 덖는데 반해 신광수차의 제다실에는 돗자리와 멍석 그리고 차를 덖는 200년이 넘은 가마솥 3개가 전부였다. 두께가 12cm가 되는 주물 가마솥과 멍석, 돗자리에서 선암사의 제다법대로 전통 수제차를 만든다.

그는 아침마다 차밭을 돌며 차나무 하나하나씩을 어루만지는 사랑의 대화를 한다. 상사댐의 물안개가 올라오는 새벽에 차밭을 돌며 하루의 기온과 햇빛의 강약을 가늠하고 생잎을 한 잎씩 따먹으며 어느 산기슭의 잎을 딸 것인지 지역을 정한 다음, 그 잎은 몇 도의 가마솥에서 얼마간 덖어야 할지를 판단한다. 찻잎을 딸 때의 온도와 수분 함량에 따라 차를 덖는 가마솥의 온도가 달라지고 가마솥의 온도에 따라 차를 우려 마실 때의 온도가 달라지기 때문이라고 한다.

그런 다음 가마솥에 불을 지펴 온도를 맞춘다. 처음엔 참나무로 불을 때고 어느 정도 온도가 올라가면서 찻잎 수분의 함량에 따라 감나무와 오동나무로 불을 조절하며 차를 만든다. 참나무로 온도를 맞추어 수분 함량을 50% 정도 떨어뜨리고 감나무로 수분을 10%씩 낮추어 20%정도까지 없앤다. 마지막엔 오동나무를 사용하여 수분함량을 4%대로 낮춘다. 참나무는 화력이 세고 모든 잡내를 제거하는 효과가 있고 감나무는 불의 성질을 순하게 유지시켜 주며 오동나무는 불꽃은 화려하지만 온도가 많이 올라가지 않는 특성이 있어 차의 수분을 말리기에 적합하다고 한다. 이렇게 만들어진 차는 색향미가 뛰어나 야생차가 가진 심근성의 성질을 그대로 유지시켜 주며 차의 냉한 성질과 독성이 없어지고 마음과 오장을 편안하게 한다.

　그가 차를 만들 때에는 관음상을 어루만지는 마음으로 차를 덖는다. 차를 가마솥에 넣고 관음상을 사랑하는 마음으로 오감을 살려 차와 하나가 되어 덖는다. 차와 하나가 되려면 오감육식(다섯 가지 감각과 인식능력)을 잘 다스릴 줄 알아야 한다. 이러한 조절 능력은 평상 시 생활 가운데 마음을 다스리는 습관이 길러져야만 가능하다. 오미를 잘 분별하여 가마솥의 온도를 설정하고 덖을 때 손으로 수분의 감량을 파악하여 10%정도로 줄면 솥에서 꺼내어 멍석에 비빈다. 이때는 뜨거운 열기가 식을 때까지 두 손바닥에 움켜쥐고 밀고 당기며 끈적거리는 액체가 손바닥에 붙는 느낌이 오면 고루 털어서 죽석이나 돗자리에 널어 말린다. 다시 솥에 넣어 덖을 때마다 온도를 10℃씩 낮추고 수분도 10%씩 줄이면서 아홉 번 반복한다. 이때 귀는 차 덖는 소리로 그 정도를 알아야 하고, 눈으로는 색의 변화를 잘 관찰하여 눋거나 발효되는 잎은 없는지 살피며, 코는 풋 향과 설익은 향, 무르익은 향, 은은하고 지극한 향 등 제다과정에서 풍기는 모든 향을 느껴야 한다. 마지막 인식 능력은 가마솥에서 꺼내어 음건하고 다시 반복하는 과정을 통솔한다. 이렇게 오감육식이 깨어 있는 상태에서 법제해야 오미를 두루 갖춘 조화로운 차가 나오고, 오미를 두루 갖춘 차가 오장을 편안하게 하며 대뇌에 그 기운이 전달되어 식이 맑아지고 깨달음의 경지를 느낄 수 있다고 한다. 그래서 그런지 그가 법제한 차는 위가 상하는 기운이 없고 몸이 따뜻해지며 전체적으로 온화함이 느껴지는 맑은 차였다. 차를 마신 뒤 혀끝에 감도는 싱그러운 맛과 향은 입안 전체를 타고 맑은 단맛으로 맴돌았다. 40여 년간 일일이 손으로 차를 덖은 그의 손은 마디가 닳아져 손끝이 뭉퉁해졌고 손바닥에는 지문이 보이지 않는다. 상품으로 판매되는 차는 단 1g이라도 자신의 손끝을 거쳐서 완성품으로 내놓는 장인의 기질이 온몸에 배어 있다.

앞으로 그는 차의 본을 지키는 사람들이 많아졌으면 하는 바람을 안고 있다. 차가 궁극적인 깨달음의 매개체로서 건강과 본질을 일깨워 삶에 영향을 받는 사람들이 많아지기를 희망하고 있다. 또한 전국에 심근성 차밭을 조성하고 보급하는데 힘을 기울여 소비자에게 진정한 차의 맛과 정신을 전달하고자 노력한다. 요즘 제다인들은 심근성 차나무를 심고서도 눈에 좋고 맛이 좋은 차를 원하는 소비자들 때문에 시기를 기다리지 못하고 비료와 농약으로 차나무를 괴롭히는 것은 차가 약해지는 환경을 만드는 것이라고 한다. 기다리며 차의 본을 지키는 진정한 다인이 나오기를 희망하는 그의 말에 차향이 반백의 인생을 물들이고 있다.

2011. 11. 06.

차는 검소하되 누추하지 않고 화려하되 사치스럽지 않게
- 춘파다원 박근형 대표 -

-검이불루 화이불치(儉而不陋 華而不侈)-

검소하지만 누추하지 않고 화려하지만 사치스럽지 않다는 이 평문은 김부식의 〈삼국사기〉에 처음 나오는 말이다. 백제 온조왕 15년 조에 '새로 궁궐을 지었으나 누추하지 않고, 화려하나 사치스럽지 않다'고 백제의 아름다움뿐만 아니라 우리 민족의 미감을 상징하는 평문이 기록되어 있다. 뿐만 아니라 고종은 1873년에 건청궁과 집옥재를 지으면서 〈집옥재 상량문〉 첫머리에 '검소하지만 누추한 데 이르지 않고, 화려하지만 사치스러운 데 이르지 않았다(儉不至陋 華不至奢)'고 하여 검소한 가운데 화려함이 있고 화려함 가운데 검소함이 있는 우리 문화의 중용정신을 말했다. 이는 단순한 언어의 기교가 아니라 문화를 바라보는 소박하고 겸손한 정신에서 나온 우리 민족의 미적 표현이라 하겠다.

이러한 미적 감각을 생활 속에서 실천하며 춘파다원을 운영하고 있는 박근형(66. 전남대학교 농업생명과학대학 식품공학과) 명예교수님을 만났다. 그간 차학계에서 차의 학술적인 발전을 위해 많은 연구 성과를 이루고 학회나 행사에 주도적인 역할을 맡아 오신 교수님의 이력은 익히 알려진 바이다. 박 교수님은 전남대학교에서 35년 동안 재직하고 전남녹차산학협력단 단장을 비롯한 각종 차품평대회의 심사위원과 한국차학회 편집위원장 등 사회단체의 요직을 두루 거쳐 퇴임 후에도 꾸준히 활동을 하고 있다.

박 교수님이 춘파다원을 경영한 지는 40여 년이 된다. 이만 평 정도의 야산에 직접 차나무와 편백나무를 심어 차밭을 조성하고 녹차와 발효차 등 무우차(無憂茶)

를 생산하며 차산업 발전에 기여하고 있다. 품질보증과 안전, 청정을 목표로 친환경재배를 하고 있는 춘파다원은 그의 부친이 일구고자 한 다원의 꿈을 박 교수님이 일군 곳이다.

항상 밝고 겸손한 학자의 풍모를 지닌 교수님은 감초계피차가 나오자 감초가 어떤 식품인지 과학적인 논리로 설명하였다. 세상의 모든 생명들이 요구하는 가장 기본적인 맛은 짠맛인데 그 짠맛을 더해주는 것은 단맛이라고 한다. 감초의 단맛은 글리시리신이라는 성분으로서 설탕보다 여운이 오래 가는 단맛을 제공한단다. 단맛을 내는 것으로는 설탕과 꿀, 쌀 같은 탄수화물이 있는데 이를 우리의 삶에 비추어 sweet home이나 honey 같은 행복을 나타내는 용어로 쓰이기도 한다는 행복론에 대한 설명도 곁들어 주었다. 맛깔나는 감초차를 한 잔 마시고 자연스럽게 차에 관한 이야기로 화제를 돌렸다.

차는 정신세계와 물질세계를 이루는데 이는 모두 하나의 품안에서 어우러질 때

아름다운 문화로 창출된다고 한다. 차는 옛 선인들이 발견한 식물의 한 종류이나 그 안에 포함된 세상과 자연의 이치, 우주의 원리를 이해하는 것이 차를 이해하는 첫 출발이라고 하였다.

차는 자연을 벗어난 성장이 있을 수 없는데, 작게는 지구 안에서부터 크게는 우주의 진리를 포용하는 거대한 우주과학적 물질세계에 존재한다고 한다. 우주의 진리에 맞닿아 있는 차는 존재하는 물질세계를 생명을 가진 정신문화로 꽃 피웠고, 인간 삶의 질을 향상 시키는 하나의 매개체가 되어 인문과학과 자연과학을 통섭하는 문화적 트렌드를 가진 개체라고 했다.

차의 물질세계에 대한 가장 직접적인 요소는 건강에 이롭다는 것이다. 차나무는 인간에게 유익한 성분이 강하게 작용하는 물질을 생산하는 능력이 뛰어나 세계 우수건강식품 10위 안에 포함될 정도로 특별한 약성작용이 있다. 그것은 활성산소를 없애주어 암이나 질병의 발생률을 70%까지 현저히 낮춰주는 기능을 한다. 1770년에 발견된 산소는 물질을 태우는 성질을 가지고 있는데, 인간의 몸속에 들어가면 호흡이나 물질대사를 통해 소비되고 남는 산소가 활성산소다. 하루에 인간이 호흡하는 산소는 5-6L이나, 타고 남은 활성산소가 몸속에 남아 있으면서 다른 장기들의 활동을 산화시켜서 몸의 노화를 촉진하고 각종 질병을 유발시킨다. 이러한 활성산소를 정화시켜주는데 탁월한 효능을 지닌 것이 차다. 차의 카테킨 성분은 몸속에 있는 노폐물이나 중금속 등 배출되어야 할 찌꺼기들을 체외로 보낸다. 이때 차를 통해 활성산소도 같이 정화시켜 몸의 기능을 회복하고 건강을 유지시켜 주기 때문에 차는 사람의 신진대사를 돕고 질병과 각종 암의 발병률을 막아주는 유익한 먹거리라고 할 수 있다.

그렇다면 우리는 차를 단순히 건강을 위해서만 마시는 걸까? 2500여 년 전 4대 성인과 위대한 철학자, 과학자들이 인류의 발전 앞에 등장하여 인간에게 무엇인가 암시하는 것처럼 차가 인류의 삶에 물질적이든 정신적이든 영향을 미치고 있는 것은 반드시 우리에게 무엇인가 메시지를 던지고 있다고 봐야 한다. 이것을 바로 자각하고 용출시켜 문화의 가치를 창출하는 것은 인간의 몫이다. 우리가 차를 마시는 이유는 인간적인 삶을 고양하고자 하는 문화적 욕구에 의한 것이다. 인간은 차를 단순히 먹고 마시는 본능적인 삶에만 만족하지 않고 영혼을 밝히는 정신세계를 통해 생명의 존귀함을 자각하고자 하는 문화적 충족감이 뒷받침되기를 원한다. 그것은 인간이 추구하는 행복과 같은 의미일지도 모른다. 사람은 3가지 아는 것과 모르는 것이 있다고 한다. 3가지 아는 것은 인간은 언젠가는 다 죽는다는 것, 죽을 때 혼자 간다는 것, 죽음에는 순서가 없다는 것이며, 3가지 모르는 것은 자신이 언제 죽을지, 어디서 죽을지, 어떻게 죽을지 모른다는 것이다. 따라서 인간은 죽음을 맞이하는 순간까지 어떻게 아름답게 살 것인가 하는 문제를 가장 큰 화두로 삼는 것이다. 삶의 질적 향상을 위한 아름다운 실천은 차생활을 통해 인간적인 품위와 가치를 정신문화로 가꾸어 가는 것이 아닐까. 차의 고요하고 깊은 성품을 자신의 삶에 비추어 반영하고 그와 닮아가려는 노력이 선행될 때 삶은 아름다울 수 있다. 차는 그렇게 사는 데 도움이 되며 그걸 증명하는 것이 차생활이다. 이것이 차란 무엇인가에서 출발하여 차를 왜 마시며 어떻게 마실 것인가에 대한 사유의 흔적이라고 할 수 있다.

사람이 죽기 전에 꼭 해보고 싶은 버킷리스트 가운데 하나가 타인에게 기쁨을 주는 것과 의미 있는 일을 하는 것이란다. 이러한 일들은 진정한 인간관계에서 봉사나 배려와 같은 행복의 씨를 뿌리는 일에서부터 시작한다. 상대에 대한 배려는 나의 수양이자 예의로서 찻자리에서 실천하고 생활화되어야 한다.

그러한 차생활은 검이불루 화이불치(儉而不陋 華而不侈)의 모습으로 익어졌을 때 아름다워진다. 넘치지도 모자라지도 않게, 화려하지도 사치스럽지도 않게 중용의 미를 실천하는 차생활은 곧 자신의 수양이며 정화의 과정이다. 겸손한 인간관계에는 상대를 배려하는 마음이 깃들어 있고 검소함에는 지나치지 않는 절제가 담겨 있다.

나보다는 남을 우선하고, 지나침보다는 비워서 채울 줄 아는 지혜가 삶의 가치를 숭고하고 아름답게 가꾸어주는 차생활의 행복이다.

2년 전 돌아가신 어머니는 이러한 차생활을 하는 아들과 함께 삶을 나누는 인간적인 감성을 가지고 사셨다. 풍부한 문학적 소양과 음악에 대한 감성은 당신의 삶을 아름답게 가꾸는 데 일조를 하고 아들에게까지 영향을 주어 진로를 결정하는 방향을 제시해 주었다. 일본어로 쓰여진 어머니의 문학작품을 이해하기 위한 일본으로의 유학은 자연스럽게 학문으로 이어졌고 평생을 차산업 발전에 이바지하는 업이 된 것은 필연이라고 생각한다. 어머님은 95세에 돌아가시기 전 "수의를 거풍해야 하는데…"라며 당신의 죽음을 미리 예견하셨고 가족들의 애도 속에 생을 마감하는 것도 차생활을 통한 아름다운 삶의 끝자락을 보여주신 여정이었다. 이러한 일상의 의미들이 아름다운 행복이며 감사의 마음으로 마무리 지어진다.

짧은 시간, 긴 여운을 남기는 박 교수님과의 대담은 지혜가 담긴 삶의 발자취 안에서 느껴지는 따스한 온기였다. 차와 더불어 살아온 노교수의 인간적인 배려와 지혜가 행복한 미소와 함께 전해졌다. 앞으로 많은 시간 지혜가 익은 노학자들이 앞으로 건강하게 자리를 지켜주길 바라면서 무등산을 내려온다.

2016. 3. 18.

고전 속에서 오늘을 찾는 쌍계제다
- 쌍계제다 김동곤 명인 -

골골이 흐르는 시냇물을 한품에 안고 속 깊은 물길 따라 어린 생명을 키우는 섬 진강은, 하늘 바람과 더불어 말없이 지리산 자락을 굽이굽이 넘는다. 운해 가득한 지리산 능선 아래에 저마다 시리고 아픈 삶을 낮게 낮게 드리우며, 봄에는 향 깊은 청매와 연분홍 벚꽃으로, 여름에는 짙푸른 원시림에 가을엔 바람 삭힌 단풍으로 겨 울을 준비하며 세월을 옮기는 섬진강은 그렇게 자기 걸음을 걷는다.

그 걸음 따라 물길 산길이 만나는 화개골에는 야생으로 자란 푸른 찻잎으로 차 를 만들며 차향 깊이 삶을 잇는 사람들이 있다. 지리산의 높은 바람과 화개의 자갈 밭 사질토에서 섬진강 맑은 물이 만들어낸 화개차에는 옛 시간의 냄새가 난다.

신라의 충담에서부터 고려의 이규보와 진감 선사, 조선의 초의에 이르기까지 시 간을 익혀온 차인들의 차향이 고서(古書) 깊이 배어 나오는 곳이다. 〈삼국유사〉 에서 충담은 미륵세존께 차를 공양 하였고, 백운거사 이규보는 〈동국이상국집〉 에 차시를 남겼으며, 진감 선사는 쌍계사에서 차문화를 꽃피웠다. 이어 조선에 들 어와 초의는 〈동다송〉과 〈다신전〉에 차의 정신을 살림으로써, 화개는 차의 역 사가 살아 있는 우리나라 차문화 발생지인 고읍(古邑)으로 이어져 왔다.

곡우 전에 따는 화개차의 유래는 〈조선불교통사〉에 의하면, 가락국시대 인도 의 허 황후가 처음 차 씨앗을 가져왔다는 설이 있다. 허 황후는 김수로 왕과의 사이 에 열 왕자를 두었는데 그 중 일곱 왕자는 지리산의 반야봉 남쪽 화개에 운상원이 라는 집을 짓고 수도하여 성불했다고 한다. 이는 가야에 불교가 들어온 설로 중국 전진의 순도화상이 우리나라에 불교를 전해준 것이 고구려 소수림왕 2년(372년)이니 이보다 320여 년 앞선 것이며 일곱 왕자가 깨달음을 얻어 부처가 된 것도 이보다 270년이나 앞서, 지리산 화개동은 우리나라 최초의 성불도량으로 알려져 있다. 이 때 일곱 왕자가 깨달음을 얻은 운상원은 현재의 칠불암으로 북의 금강산 마하연 선원과 함께 참선도량으로 유명한 사찰이다. 일곱 왕자는 화개동에 올 때 차씨앗을 가져다 심었는데 이것이 화개차의 시작이라 할 수 있다.

또한 〈삼국사기〉 신라 흥덕왕 3년에 김대렴이 당에서 차나무 씨앗을 가져와 지리산 일대에 심게 하였다고 전하는데, 이는 차 씨앗이 언제 들어와 어디에 심었는지에 대한 역사적 근거를 제시하는 첫 번째 기록이다. 이미 신라는 경덕왕 때 충담사와 월명사가 부처님께 차를 올리고 차를 마신 기록이 있는 것으로 보아, 당시에 차를 마시고 즐기는 일은 보편적이고 일반적인 생활이었던 것으로 짐작된다. 신라시대의 승려들은 바랑 속에 다구를 넣고 다니며 차를 마실 정도로 차문화가 널리 보급되었다는 것을 알 수 있는 것이다.

고운 최치원은 〈진감국사대공탑비〉와 〈보령성주사비문〉에 선승들이 예불과 선물용으로 차를 널리 통용하였다고 기록하고 있다. 〈진감국사대공탑비〉는 '어쩌다 호향을 선물하는 이가 있으면 곧 질그릇에 잿불을 담아 환을 만들지 않고 태우면서 나는 이것이 무슨 냄새인지 알지 못하겠다. 다만 마음을 정성스럽게 할 뿐이다고 하였다. 또한 한다(漢茶, 중국차)를 공양하는 사람이 있으면 돌솥에 섶으로 불을 지피고 가루로 만들지 않고 끓이면서 말하기를 나는 이것이 무슨 맛인지 모르겠다. 뱃속을 적실 따름이다'라고 기록하고 있다. 또한 쌍계사 안내문에는 '범패 종장이신 진감국사는 중국 유학을 마치고 차종자를 가지고와 이곳 지리산 일대에 심고 대가람을 중창하니…'라고 기록되어 있어 화개가 차의 시원지임을 밝히고 있다.

고려시대에 화개차는 전국 제일의 차로 임금님께 올리는 진상품이었다. 왕에게 진상하는 화개차는 2월의 잔설 속에서 막 피어난 어린잎을 따서 정성스럽게 법제하여 맛과 향이 새어나가지 않도록 상자 안에 겹겹이 싸고 칡덩굴로 묶었는데 이는 송나라의 용봉단차보다 뛰어났다고 한다. 뿐만 아니라 재상과 고승들에게도 하사품으로 쓰여 그 수요를 충당하기 위해서 화개동 사람들의 차 부역은 매우 심했다고 이규보는 〈화개차밭에 불을 질러라〉에서 심각성을 표현하고 있다.

조선시대에는 선조 때의 벽송 지엄선사가 지리산 화개동의 산사에서 차를 수행 도반으로 삼아 참선을 하고 제자들에게 적멸상(寂滅相)을 가르쳤다. 선사에게는 차가 곧 선이었고, 선이 곧 차였기에 입적하는 날 시자를 시켜 차를 따르게 하고 마신 다음 문을 닫고 앉아 그대로 열반에 들었다고 한다. 벽송의 법손인 서산대사는 열다섯에 화개에 유람을 왔다가 출가하여 내은적암을 중창하고 그 곳에 머물며 〈선가귀감〉을 지었다. 서산은 화개에서 날마다 차를 끓이고 염불하며 선정에 들어 다선일여(茶禪一如)를 실천 수행한 선승이었다.

차의 성인이라 불리는 초의 선사는 〈동다송〉에서 화개차의 우수성을 노래하고 있다. '지리산 화개동에는 차나무가 4,50 리에 걸쳐 자라고 있다'고 하였고, '차는 본래 자갈밭에서 자란 것이 상품이고 사질양토가 그에 버금가며 특히 산골에 있는 것이 좋은데, 화개동은 그 조건을 두루 갖추고 있다'고 하여 일찍이 화개차는 우리나라 제일의 차임을 입증하고 있다. 이에 하동군에서는 화개면 운수리의 야생차밭을 경상남도 기념물 제 61호로 지정하였고, 하동 차인회에서는 차시배지 비석을 세워 야생차밭의 근거지로 제시함으로써 화개는 우리 차문화사의 중심에 있으며 차의 본향으로서 그 역사성을 간직하고 있다. 김동곤 (쌍계명차 대표) 명인은 화개차의 오늘은 천 년을 이어온 생명력과 칠불사와 쌍계사의 스님들, 전통법대로 제다한 선인들의 공이 매우 크다고 말하며, 하동야생차축제를 열어 김대렴 차시배지에서 공을 추모하고, 진감선사와 고운 최치원을 기리는 헌공다례를 올려 화개의 야생차가 영원하도록 축원하고 있다.

이들 차인들의 얼과 정신을 옛 고전 속에서 찾아 오늘날 화개차의 문화와 역사로 다시 이어가고 있는 쌍계제다 김동곤 명인은 10대째 화개에 사는 하동토박이다. 그가 화개를 아끼고 사랑하며 화개의 역사를 간직하고자 하는 것은

1498년 무오사화를 피해 화개에 들어온 선친의 영향이 크다. 그의 10대조가 하동에 정착한 이후 5대조 할아버지는 한의사를 업으로 조상들이 재배해온 차를 이용하여 마을 주민들의 병을 다스렸다. 민초들의 건강을 치료해 준 차는 가용(家用)으로 생강, 인동초 등과 함께 홍차처럼 진한 갈색이 우러나도록 달여서 꿀을 한 수저 타서 마시게 하였다. 당시 화개골 사람들이 마신 차는 동전만한 크기의 잎을 따서 응달에 시들리기를 하여 멍석이나 빨래판에서 부스러지지 않게 조심스럽게 비비고 말리기를 여러 차례 반복한 후에 옹기에 담아 따뜻한 곳에서 띄웠다. 잎이 적은 것은 짧게, 큰 잎은 긴 시간 발효시켜 찻잎을 살살 털어서 뭉치지 않게 말린 후 한지나 보자기에 한두 번 꽁꽁 싸서 시렁에 매달아 놓고 다음 해 차가 나올 때까지 두고두고 약용으로 마셨다. 이것을 화개 사람들은 '잭살'이라고 불렀다.

이렇게 시작한 화개의 차는 그의 선친 김용문 씨가 한약방을 운영하면서 쌍계사 전통 덖음차 제조법을 쌍계사 스님들에게 배워 차를 생산하였다. 자연스럽게 차를 접한 명인은 선친의 유품을 정리하던 중 선친이 차를 만들어 판매한 영수증과 우편물을 보고 아버지의 뒤를 이어 제다업을 하기로 마음먹었다. 당시 최고의 전통차 제다인인 쌍계사 금송스님과 덕룡스님을 사부로 모시고 제다법과 다도를 지도 받아 1975년에 '쌍계제다'라는 간판을 걸고 차가공산업을 시작했다. 지금은 그의 11대 손인 큰아들이 한의학을 공부하면서 '동의보감에 나타난 차의 의학적 효능'에 대하여 석사학위를 받고 '〈승정원일기〉를 중심으로 한 차의 의학적 효능'에 대한 논문으로 박사학위를 받아 선친의 차에 대한 한의학적 효능을 과학적으로 입증하였으며, 둘째 아들 김종연이 아버지의 가업을 전수하는 차의 종가가 되었다.

이러한 노력으로 그는 전통식품 명인 28호로 지정 받았고, 전통식품 베스트5와 파워브랜드에도 선정되어 2010년 5월에는 보건복지부 장관상을 수상하기도 하였다. 또한 명인에 선정된 김동곤 대표는 화개에 대한 남다른 애정을 갖고 고향을 알리는 책 10여 권을 저술하였으며, 화개에 '못난이축제'와 '하동야생차축제'를 개최하여 김지하 선생과 함께 영호남의 민속 예술인 300여명을 초청해 화개를 고급문화의 장으로 만든 산 증인이다. 그는 차에 관한 화개의 민요를 발굴해 화개가 차의 본향이라는 것을 밝히기도 했다.

> 안개자국 신홍골에
> 봉창문이 밝아온다.
> 아낙네들 잠을 깨라.
> 작설작설 새작설은
> 곡우절을 앞세우고
> 안개 먹고 꿈을 깬다.
> 뇌성비에 자란 작설
> 치마폭에 따 모아서
> 화개장터 구경 가세.

위 노랫말은 화개동에서 아낙네들이 차를 따면서 흥얼거린 차민요다. 안개 자욱한 날, 화개의 아낙네들이 일찍 잠에서 깨어 곡우가 되기 전에 작설 찻잎을 따는 모습이 그대로 묘사되어 있다.

화개에서 10대째 차를 만들어 오고 있는 김 명인은 무쇠 솥에 차를 덖어 멍석에 비비는 일을 수차례 되풀이 하는 전통 제다법을 고수하고 있다. 1975년 '쌍계제다'라는 간판을 걸고 제다업에 뛰어든 김 명인은 1980년대 초 문헌상에만 존재하던 우전차를 상품화하는데 성공하였다. 우전차는 양도 적고 채취부터 덖는 데까지 많은 노력과 기술이 필요하기 때문에 우전차를 상품화하기 위해서는 각고의 정성을 기울여야 한다. 그는 우전차를 세분화해서 벽소령과 · 천하춘 · 만산홍 등 최고급차를 생산하였고, 2002년 제4회 국제명차품평대회에서 최고상인 금장상을 수상해 화개차의 우수성을 알렸다. 그가 만드는 우전차 제다법은 김 명인만의 비전 제다법이 숨어있다.

좋은 차를 만들기 위해서는 차를 따는 시기가 중요하다. 차는 자랄 때의 기후보다 차를 딸 때의 날씨에 따라 품질이 결정되기 때문이다. 구름 한 점 없는 날 이른 아침 이슬을 머금은 찻잎을 따는 것을 으뜸으로 삼았는데 이는 밤사이에 날씨가 맑았다는 것을 의미한다. 비가 오거나 구름이 끼어 흐린 날에는 차를 따지 않으며 비가 온 다음날은 아무리 날씨가 맑아도 차를 따지 않는다. 이는 찻잎이 수분을 머금고 있어 조직이 엉기고 수분이 빨리 증발하지 않아 고루 익지 않기 때문이다. 그리고 비비기를 할 때 서로 잎이 쉽게 뭉개져 차형이 제대로 나지 않고 깊은 차향을 얻기 어렵기 때문이다. 또한 한 낮에는 차 따기를 피하는 것이 좋은데, 이것은 햇볕이 너무 강할 때는 수분이 적어 빨리 시들고 잎의 호흡열에 의하여 발효가 일어나기 때문이다. 쌍계제다 김동곤 명인은 곡우 전 그 해 처음 핀 차의 어린순을 날씨가 맑은 날 아침에 손으로 정성을 모아 한 잎 한 잎 따서 우전을 만든다.

맑은 날 아침 정성들여 딴 찻잎은 세 번에 걸쳐 선별을 한다. 첫 번째 선별은 수분이 급속하게 증발하여 찻잎이 상하기 때문에 가장 신속하게 진행한다. 이때는 묵은 잎이나 줄기를 포함하여 이물질을 제거하고 우전에 맞지 않는 큰 잎도 가려낸다. 세 번째 선별은 멍석에 찻잎을 흩뿌리고 여러 번 뒤적여서 찻잎의 수분 함량을 일정하게 만든다. 이는 찻잎의 채취 시기가 달라 수분 함량이 다르기 때문에 골고루 뒤섞음으로써 수분 함량을 고르게 하는 것이다. 이 수분 조절은 우리 고유의 방법으로 중국의 전통차인 우롱차를 만드는 과정 중 잎을 시들게 하는 것과는 방법이나 목적이 다르다.

1차 덖기는 차를 만드는 과정에서 가장 중요한 일로 차의 맛이나 품질이 이때 결정 된다. 차를 덖을 때는 무쇠 솥을 사용하는데 무쇠 솥은 옹기처럼 숨을 쉬며 두께가 두껍기 때문에 생잎을 넣어도 갑자기 온도가 내려가지 않아 일정한 온도를 유지하는데 안성맞춤이다. 스테인레스나 전기솥은 온도의 높낮이 변화가 심하고 복원력도 떨어지므로 적당하지 않다. 또한 불을 땔 때에는 참나무 장작을 사용하는데 참나무는 일정하게 열을 내는데 반하여 소나무나 침엽수는 연기와 진이 많이 나와 차를 덖는 데 좋지 않다. 솥의 온도는 물을 뿌려 보았을 때 구슬모양으로 물방울이 튀면 적당하다. 이때의 온도가 250℃인데 찻잎을 덖기에 알맞은 때이다. 무쇠 솥이 적당한 온도로 가열되면 1kg의 생잎을 넣고 빠르게 덖어낸다. 찻잎이 익으면서 증기와 함께 향기가 피어오르고 데친 듯이 녹색으로 잎이 변하면 덖음을 마친다. 이처럼 찻잎을 덖으면, 찻잎 고유의 녹색과 성분을 그대로 유지할 수 있으며 다음 공정인 유념을 보다 쉽게 할 수 있다. 첫 번째 덖음을 살청이라고 하는데 살청에는 가열살청과 증기살청이 있다. 이 중 쌍계명차 김 명인의 우전차는 가열살청 방법을 쓴다.

덖은 찻잎은 신속하게 멍석으로 옮겨 흩뿌려 식힌다. 그래야 원래 찻잎의 녹색을 간직할 수 있다. 증기가 발산되면서 냉각이 되면 빨래를 하듯 비비거나 치대어서 잎 모양이 상하지 않게 유념을 한다. 공 굴리듯이 뭉쳐서 두 손으로 주고받듯이 둥글리고 비벼서 잎들이 서로 가볍게 마찰되도록 한다. 이는 찻잎의 조직을 파괴하여 차가 완성되었을 때 차가 우러나오도록 하고, 겉과 안 조직의 수분 함량을 같게 하여 발효를 막으며, 마지막으로 찻잎을 고르게 함으로써 우전차의 고유한 형태를 만들어주기 위함이다. 덖기를 되풀이할 때마다 무쇠 솥의 온도를 낮추어 간다. 이때부터는 찻잎을 덖는다기보다는 찻잎을 불에 쬐어 말린다는 표현이 더 적절하다. 이 과정에서 주의할 점은 우전차의 고유 형태인 침형(針形)을 갖게 하는 일이다. 두 번 세 번 반복할수록 수분 함량이 떨어지므로 부스러지지 않게 비비는데 정성을 기울이며 날씨와 수분에 따라 덖는 횟수와 시간을 적절하게 조절한다.

다음은 찻잎을 선별하는 과정이다. 찻잎을 쥐었을 때 손바닥을 찌르는 느낌이 있고 바스락거리면 차를 내어 키질로 먼지와 가루를 제거한다. 키질이 끝나면 묵은

잎과 줄기 등 이물질을 골라낸다.

마지막으로 잘 피운 백탄 숯불에서 차를 끝 덖음 한다. 불의 온도 조절은 부삽과 부젓가락을 이용하여 재를 꼭꼭 덮어 온도를 낮추고 다시 재를 헤쳐서 온도를 높인다. 끝 덖음할 때 처음은 낮은 온도에서 1시간 이상 차가 타지 않게 서서히 뒤적여 준다. 이렇게 하면 찻잎의 셀룰로스 층이 먼지로 분해되며 가열향이 풍기기 시작한다. 서서히 온도를 높여 마무리를 한다. 숯불은 원적외선을 방출하는데 찻잎이 고루 가열되어 겉은 타고 속은 설익는 것을 방지할 수 있다. 숯불의 낮은 온도에서 오랫동안 덖으면 천 년 전 이규보가 유차라고 부르며 격찬했던 화개차 특유의 어린아이의 배냇향 같은 은은한 가열향이 풍기는데 이것은 덖음이 마무리 되었다는 신호이다. 김 명인의 끝 덖음 과정은 차의 향미를 결정하는 중요한 요소로, 숯불에서 오랫동안 가열하면 아미노산류와 당류의 반응으로 질소화합물이 생성되어 산뜻한 향을 낼 수 있다. 세계적으로 가마솥 덖음차로 중국의 용정차나 벽라춘이 있지만 맛과 향이 다른 것은 끝 덖음 과정의 차이 때문이다. 끝 덖음은 1차 덖음 공정과 함께 차의 색향미를 좌우하는 가장 중요한 과정이다. 오로지 손의 감각으로 솥과 찻잎의 온도를 감지하고 숯불의 온도를 조절해야하므로 정성과 노력이 각별하게 필요하다. 김 명인이 만든 우전은 찻잎이 작고 여리기 때문에 태우지 않고 잎 안팎의 수분을 3~5% 수준으로 낮추려면 세심한 손길과 정성을 요한다. 끝 덖음이 끝나게 되면 잎이 전체적으로 암갈색을 띠고 하얀 분이 생기는데 이를 기준으로 멈추고 찻잎을 다시 한 번 선별한다. 이처럼 생잎에서부터 세 차례나 선별과정을 거치는 것은 차의 색향미도 중요하지만 찻잎 자체의 모양과 균일함도 가벼이 여겨서는 안 되기 때문이다. 선별이 끝나면 적당량을 공기가 통하지 않는 기밀봉투에 포장하여 마무리하게 되는데 이때 비로소 명차 우전이 탄생한다.

김 명인은 차를 만드는 일 외에는 늘 책을 가까이 하고 있다. 그는 그가 살고 있는 화개, 지리산, 섬진강, 차에 대한 내용을 엮어 펴낸 책만도 10여권에 이른다. 또

고전 속에서 옛 선인들의 차생활을 들여다보고 오늘을 사는 현대인들에게 무엇을 전하고 가르칠 것인가를 찾아 연구한다. 그는 책을 통해 '차는 마시는 것이 아니라 즐기는 것'이라고 말한다. 그는 차가 단순한 식품이 아니라 정신을 가꾸고 역사를 찾는 고급문화라는 것이다. 아울러 그는 차를 통한 전통문화를 알리는 데 지대한 역할을 하고 있다. 우리차와 차문화를 포교한다는 마음으로 전국뿐만 아니라 미국, 뉴욕, 하와이, 중국연변 등지에서 차문화 강연을 하고 있다.

"차 마시는 것을 다도(茶道)라고 하지 않습니까? 마시는 음식을 도(道)라고 하는 것은 차가 선과 하나 되는 고도의 정신문화이기 때문입니다." 일상의 삶을 차 속에서 사는 김 명인은 오늘도 〈삼국유사〉를 뒤적이고 〈동다송〉을 보며 역사 속에 흐르는 차의 정신과 문화를 찾아 안경을 집어 든다. 글 중 일부를 그의 저서 〈그산에 차가 있었네〉 중에서 발췌하였음을 밝혀둔다.

2010. 6. 14.

다농일선의 수행
- 상선암茶 보성 스님 -

상단다게(上壇茶偈)

제가 이제 청정수를 올리나니	今清淨水
감로차로 변하여	變爲甘露茶
삼보님 전에 봉헌되어지이다	奉獻三寶前
간절히 원하오니 받아들여 주소서	願垂哀納受
간절히 원하오니 받아들여 주소서	願垂哀納受
간절히 원하오니 대자대비하신 마음으로	願垂慈悲哀納受
받아들여 주소서	

　다게(茶偈)란 예불 또는 불공을 할 때 읊는 불교시로서 상단다게는 예경 다게 중 하나에 속한다. 예경 다게에는 중단 다게와 운수단 다게, 신중대례 다게 등 각각의 부처님을 향해 올리는 다게가 있다. 불전에 올리는 다게를 위해 직접 차를 만들어 예불을 모시는 보성 스님(지리산 상선암茶 대표)은 지리산 상선암에서 수행 정진한다. 스님은 부처님께 올리는 차이니만큼 그 정성과 노력은 당연히 수행일 수밖에 없다고 말한다.

　보성 스님의 하루 일과는 별빛이 눈을 깜박이는 새벽 3시에 부처님께 차를 올리는 예불에서부터 시작한다. 예불을 마치고 우주의 기가 가장 정갈한 시간에 좌선을 하며 새로운 삶의 에너지를 충전한 다음 맑은 지리산 물을 떠다가 차를 마신다. 그렇게 시작한 스님의 하루 일상은 6시에 공양을 마치고 바로 차밭으로 운력을 간다. 오전에 차밭 풀을 매는 운력은 스님에게 있어 즐거운 일이다. 죽을 때 가지고 가지 못할 몸을 아껴둔들 무엇하겠는가. 육신을 움직이지 않는 수행은 껍데기에 불과하다. 팔만대장경을 줄줄이 외우고 있어도 몸으로 따르는 수행이 없으면 빈껍데기일 뿐이다. 해가 뜨는 날은 해와 함께 풀을 매고 비가 오면 비를 맞으며 자연의 변화를 벗 삼아 운력의 즐거움을 느낀다.

스님에게는 풀을 뽑고 공양 준비하고 옷을 빨아 풀을 먹이는 일상의 일들이 모두 수행 아닌 것이 없다. 스님이 살고 있는 토굴은 1년 내내 꽃들이 피어난다. 사시 사철 한 포기의 꽃이라도 소중하게 가꾸어 도량 주변에는 저마다의 꽃들이 여기저기 피어있다. 모두가 스님의 손이 닿아 있는 중생들로 그들 나름의 자유로운 삶을 살아간다.

스님은 그저 새벽에 일어나 몸을 움직이면서 일할 수 있는 그 자체에 감사드린다. 평상시의 모든 일상이 가장 소중하고 감사한 삶인 것을 몸소 체감하며 실천하고 있다. 조주스님은 '평상심이 도'라고 했다. '도'란 어떤 가제나 명제에 있는 것이 아니라 일상생활에서 일어나는 모든 일들을 '도'라고 하여 그 하나하나의 마음가짐이 중요하다는 것을 역설하고 있다. 그래서 스님은 밖에 살고 있는 사람들이 잠을 많이 자는 것을 안타까워한다. 그것은 죽어 있는 시간이 많다는 것인데, 일반인들

이 몸은 보호할지 모르나 정신을 방치하는 어리석음은 뉘우치지 못한다고 한다. 수행자는 모름지기 몸을 아까워 말고 정신을 보석처럼 여겨 빛나게 하되 늘 한가하고 여유롭게 살아야 한다고 가르침을 준다.

보성 스님이 차를 처음 만든 것은 32년 전쯤이다. 출가 후 몇 년이 지나 천은사에서 평전 스님(작고)에게 차를 배웠다. 당시에는 보성에서 찻잎을 조금씩 따와 스님들과 대중이 함께 차를 만들어 마시던 시절이었다. 그 후 지리산 토굴에서 차를 만들기 시작하였고 연곡사에서는 차를 만들어 무주상 보시를 하다가, 1998년에 상선암에 정착을 하면서 〈上禪〉이란 상표등록을 하고 지금에 이르렀다.

스님은 차를 만들수록 두렵다고 한다. 차를 만들면 만들수록 차를 마시는 모든 사람들의 입맛에 맞추려고 노력해야 하고, 그들의 입맛에 맞지 않으면 그들에게 구업을 짓게 할 수 있기 때문이다. 차를 마시면서 업을 정화하고 마음을 맑힐 수 있도록 해야 하는 것은 차가 곧 수행이고 수행자의 책무라고 생각하기 때문이다. 이런 책임감을 느낄수록 마치 부처님께 공양 올리듯 수행하는 마음으로 늘 신중하고 정성을 들여 차를 만든다. 내가 먹지 못하는 차를 남에게 줄 수 없기 때문이다.

요즘 차에 비료와 농약을 뿌리는 경우가 많은데 이는 살인행위와 같다고 한다. 비료와 농약을 한 번 치면 그 독성이 7년 이후에야 없어지니 인간에게 얼마나 해로운가. 그래서 스님은 자연퇴비를 사용하여 밭에 뿌리고 땅이 살아나길 기다린 후 싱싱하고 튼튼한 찻잎을 수확하여 차를 만든다. 자연퇴비는 베어낸 풀과 톱밥, 불을 땐 재를 섞어 1년 동안 화장실에서 삭인 후 사용한다. 그렇게 자연퇴비로 영양을 보충한 땅은 지렁이가 활발하게 땅을 비집고 다녀 여기저기 숨구멍이 만들어지고 충분한 산소공급으로 박테리아가 양질의 흙을 생성하게 되어 비옥한 토질에서 차나무는 푸르고 싱싱한 기운을 받고 자란다.

우주의 기운과 차를 만드는 사람의 정화된 기운을 모아 법제하면 독성이 빠진 순하고 부드러운 차가 나온다. 차는 예민하고 기가 있어서 첫 덖음부터 마지막 맛내기까지 어느 한 과정도 소홀히 할 수 없다. 할수록 까다롭고, 만드는 사람에 따라 맛과 향이 달라지기 때문에 스님은 차를 덖을 때쯤이면 모든 것을 예사로 넘기지 않는다. 차를 만들 때에는 외부사람들과 밖에서 공양하자는 소리조차 하지 못하게 한다. 그 소리를 듣는 순간 마음은 밖으로 향해 기가 빠져 2시간 걸릴 일들이 4시간이나 5시간을 해도 차의 맛과 향이 살아나지 않기 때문이다. 한 번은 아랫마을의 처사가 차를 배우겠다고 와서 찻잎을 땄다. 스님은 처사에게 찻잎에서 담배 냄새가 난다며 모두 버리라고 하였다. 찻잎을 따기 전 처사가 피운 담뱃재 한 토막이 앞치마에 떨어졌는데 처사는 얼른 그 재를 털어버리고 찻잎을 땄다고 했다. 그런데 그 앞치마에 남아 있던 담뱃재 냄새를 알아차리고 그 찻잎을 모두 버리게 했다는 스님은, 차를 만들 때 육체와 정신을 한 터럭만큼이라도 놓아버리면 차가 맑지 않다는 원칙을 보여주었다. 또한 차를 배우러 온 사람들은 마음 안에 있는 기를 배워야 하는데 껍데기에서만 차를 배우는 것은 차를 제대로 이해하지 못하고 있는 것이라고 했다. 법제를 하려면 차를 기르는 동안에 쏟은 기와 차를 만들 때의 기, 평소 생활하는 수행의 기를 다 배워야만 좋은 차를 만들 수 있다고 한다.

그렇게 만들어진 좋은 차는 냉한 사람이 공복에 먹어도 전혀 해가 없다. 예부터 차는 약용으로 쓰여 왔고, 기호음료가 된 것은 나중의 문화인 까닭이다. 잘 법제한 차는 차고 냉한 것을 막아 주고 약리작용이 뛰어나 감기나 당뇨 등에도 효험이 있다. 그래서인지 스님은 지금까지 한 번도 병원에 간 적이 없단다. 그것은 차 한 잔에 몸과 마음이 깨어나는 건강 때문이다. 스님의 차는 탁한 마음을 정화하여 중생을 제도하는 기운이 있다. 그것은 눈으로 보이지 않는 보시이며 자비라고 할 것이다.

스님이 차를 만들 때 가장 세심하게 여기는 것은 차의 독성을 제거하는 일이다. 차의 독성을 제거해야만 차고 냉한 기운이 빠지고 사람의 기운을 온화하게 할 수 있다. 스님은 사람의 기운이 흩어지기 전인 오전 10시에 차를 만든다. 그 이후에는 모든 기운이 빠져 차의 맛과 향을 제대로 살릴 수 없고 독성도 빠지지 않는다고 한다.

독성을 제거하기 위해서는 첫 덖음이 매우 중요하다고 말한다. 처음 차를 덖을 때 차가 완전히 익어서 독성이 빠지는 온도를 유지해야 하며 손을 얼마나 빨리 움직이는가에 따라 차의 맛과 향이 달라진다고 한다. 첫 덖음 이후의 과정은 모두 건조과정으로 차의 수분을 몇 %까지 낮추는 가에 따라 차의 품질이 결정된다. 구증구포란 한약재의 독성을 빼기 위한 과정에서 나온 말이지만 차를 덖는 과정에서는 건조의 과정으로 보아야 타당하다는 것이다. 그래서 스님은 차의 수분을 3%까지 낮춘다. 그렇게 수분건조가 잘 된 차는 장마가 지나도 묵은내가 나지 않으며 무겁지 않다고 한다. 실제로 스님의 차는 거름망 같은 기구를 사용하지 않는다. 차에서 일체의 찌꺼기가 나오지 않고 차의 양을 많이 넣어도 차가 맑고 투명하며 순한 맛을 유지하기 때문이다. 그것은 차를 만들 때 차 가루를 모두 제거하고 수분을 낮추어 차가 부드럽고 걸림 없는 맛을 내게 한 덕분이다.

또 차를 만들 때 열흘에서 보름 동안은 밖의 소리를 일체 듣지 않는다. 바깥세상 사는 소리를 들으면 산란심이 생겨 마음의 기가 흩어지고 그 기운을 다스리는데 다시 보름의 시간이 걸리기 때문이다. 몸과 마음이 정화되었을 때 차를 만들어야 사람의 기운을 다스릴 수 있다는 스님의 말씀이 청정하게 울린다.

스님은 차를 만들고 차밭에서 수확한 매실장아찌를 만든 수익금으로 서울 이름 없는 쪽방의 소년소녀 가장과 독거노인들에게 10년 동안 무주상 보시를 하고 있다. 몇 개월에 한 번 혹은 1년에 한 번씩 그들에게 쌀, 라면, 고사리, 고추, 무, 배추 등 먹거리를 보내고 겨울이면 김장김치를 4톤 이상씩 담가 호적상 부모가 없는 아이들에게 무주상 보시를 하고 있다. 그들에게 보내는 먹을거리는 부처님에게 올린다는 마음으로 무농약으로 안전한 식품만 고른다. 그것은 내가 아닌 다른 사람이 먹는 것이기 때문이다. 스님의 손을 떠난 모든 것은 공양물이기 때문에 지극정성을 다 해야 공덕이 회양 된다는 마음이다.

스님이 이들에게 보시를 하는 것은 인연된 중생을 제도하고 나누는 삶을 실천하는 것이라 했다. 내가 가지고 있는 것을 도와주는 것이 아니라 나누어 주는 것은 죽을 때 아무 것도 가지고 갈 수 없는 순리를 따르는 것일 뿐이라고 했다. 처음엔 30명 정도 후원만 했는데 하다 보니 10년 세월이 흘러 부모에게 버림받은 아이들, 혼자 사는 독거노인들까지 인연을 맺게 되었다고 했다. 그러나 스님은 정작 이들을 한 번도 찾아가 본 적이 없다. 그냥 그런 사람들이 있으니 가진 것을 나누어 줄 뿐이라고 했다. 그 어떤 식견이나 알음알이도 없이 인연 닿는 중생을 향해 보이지 않는 손을 내밀어 주는 스님의 회향은 잃어버린 가슴의 온기를 따뜻하게 해주는 벽난로와 같았다.

처음 스님을 뵈러 암자에 도착했을 때 너무도 작고 초라한 절을 보고 자못 놀랐으나 법당을 짓기보다는 나누어 가지는 삶이 부처님의 말씀을 실천하는 불사라는 말씀에 외향에 치우친 식견을 가진 자신이 부끄러웠다. 법당 불사보다 인간 불사가 먼저라는 스님의 말씀은 밖으로만 치우치는 우리들의 방향을 다시 돌아보게 하는 가르침이었다.

2011. 8. 29.

한국 차문화의 초석
- 명우당 황기록 관장 -

지리산 골짜기에는 매화가 한창인데 남녘 들판에는 꽃샘추위가 틈새를 파고든다. 아침이면 봄을 알리는 새들이 나뭇가지에 앉아 재롱을 부릴 때 이곳의 꽃소식은 아직 걸음을 떼지 못한 어린아이 마냥 품을 파고든다. 막바지에 부리는 앙탈을 귀엽다고 해야 할까 안쓰럽다고 안아줘야 할까. 하지만 가야할 님은 보내야 하듯 남은 몸짓으로 떨고 있는 추위를 보내고 형형색색의 꽃들이 환한 미소로 다가올 날을 기다려본다.

2005년 차문화자료관(茶文化資料館) '명우당(茗友堂)'이란 차박물관을 개관하고 차에 관련된 문헌과 자료들을 수집하고 정리하여 차문화를 보급하고 있는 황기록(75) 관장님을 찾았다. 관장님은 전국에 차문화가 보급되기 전 1970년대 중반, 우리차를 알고 한국 차문화에 평생을 헌신한 현대 다인의 산 증인이다. 수채화를 전공하고 한국미협과 대한민국수채화가작가협회에서 활동하는 관장님에게 차는 당신을 지탱해 주는 기둥과 같은 존재이다. 10여 평 남짓한 박물관을 찾았을 때 관장님은 차를 마시며 기다리고 있었다. 테이블에 놓여 있는 컴퓨터와 찻물이 배인 오래된 다관과 찻잔 몇 개가 찻살림의 전부였고 차에 관련된 서적들이 연도별로 깔끔하게 정리되어 있는 책장이 가지런한 박물관이었다. 아니 박물관이라 하기에는 명칭이 무색하리만치 작은 공간이었지만 한국 차문화의 산실이란 점에서 가치를 인정해야 하리라고 보았다. 책장 안에 반듯하게 정리되어 있는 차관련 서적들은 차에 심혈을 기울여 자료를 모은 관장님의 지난 시간들을 한 눈에 보여주었다. 차에 관한 서적을 구하기가 어렵던 시절, 1978년 〈분재와 수석〉에 실린 김명배 선생님의 차 이야기와, 1983년 〈다담〉을 구입하고부터 차문화자료를 수집하기 시작해 지금의 명우당을 개관하게 되었다. 이곳에는 관장님이 평소 모아온 차관련 서적과 잡지, 민속자료, 영상자료 등 1500여 점에 이르는 수집품들이 소장되어 있어 차에 관심 있는 이들에게 열려 있는 교육자료관으로 활용되고 있다.

황 관장님은 1975년 조카의 권유로 일본차를 마신 후 위장병을 치료하게 되면서 차의 효능을 검증하였고, 고 서양원 한국제다 사장님을 만나고부터 우리차에 매료되었다. 그후로 줄곧 우리차 애호가가 되어 전국의 다인들과 교분을 나누고 차문화 보급을 위해 전국을 한 무대 삼아 발품을 아끼지 않는 시간을 보냈다. 그 덕에 지금까지 많은 다인과 친분을 나누며 다정(茶情)을 쌓아온 것은 관장님의 일생에서 가장 큰 보람이다. 무등산 자락에서 차바람을 일으킨 의재 허백련 화백, 다솔사에서 차부흥에 열중한 효당 최범술 스님, 대흥사의 응송 박영희 스님, 부산의 금당 최규용 선생님, 한국다인연합회를 이끌던 송지영 선생님, 한웅빈 옹, 김미희 여사, 문인이자 해남다인 김봉호 선생님, 일지암 복원에 앞장섰던 김재현 선생님 등 전국의 훌륭한 근세 다인들과의 교분은 잊을 수 없는 인연이다. 광주의 차문화를 선도해온 요차회 초대회장 고 고재기 선생님, 우리차의 재조명을 저술한 고 최계원 선생님, (사)한국차문화협회의 초대이사장 재임 시 전국차문화교육운동에 열정을 다하신 고 이강재 이사장님, 한국차산업의 선두주자였던 한국제다 고 서양원 사장님, 차문화고전번역과 많은 저서를 남기신 고 윤경혁 선생님, 청자의 비색을 재현하신 무형문화재 고 조기정 선생님 등 선배 다인들과의 만남은 오늘날 차문화가 성장할 수 있는 근원을 마련하는 커다란 힘이 되었다. 고 최계원 관장은 광주민속박물관을 설립하고, 차문화를 학술적으로 고증할 수 있는 관련 서적이 없던 당시 〈우리차의 재조명〉이란 책을 발간하여 차문화의 학술적 가치를 정리한 다인이었다. 요차회 2대 회장이었던 고 이강재 회장은 한국차문화협회 초대 이사장 재임 시 차문화교육의 필요성을 주장하고 실천하여 현재 전국에 차문화 지도사범 수천 명을 배출하는데 선구적인 역할을 한 다인이다. 황 관장님은 이들과 함께 모든 과정에 동참하여 (사)차문화협회 초창기에 이사, 감사로 12년간 봉사하였던 시간이 가장 의미 있는 때였다고 한다. 이러한 인연 덕분에 차는 좋은 벗을 만나는 것과 같다고 하였다. 차생활을 통한 다우들과의 자연스러운 만남은 삶의 보람을 느끼게 하고, 우리전통 문화를 이해하는 안목을 키워 지식을 터득하는 기회를 가질 수 있었다고 말한다. 전남대학교의 남도다문화회와 조선대학교 백악연다회의 후학을 위한 제다실습과 차유적지 답사여행도 싱그러운 추억으로 남아있다.

우리차에 심취한 관장님은 녹차를 혼자만 즐기기에는 너무 아쉬운 생각이 들어 여러 사람과 같이 차를 나누어야겠다는 사명감을 가지고 1984년 광주 예술의 거리에 마당이란 녹차전문점을 열었다. 사전 준비 없이 시작한 찻집은 차문화가 널리 보급되기 전이어서 사람들의 인식에 자리하기에는 많은 손실을 감수해야 했지만, 각 지역의 차관계인들과 1985년 무등차연회를 결성하고 전통 녹차 보급과 전통문화를 가꾸는데 힘을 쏟았다.

7.80년대 차생활을 할 그 즈음에는 다기의 종류가 많지 않았다. 5인 다기가 주류를 이루었고 그나마 가격이 고가여서 일반인들이 쉽게 구입하기는 어려웠다. 관장님은 이러한 애로사항을 간파하고 〈운연요(지금의 운암도요)〉 장봉룡 선생님과 무안의 〈몽평요〉 정철수 선생님을 만나 소형 다기의 역설을 주장하고 3인용과 1인용 다기의 제작을 주문했다. 마당에 '차생활을 위한 소품 다기전'을 열고 판매를 한 결과 차의 대중화를 일으켜 차문화 보급에 일조하는 쾌거를 올리기도 했다. 이때의 반응은 상상했던 것보다 좋아서 광주에 차문화가 점차 확산되는 계기를 마련하였다.

이러한 바람에 힘입어 관장님은 1990년에는 광주시립민속박물관에 전국 규모의 '전국다인큰잔치'를 열고 한국 차문화 발전에 초석을 마련하였다. 제1회 '전국다인큰잔치'는 전국다인들의 결속을 다지기 위해 처음으로 광주에서 실시한 가장 큰 차문화 행사였다. 행사의 주 내용은 차음식경연과 제다경연, 학술발표로 진행되었는데 전국에서 450여명의 다인들이 동참해 성황리에 끝났다. 2회부터는 (사)한국

차문화협회에서 이어받아 전국 다인들이 인정하는 차문화행사로 크게 발돋움 하여 우리의 차문화가 20년 넘게 성장할 수 있는 토대를 만들었다. 이때는 차음식에도 관심이 있어 찻가루를 배합한 부식류, 떡, 과자류, 차국수 등 20여 가지 차음식을 만들어 생산 보급도 해보고, 월간 〈다담〉에 차음식 코너를 신설해 연재하기도 했다. 그 후 1995년 김연자의 〈차요리〉가 출간되었고 2002년에는 〈우리차요리〉가 출판되어 다인은 물론 일반인들이 차음식에 관심을 가지는 기회를 제공했다. 이를 좀 더 넓혀서 선생님은 광주시무형문화재 제 7호 남도의례음식장인 고 이연채(1994년 작고) 명인의 음식을 2000년 가을 〈남도전통음식〉이란 제호로 출판하기도 했다.

황 관장님이 초창기 차문화에 관심을 가지고 활동한 일 중에 오래도록 기억하는 것은 일지암 복원에 관한 일화이다. 일지암 복원에 힘쓴 원로 다인들의 정성과 노력은 참으로 헌신적인 것이었다. 당시 일지암 옛터를 찾기 위해서 원로하신 응송스님을 등에 업고 가파른 산을 오른 어느 다인의 후일담은 지금도 전설처럼 회자된다. 어려웠던 시기에 뜻을 모아 일지암을 복원하고 우리 차문화의 발전을 위해 땀 흘렸던 다인들의 노고는 현재 우리가 누리는 복락으로 이어졌다. 일지암이 복원된 후 초의선사 추모제가 선사의 기일 8월2일에 집행된다. 초창기에는 추모제에 참석한 다인들에게 차떡 한 덩이와 몇 잔의 차를 대접하는 것이 전부였는데 당시 일지암 암주를 맡은 용운 스님의 고초가 컸다. 큰절 대흥사에서는 추모제 참석자들에게 점심공양을 제공하였는데 이 추모제가 모태가 되어 '초의문화제'로 발전했을 것이라고 한다.

건강에 대한 관심이 높아지면서 관장님은 한 가지 생각을 떠올렸다. 그것은 가장 위생적이고 합리적인 식사예법을 갖추고 있는 발우공양과 차를 접목한 발우차공양이었다. 인도에서 시작한 발우공양은 선승들 수행법의 일환이었지만 이를 차생활과 연계하여 일반인들이 발우공양을 하고 빈 발우에 차를 우려서 마시는 발우차공양법은 어떤 의례보다도 간편하고 검소하며 수행에 입각한 차의 성정과도 맞는 음다라고 생각하였다. 그래서 뜻을 같이 하는 다우들과 시작한 모임이 상명회 발우차공양 모임이었다. 어떠한 규약이나 회원의 자격도 두지 않고 누구나 참여할 수 있는 열린 차회로서 모임 때마다 발우공양과 차 한 잔을 나누며 다담을 즐기는 차회였다. 몇 차례 차회를 이어오는 동안 어느 차회보다도 품격이 갖추어지고 합리적인 찻자리였음을 의미 깊게 생각하고 새로운 차문화 운동으로 발전하기를 기대하며 지금도 인연이 닿으면 적극 권한다고 했다.

명우당을 둘러보니 한 편에 마련된 떡차 샘플은 관장님의 차 이력을 말해주었다. 우리차를 접한 뒤 떡차(병차)에 관심을 가지고 매년 제다를 해서 모아 놓은 귀한 것들이었다. 얼추 살펴보니 1980년 초반부터 현재에 이르기까지 70여개 정도의 떡차 표본이 진열되어 있는데 이것은 현대의 떡차사를 고증할 수 있는 자료가 되기에 충분했다. 유독 관장님이 떡차 표본에 주력한 것은 차 중에서 떡차가 가장 우리의 체질에 맞고 색향미를 즐김에 있어서 어느 차에도 뒤지지 않는다는 지론에서다. 그리고 휴대가 간편해 언제 어디서든지 가지고 다니며 끓여 마시기에 용이한 점은 떡차를 애음하기에 충분한 이유가 된다고 했다.

관장님이 만든 떡차는 그동안 수집한 강진의 월산차(月山茶)와 백운옥판차(白雲玉版茶)에 관한 자료를 통해 떡차의 원형을 고증하고 정읍의 천원차(川原茶), 장흥의 청태전(靑苔錢) 등을 두루 탐방하면서 떡차의 유래와 제다에 관한 기술을 터득한 뒤 전통 그대로 재현해 모은 것이다. 이렇게 40여 년을 떡차 재현에 혼신을 기울인 관장님의 차력(茶歷)이 표본 하나하나에 스며 있었다. 특히 관장님은 우리의 명차를 살리고 발전시켜야 한다는 취지에서 떡차에 대한 애정을 남달리 간직하고 있는데 2007년 6월 일본 풍명회원들이 관장님께 한국의 전통 떡차 제다법을 공부하고 갔던 일 등은 떡차에 관한 관장님의 내공을 말해 주는 이력이었다. 관장님은 매년 3~6회 정도 떡차를 만들어 음용하면서 그 제다법을 연구하고, 일부는 따로 보관해 두었다가 시간이 지날수록 차의 맛이 어떻게 달라지는지를 관찰하고 있다. 또한 전통적 방법에 여러 가지 변화를 주어 맛과 향이 우수한 떡차를 만들기 위해 지금도 연구하고 있는 모습은 젊은 학도 못지 않은 열정을 보여주었다.

여기에 관장님의 떡차 제다법을 소개하면 다음과 같다.
떡차 만들기

필요한 도구 - 찜솥, 마포, 고형틀, 절구통, 절구대, 바구니, 열기구, 건조 망, 주걱, 비닐, 면장갑, 모자, 간소 복, 굽는 도구, 행주 등의 도구와 깨끗한 작업실

1. 찻잎 준비
찻잎은 성숙하게 자란 1창 2기 혹은 1창 3기의 대작 제다용 잎을 5월 하순부터 6월 초순 사이에 따서 떡차를 만드는 것이 가장 좋다. 찻잎 구입에도 용이하고 가격도 저렴하며 차의 맛, 발효 건조를 조절하는데 가장 적절한 시기이다. 9월이나 10월의 차도 만들어보면 깊은 맛을 느낄 수 있다.

2. 찻잎 시들이기
준비된 찻잎을 햇볕에 널어 윤기가 없어질 때까지 여러 차례 뒤집어주며 시들리다가, 그늘로 옮겨 3~5시간 더 시들게 한 다음 찔 준비를 한다. 이때 주의할 점은 찻잎이 말라버리지 않게 하여야 한다. 찻잎을 따서 바로 만든 떡차와, 약간 발효가 될 정도로 찻잎을 시들게 한 후 만든 떡차의 맛은 그 차이가 현저하게 다르다. 생잎의 떡차가 풋풋한 맛이라면, 골고루 시들려 만든 떡차는 감칠맛과 익은 향이 난다.

3. 찻잎 찌기
찜솥의 물이 끓으면 찻잎을 넣어둔 찜틀을 올려놓는다. 김이 오르면 약간 기다리며 고루 익혀 들어낸다. 찻잎을 너무 익히면 차의 성분이 약해지기 때문에 적당

하게 익혀야 한다. 찜솥에 마포를 깔고 쪄야 찻잎 들어내기가 용이하다.

4. 찻잎 찧기
쪄진 찻잎을 절구통에 넣고 고르게 찧는데, 심하게 찧지 않아야 차의 색이 맑다. 찧어진 차를 잘 이겨 주먹 크기로 뭉쳐둔다.

5. 떡차 찍어내기
다식판이나 고형 틀의 홈에 엷은 비닐을 깔고 찧어진 찻잎덩이를 적당량 떼어 홈에 가득 채우고 비닐로 덮어 누름 판으로 누른 다음 들어내면 다식 같은 떡차가 탄생된다. 떡차가 약간 말랐을 때 가운데 구멍을 뚫어놓으면 건조도 빠르고, 완성되었을 때 실에 꿰어 매달아두기가 용이하다.

6. 건조와 굽기
찍어낸 떡차를 망에 넣어 깨끗하고 환기가 용이한 그늘에서 뒤집어주며 말린다. 떡차 만들 때 건조과정이 가장 중요한데, 이때가 발효정도와 맛과 향을 조절할 수 있는 과정이므로 정성을 다하여야 한다. 육안으로 보아 건조가 다 된 것 같지만 속은 건조가 되지 않고 있으니 숯불이나 전열기구의 약한 열에서 타지 않게 뒤집어주며 구워 건조를 마무리 한다. 그 외의 좋은 방법으로는 토기 위에서 굽는 방법이 있다. 건조시기에 비가 계속 내려 마르기 전에 하얀 곰팡이가 생기는 경우에는 바로 구워야 한다.

7. 저장
옹기그릇에 마른 죽순껍질과 함께 한지에 싸서 담아두거나 은박봉지에 넣어 두며, 오래 저장할 경우에는 간혹 구워서 보관하는 것이 현명한 방법이다. 공기 맑은 산마을에서는 차꾸러미를 처마에 걸어두어도 좋다.

8. 떡차 우리기와 끓이기

떡차는 뜨거운 물로 4~5회 우려마신 후 3~4번 끓어 마실 수 있으며, 그 후에는
엽차로 이용할 수도 있어 매우 경제적인 차다. 또 찻잎을 시들려 만든 떡차는 끓여
도 떫은맛을 느낄 수 없으며, 만든 후 일 년이 지나면 맛과 향이 더욱 좋아진다.

　요즘 관장님은 차문화가 바람직한 방향에서 벗어나고 있는 것에 대하여 우려의
마음을 보인다. 근세의 다인들이 각고의 노력으로 다듬어놓은 차문화가 자연스러
운 일상 생활차를 외면하고 지나치게 전시적이고 형식적이며 사치스러운 방향으
로 진행되는 모습을 보고 염려하는 마음이다. 검소하면서도 품위 있는 차살림이 진
정한 차의 정신을 가다듬는 길이니 검약정신과 서로를 이해하고 배려하는 예법을
먼저 마음속에 새길 줄 알아야 선대 다인들이 맑게 닦아놓은 차의 정신을 가꾸어
후세에 부끄러움 없이 물려줄 수 있는 책임감이 선다고 말한다. '문화생활의 실천
운동은 봉사정신을 소박하게 가꾸며, 더불어 공유하자는 큰 뜻의 바탕 위에서 시작
되어야 한다'는 어느 선배다인의 가르침이 선생님을 지키고 있다고 했다. 차의 보
급운동이 단체나 자신을 미화하는 도구로 이용되는 일은 배재되어야 하고 삿된 마
음에서 벗어나야 차문화를 가꾸는 사람이 진정한 다인이라고 했다.
　바람이 차다. 한때 젊었을 기운도 이제는 흰 등거리에 구부정하게 앉아 선생님
을 지켜보고 있다. 선대 절친했던 이들을 떠나보낸 선생님의 얼굴에 어딘지 쓸쓸하
고 허전한 회한이 스친다. 차를 우리는 손이 가늘게 떨리고 찻잔에 그들의 얼굴이
어리면 이렇게 타령을 한 곡조 뽑는다.

　　온 곳도 모르는 이 인간이
　　갈 곳은 어떻게 안다허는가
　　갈 곳도 모르고 사누나
　　그것도 멍텅구리

올 적에 빈손에 온 인간이

갈 적에 무어나 갖고 가려

공연한 욕심만 부리누나

그것도 멍텅구리

백년도 다 못살 이 인간이

영원히 죽지를 않을처럼

천만년 준비를 하누나

그것도 멍텅구리

세계적 학자라 하는 이들

무어나 모두 다 안다 해도

자가가 자기를 모르누나

그것도 멍텅구리

멍텅구리 멍텅구리 멍텅구리 멍텅구리

우리 모두 멍텅구리올시다

- 작자 미상, 박초선 창 -

2014.03.07.

비로향차의 고향 나주 불회사
- 불회약차 정연 스님 -

호남의 산은 높지도 낮지도 않아 구릉이라 하기에 적합하다. 숨을 가파르게 쉬기에는 높다고 할 수 없고, 그저 편안하게 쉬기에는 약간 오르막이 있는 전라남도의 비산비야에는 정겨움이 묻어 있다. 그 가운데 요란스럽지 않게 아늑한 분위기로 저 깊이 자신의 모습을 감추고 있는 나주 불회사는 초입부터 비자나무와 삼나무 숲이 기다랗게 터널을 이루고 있다.

그 아래 숲 내음 가득한 길 중간쯤엔 익살스러운 돌장승 두 기가 절의 수문장처럼 버티고 서 있다. 악귀를 쫓아내고 절을 지킨다는 돌장승은 조각이 그리 섬세하지도 않은 투박한 표정으로 객을 맞는다. 돌장승은 조선 숙종 대에 세워져 오른쪽에 남장승은 하원당장군, 왼쪽에 여장승은 주장군이 짝을 이루고 있다. 남장승은 높이 315cm, 둘레 170cm로 근엄하면서도 왕방울 같은 눈동자, 꽉 다문 입 언저리에 양쪽으로 드러난 덧니, 커다란 귀, 그리고 두 뼘이나 되는 수염을 땋아 옆으로 꼬부려 놓은 해학적인 멋을 풍기고 있다.

돌장승과 눈인사를 하고 걸어가는 산길은 온갖 초목들이 새잎을 드러낸다. 갈참나무, 철쭉나무, 산딸기나무 등 좁은 안목으로는 이름을 알 수 없는 많은 나뭇잎들이 하늘아래 투명한 초록으로 빛나고 있다. 계곡마다 갓 피어난 녹음들이 겨울의 무거운 숨소리를 떨치고 구름처럼 일어나 제 각각 숨을 쉰다. 보랏빛 각시붓꽃은 땅에 붙어서 앙증스럽게 피었고, 하얀 별꽃은 점점이 하늘을 뒤집어 놓은 것 같다. 눈에 띄는 노랑각시붓꽃은 푸르른 초록과 어울려 눈을 편안하게 한다.

불회사의 창건 설화는 영광 불갑사와 함께 불교가 우리나라에 바닷길을 통해 전래되었다는 주장을 뒷받침하는 곳이다. 1978년 큰 법당 중창 불사 때 〈호좌남평덕룡산불호사대법당중건상량문〉이 발견되었다. 상량문 기록에 의하면 동진 태화 원년(서기 366년) 마라난타스님이 창건하고, 신라의 이인(異人) 희연 조사(熙演祖師)가 당나라 현경 초에(656년) 재창하였으며, 삼창(三創)은 원말 지원(至元)초(1264년경) 원진 국사(元國師)가 했다고 한다. 그리고 조선 정조 22년(1798년) 2월 큰 불이 나 완전히 소실된 것을 당시의 주지 지명(知明) 스님이 기미년(1799년) 5월 15일 상량하였다고 적었다.

상량문의 내용이 정확한지는 단정할 수 없지만, 그 기록에 의하면 마라난타 존자가 내륙을 통하지 않고 물길을 따라 당시 삼한 중 마한의 근거지라고 추정되는 나주 지방 영산강 포구를 통하여 불회사에 자리 잡았다고 추정할 수 있다. 만약 이것이 사실이라면 불회사는 한국에서 최초로 건립된 사찰이 됨과 동시에 한국 불교 전래를 6년이나 더 앞당기게 되는 것이다.

그리고 〈신증동국여지승람〉 등의 지리서에 불호사(佛護寺)로 기록되어 있어, 처음 창건 때는 불호사였다가 1808년(순조 8) 무렵부터 지금과 같은 불회사로 절이름이 바뀐 듯하다. 그러나 이러한 설은 정설이라고 하기에는 타당성이 부족하고 자료가 미약하지만 당시 불회사 앞까지 뱃길이 드나들었으니 상량문의 기록을 무시할 수도 없는 일이다. 어떻든 불회사는 백제 이전 마한 시대에 창건된 절이라는 가설을 받아들이고 있으며 이것은 차의 전래와 무관하지 않다고 보여진다.

나주 불회사차는 전통적인 제다법으로 만들었다고 전한다. 우리나라 차 생산은 발효차나 병차보다는 녹차의 생산량이 대부분을 차지하고 있다. 녹차가 주로 생산되는 가운데 야생 떡차를 생산하는 곳 중 전통제다법을 지키는 곳은 몇 되지

않는다. 그 중 나주 불회사는 전통떡차 제다법으로 만든 불회약차가 있다.

원래 불회약차의 이름은 비로차였는데 비로차 품명이 상표 등록되어 사용할 수 없게 되자 불회약차로 바뀌었다고 한다. 불회약차는 녹차가 아닌 떡차 제다법을 따르고 있다. 불회약차는 오랜 역사 속에서 자라온 덕룡산 주변 비자나무 아래 자생하는 야생 찻잎을 채취해서 만들고 있다.

불회사 야생차 군락지는 창건 설화를 인정한다면 우리나라에서 차가 처음 재배되기 시작한 곳이라 말할 수 있다. 고려시대부터 나주를 비롯한 전남지역은 차가 자생하고 있어 차를 생산하는 다소(茶所)가 장흥에 이어 가장 많았다. 이러한 사실은 나주 다도(茶道)면이라는 지명이 현재 사용되고 있으며, 행정구역으로 명기되어 다도면 불회사로 등록되어 있다는 것에서도 확인할 수 있다.

불회사 법당을 지나 비로선원을 돌아 조금만 지나면 산 전체가 차나무로 뒤덮인 야생 차밭이 나온다. 나무 그늘 아래 반음반양으로 자라는 야생차는 햇빛에 투명한 잎맥을 그대로 비추었다. 여기 저기 나뭇잎 사이로 쏟아져 들어오는 햇빛에 비친 차나무는 마치 태초의 희망을 따라 가는 원시림의 숭고함과 같았다. 여기저기 푸른 얼굴을 내민 찻잎과 반갑게 해후하는 기쁨은 말로 표현하기 어려웠다. 세상에 이보다 더 깨끗하고 귀한 생명이 또 있을까 싶었다. 덕분에 그 자리에 서 있는 내 자신이 찻빛에 맑아지는 느낌이었다. 그냥 두 손을 모으고 합장하고 싶어졌다. 그 자리에 서서.

처음 정연 스님이 이곳에 왔을 때 차밭은 완전히 방치되어 있는 야산이었다고 한다. 그러나 해마다 나뭇가지를 거둬내고 가시덤불을 제거해 지금의 차밭이 조성되었다고 하니 스님의 정성이 얼마나 많이 들어갔을지 미루어 헤아릴 수 있었다. 때문에 불회사 차나무는 모두가 직근성인 전통 재래종 자생차밭이다. 자연의 품에서 자란 차나무는 고유의 성질을 그대로 간직하고 있다. 가뭄이 들면 물의 양이 적고 햇빛의 양이 많아 차를 덖거나 찔 때 많이 부서지고, 비가 많이 와서 물이 많으면 다른 해에 비해 불의 양이나 덖음 횟수를 더 늘려주어야 한다. 자연에서 받아온 그대로 몸을 감추지 않는 자생차는 그래서 다루기가 더 까다롭다고 한다. 해마다 자연의 기후를 읽지 못하면 다음해 차를 만들 때 차의 성질을 살리기도 어렵고 차 맛을 내지 못하기 때문이다. 그래서 야생차는 재배차보다 더 어렵다고 한다.

정연 스님이 불회사와 인연을 맺은 지는 20년이 훌쩍 넘는다. 1990년에 불회사에 와서 지금껏 살고 계시니 전생에 불회사를 창건한 창건주는 아닐까. 스님이 처음 차를 접한 것은 백양사 회주시절이었다. 1970년대까지만 해도 백양사에서는 발우공양이 끝나면 보차를 했다고 한다. 보차(普茶)란 스님들이 모두 같이 차를 나누어 마시는 다례(茶禮)이다. 보차가 처음 시작된 것은 당송(唐宋)대로 거슬러 올라간다. 백장선사가 승가의 청규를 만들기 위해 선원청규를 제정하면서 보차는 시작되었다. 그런데 보차가 우리나라에 전래되고 나서 백양사에서 근래까지 보차를 실시하였다고 하니 놀라지 않을 수 없었다. 전통이 끊어지지 않고 면면히 이어져 온 백양사의 사원 다례는 현재 만날 수 있는 과거의 역사였다. 그러나 아쉽게도 스님 이후에는 보차를 시행하지 않고 있다니 아쉬운 마음이었다. 혹 지금도 보차를 하고 있다면 차의 청규를 엄격히 지켜 사원다례가 실시되고 있는 역사의 현장이라 할 수 있는데 말이다.

그 후 정연 스님이 불회사에서 차를 만들기 시작한 것은 백양사의 수산 방장 스님에게 다법을 전수 받고 나서였다. 수산 스님은 일제 때 당시 대흥사 말사였던 불회사에 들렀는데 갑자기 배앓이를 하였다고 한다. 그런데 마침 그곳에 주석하고 있던 스님이 불회사에서 만든 약차를 끓여와 먹으라고 권하자 이를 먹고 배앓이가 나았다고 했다. 그때 수산 스님은 약차 만드는 법을 전수 받아 약차를 만들기 시작했다고 한다. 정연 스님은 처음에 수산 스님의 방법대로 여러 가지 약재를 넣었는데 나중에 한의사와 문의해 보니 모두 몸을 따뜻하게 하는 성질을 가진 약재라고 했다. 이 약재들이 차의 독성을 제거해 주고 몸의 기운을 따뜻하게 해 주는 약리적인 효능을 발휘하였던 것이다. 〈조선의 차와 선〉에서는 일제강점기 불회사에서 만든 떡차에 대하여 다음과 같이 기록하고 있다.

차를 만드는 기본은 순을 딴 뒤의 남은 잎을 채취해서 이것을 하루 안에 3,4회 찐(찐 것을 방 안에 얇게 펴서 식히는 정도로 하여 찌며, 찌는 횟수가 많을 수록 향기와 맛이 좋다) 것을 절구에 넣고 끈적끈적하게 충분히 찧은 뒤 지름 아홉 푼(약 2.3cm), 두께 두 푼(약 0.5cm)되게 손으로 눌러 덩어리 모양으로 굳히고 복판의 작은 구멍에 새끼를 꿰어서 그늘에 말린다. 될 수 있는 대로 짧은 기간에 만들어 사용한다.

이러한 약차 제다법은 차가 나는 지방에서는 보통 만들어 마시던 전통방법이었다. 이규경이 쓴 〈오주연문장전산고〉를 보면 몸의 증상에 따라 여러 가지 약재를 넣어서 차를 만든 기록이 있다. 이규경은 당시 약차를 만드는 여러 가지 방법을 제시하며 차의 성질을 몸의 기운에 맞춰 음용할 것을 권하였다. 지금도 지리산 하동이나 구례지방에 가면 잭살이라는 차가 있는데, 이것은 모두 한약재를 넣고 끓인 전통 약차이다. 물론 잭살은 찻잎을 말려서 끓일 때 약재를 넣는 것이 불회사 약차와는 다른 점이다. 그럼 여기서 이규경이 쓴 약차의 종류를 잠시 살펴보기로 한다.

- 기국차(杞菊茶) : 들국화 1냥, 구기자 4냥, 다아(茶芽) 5냥, 참깨 반근을 써서 함께 빻아 가루내서 체로 친다. 마실 때는 1수저에 소금을 조금 넣고, 수유(酥油)와 함께 센 불에 끓여서 마신다.
- 구기차(枸杞茶) : 늦가을이 되면 붉은 구기자를 다서 밀가루와 함께 조제하여 찧어 떡 모양으로 만든다. 볕에 말려 빻아 가루를 낸다. 차 1냥에 구기자 2냥을 섞고, 데운 수유 3냥을 넣는데 향유도 괜찮다. 끓는 물에 넣어 휘저어 되게 해서 고약처럼 만든다. 소금을 친다. 솥에 넣고 달여 익혀 마시면 눈을 밝게 하는 데 크게 도움이 된다.
- 청천백석차(淸泉白石茶) : 호두 씨와 잣을 진분(眞粉)과 섞어 돌 모양의 작은 덩이로 만들어 차 속에 넣어둔다. 예운림 처방이다.

• 강귤차(薑橘茶) : 귤 알맹이 3돈과 생강 5편, 작설차 1돈을 차 끓이는 방식대로 함께 끓여 꿀을 섞어 마신다. 식체를 푸는 데 좋다.

또 불회사 약차와 비슷하게 차를 만든 문헌의 기록은 다산의 떡차 제조법이 있다. 조선후기 강진으로 유배를 온 다산은 체증을 없애고 감기 기운을 낮게 하기 위해서 약차를 만들어 마셨다. 다산이 떡차를 즐겨 마신 이유는 병을 치료하기 위한 약용이었다. 다산은 강진에 유배하는 동안 몸에 부스러기가 나고 자주 체하는 등 고질적인 병들이 있었다. 이를 치료하기 위해서 차를 마셨는데 차가 가진 냉성이나 독성이 오히려 몸에 해를 끼쳤다. 그래서 차의 냉성이나 독성을 약화시키고 차의 성분을 가라앉히기 위해서 구증구포의 방법으로 증차를 만들어 음용하였던 것이다. 다산은 떡차를 만들 때 3, 4회 반복해서 찌고, 찧은 다음 덩어리를 만들어 말린다고 했다. 이렇게 만들어진 떡차는 초의에게 전해졌고 초의의 제다법은 차가 주로 생산되는 장흥과 나주 보성 등으로 널리 전해졌다. 이때 불회사에 전해진 제다법이 현재 불회사 떡차의 원형이 아닌가 짐작해 볼 수 있다.

그런데 스님은 불회사의 전통 제다법 대로 약차를 만들지 않는다고 했다. 깜작 놀라 물어보니 증제하는 법이 달랐다. 다시 말해 정연스님은 찻잎을 채취해서 찌지 않고 햇볕에 위조해서 바로 절구에 찧는다고 했다. 왜 찌지 않느냐고 물으니 쪄서 하면 찻잎이 산화되지 않아 차의 탕색이 맑지 못하다고 했다. 차를 맑게 마시려면 탕색이 맑아야 하는데 증기에 찌면 탕색이 흐려지고 탁해진다는 것이었다. 스님의 지론대로 만들어진 불회약차는 시간이 지나 익을수록 맛이 더해지고 부드러워진다고 했다.

스님이 차를 만들면서 가장 어려웠던 점은 차의 성형이었다. 차를 만들고 틀에 넣어 구멍을 뚫어 모양을 만들면 차가 마르면서 부서져 버리는 파쇄 현상은 차의 점성이 약하기 때문에 나타나는 것으로 주로 떡차에서 많이 발생한다. 때문에 대부분의 떡차는 성형하기 전에 찹쌀을 넣어 반죽한다. 그런데 다산도 이것을 알고 있

었던지 반드시 돌 샘물에 반죽하라고 강진의 제자들에게 가르쳤다. 정연 스님은
이를 해결하기 위해 찻잎 시험부터 했다. 재배차로 만들어 성형을 해 보고, 다시 야
생 찻잎으로 성형을 해보니 재배차는 점성이 약해서 절대로 떡차가 만들어지지 않
았다는 것이다. 그런데 순수야생차는 찻잎이 두껍고 강해서 자체 점성이 나와 이
문제를 해결할 수 있었다고 한다.

    불회약차는 우리나라에 전해져 오는 몇 안 되는 약차 중 하나이다. 요즘에는 기
능성이라 하여 차에 몇 가지 성분을 내는 약재를 넣고 약차라고 하는 경우가 있으
니 차의 성분과 약재의 효능을 잘 살펴야 할 것이다. 찻잎의 채취부터 약재의 선별
까지 차의 성품과 같은 제다법을 찾기란 그리 쉬운 것만은 아니기 때문이다. 초여
름 바람이 분다. 덕룡산 오르는 산길에서 바라보는 나주호가 맑은 하늘과 맞닿아
있다.

2013. 6. 10.

솔잎과 함께 따는 차 "송하우전"
- 청심다원 권청자 대표 -

서재필 박사의 삼일절에 즈음하여 조선동포에게 고함!

조선이 살고 죽을 것이 조선민족에 달린 것은 분명하외다. 오늘 새로 우리가 3.1정신을 깨달아서 동심협력해 순수한 몸으로 한손으로 같이 일을 할 것 같으면 조선은 살게 될 것이고 만일 그것을 반대한다든지 그를 듣지 않는다든지 할 것 같으면 조선미래가 그렇게 좋지 않소이다. 그러하니 그 직분을 생각들 하시고 3.1운동 정신을 다시 깨달아서 다 조선 하나로 살게 만들어 주는 것이 조선 사람의 직분이오. (후략)

1949년 3월 1일 서재필 박사 육성녹음 중...

광주에서 주암호를 달리다보면 구불구불 저수지를 끼고 도는 맛이 제법 쏠쏠하다. 한국의 아름다운 드라이브 코스로 선정되기도 한 주암댐 길은 보성을 찾는 다인이라면 누구나 한 번 쯤은 와봤을 법하다. 이 길은 곡우를 전후해서 차를 따는 발길이나, 5월 차의 날 행사 때가 되면 차밭을 찾는 사람들로 인산인해를 이룬다. 조계산 자락과 모후산을 끼고 있는 굽이진 주암호를 따라 풍광이 빼어난 자연을 만끽하는 것도 잊을 수 없는 추억이다. 이 길을 따라 가면 티벳불교 박물관이 있는 대원사를 지나 송재 서재필(松齋, 1864~1951) 박사의 기념관이 나온다. 서박사가 보성면 문덕리에서 태어난 연유로 그의 기념관이 이곳에 세워졌다. 잠시 그곳에 들러 서재필의 활동내역을 살펴보았다.

송재 서재필(松齋 徐載弼, 1864~1951)은 구한말에서 해방 정국의 격동기에 이르기까지 파란만장한 삶을 산 우리 근대사의 증인이다. 개항 이후 밀어닥친 외세의 침탈에 맞서 '독립신문'과 '독립협회' 활동, 그리고 민주화와 민족통일을 위한 자주 독립국가 건설에 대한 희생과 열정을 유감없이 보여주었다. 갑신정변의 실패로 고국에 대한 모든 미련을 버리고 미국으로 망명했던 그는 온갖 시련을 극복하고 다시 일어선 개척자였다. 독립운동으로 인해 사업이 피폐된 이후 우리나라 최초의 의사로서 62세의 나이에 다시 의학을 공부한 만년의 삶은 어떠한 환경에도 좌절하지 않고 도전하는 모습이었다. 그는 "젊은 시절 훌륭한 뜻을 갖고 있었으나, 모든 일을 너무나 성급히 서둘러서 본래의 훌륭한 목적을 잃어버리고 비참한 실패를 하였다고"라고 말한 뒤, "그 결과 나는 고귀한 목적을 저버리지 않고 그것을 달성하고자 노력함에 있어서 매일 주어진 일을 하나하나 최선을 다하기로 결심했다"고 말했다. 자신의 목적을 위해 성실하게 산 서재필의 생애는 쉽게 살아가려는 우리들에게 던져주는 자성의 메시지였다. 기념관을 둘러보며 내 삶을 위해 얼마만큼 노력했는지 발밑을 돌아보는 잠깐의 쉼이 초겨울 바람을 타고 가슴을 후빈다.

기념관을 뒤로 하고 약 1km쯤 올라가면 자신의 꿈을 위해 인생 후반을 다시 살고 있는 서재필과 닮은 다인이 있다. 청심다원 권정자(74) 대표다. 전남도의원으로 의정활동을 하고 출판업에 10여 년 몸을 담아 온 권 대표는 홍차를 즐겨 마시다가 초의선사의 〈동다송〉에 깊이 매료되어 녹차를 마시기 시작했다. 그러던 중 친구와 함께 한국제다를 방문해 녹차를 맛본 후로 차향에 빠져 다원을 가꾸고 차를 만드는 제다인으로 거듭 사는 삶을 선택했다. 원래 그의 고향은 나주였지만 물 찾아 산 찾아다니다 보니 지금의 보성군 문덕면 용암리에 자리를 잡게 되었다고 한다. 처음엔 7천여 평의 차밭으로 시작했지만 지금은 3만여 평의 임야에서 청아한 소나무와 더불어 차밭을 가꾸고 있다. 청심다원은 돌밭이 많아 차를 재배하기에는 최적의 요건을 갖추고 있다. 다원을 빙 두르고 있는 청청한 소나무는 일 년 사철 솔향을 가득 안겨주고, 돌밭은 물 빠짐이 좋아 배수가 잘되며 주암댐의 안개가 습도를 조절하는 천혜의 자연조건 속에서 청심의 차는 건강하게 자라고 있었다.

청심다원은 96년 당시 권 대표가 대원커뮤니케이션이라는 출판사를 운영하고 있을 때 지유스님의 권유로 시작되었다. 280만 원의 차씨를 구입해 파종을 하고 차밭을 일구는 기다림의 긴 여정이었다. 그렇게 7년 동안 풀을 매고 퇴비를 주어 유기농 차밭을 일구어 국내외 유기인증을 받은 다원을 조성했다. 풀이 무성하게 자라자 이를 본 마을 주민들은 비료도 하고 농약도 해서 쉽게 일을 하라고 했다. 그러나 그 말에 반박하고 그만의 유기농 재배법을 고집했다. 풀과의 전쟁이었다고 권 대표는 당시를 회고했다. 권 대표는 마을 사람들에게도 비닐을 태우지 못하도록 부탁한다. 비닐이 타면서 발암물질의 대표적 성분인 다이옥신이 생성되어 공기 중에 떠돌면 찻잎이 오염되어 차의 맑음을 잃어버리기 때문이다. 차의 맛과 성분을 유지하기 위해 유기재배를 이렇게까지 고집하는 청심의 차는 그 맛과 향이 해를 바꾸어도 변하지 않는다. 어느 해는 차나무에 응애가 번져 찻잎이 모두 병들었으나 한 번도 제초제나 농약을 해 본적이 없었다. 응애가 자연적으로 사라질 때까지 몇 년을 기다렸다. 그리고 나서야 다시 차를 수확하는 인내는 여느 다인들과는 다른 그녀만의 확실한 신념이 있었기에 가능했다.

청심의 다원은 깊은 계곡에 위치해 있어 다른 지역보다 늦게 차를 채취한다. 우전을 따고 난 뒤 첫물차를 따는 시기는 7일이 지나서야 가능하다. 농약과 비료를 주는 차밭에서는 3일 만에 수확할 수 있지만 자연 퇴비를 주는 청심의 차는 스스로 자랄 때까지 기다려 채취하기 때문이다.

그래서인지 청심의 차나무는 잎이 매우 두꺼워 동해를 입지 않았다. 올해 보성지역을 취재하기 위해 여러 다원에 문의를 하였으나 한결같이 차나무가 동해를 입어서 차밭을 보여줄 수 없다는 것이었다. 작년 추위에 냉해를 입은 차밭이 올해까지 회복이 되지 못한 것이다. 그런데 올해도 역시 한파가 심하다고 하니 차농가의 걱정은 이만저만한 것이 아닌 듯하였다. 그러나 청심다원의 차는 이러한 상황과는 전혀 관계가 없는 듯이 보였다. 차밭을 둘러보니 차밭 이랑에는 두껍게 쌓인 나뭇잎 퇴비들과 그 밑으로 깔려 있는 톱밥들이 마치 목화솜을 깔아놓은 듯 푹신푹신하기 이를 데 없었다. 이것은 차밭 가꾸기에 대한 권 대표의 유별난 고집과 신념이 차나무를 동해로부터 보호하는 작품이었다. 차밭이랑을 들춰보니 지렁이들이 움찔 움찔했다. 두꺼운 퇴비 덕분에 온도가 일정하게 유지되어 지렁이들이 지표면 가까이 나온 까닭이다. 그야말로 자연식물원 같은 차밭이었다. 자연이 그대로 살아 있는 천혜의 차밭은 저절로 이루어진 것은 아니었다. 권장의 올곧은 노력과 청아한 맑음이 차밭을 재배하는데 그대로 반영되어 싱그러운 차향이 풍겨나왔다.

권 대표는 처음부터 차밭을 운영할 생각은 아니었다.

"96년 가람재를 사서 들어왔을 때는 다원을 만들 계획은 없었지요. 스님의 권유로 시작한 일이었지만 차만은 가장 많은 사랑을 주어야 한다고 생각했습니다. 그래서 지금도 매일 아침이면 차밭을 둘러보며 '차나무 너만이라도 사랑받고 살아라. 그리고 세계인의 건강을 위해 살아다오'하며 마음을 건네지요. 특히 청심의 차는 빙 둘러 자라는 소나무의 향을 먹고 자랍니다. 그래서 제가 만든 녹차는 일명 송하우전이라고 하지요."시골 농군의 모습을 마다하지 않는 권 대표는 있는 그대로의 미소를 지으며 차밭 전경에 대하여 소개를 했다.

권 대표는 우리 고유의 제다법으로 차를 생산하기 위해 차밭 바로 옆에 80여평 규모의 가공공장을 세워 고품질의 녹차를 생산하고 있다. 가공공장에는 무쇠로 만든 대형 솥을 설치해 400도의 고열로 차를 가열하여 향과 맛을 살린 수제전통차를 만든다. 그래서 청심다원 녹차는 일반 녹차와 달리 7번이나 우려도 향과 맛이 처음과 똑같다. 이처럼 진솔하게 만든 녹차는 서울 유명호텔과 연간 계약을 맺고 있으며 일반인은 회원제로 운영하고 있다. 현재는 녹차 외에도 떡차와 대용차를 생산하고 있어 차문화의 다양성에 앞장서고 있기도 하다.

차가 좋아 마시기 시작한 것이 지금에 이르렀다는 권 대표는 가람재(可籃齋)란 다실을 두어 다인들과 다담을 나눌 때가 가장 행복하다고 한다. 처음 이곳에 들어온 것도 가람재를 구입하고 다실을 개조해 지인들과 차를 마시기 위해서였다고 하니 차를 즐기는 그의 아취를 이해 할 듯하다. 다실 한켠에 마련된 벽난로는 다담의 분위기를 더하기 위해 직접 고안한 것이라고 했다. 여기저기 차를 마시기 위한 다실에는 주인의 손길이 머물지 않은 곳이 없다. 오래된 고재에서부터 현대 작가들의 작품에 이르기까지 그의 애정 어린 손때가 배어 있다. 사람이건 물건이건 마음이 가는 곳엔 빛이 나기 마련이다. 그가 사용하고 있는 다기들이 밝은 빛을 내며 반기는 것은 주인의 사랑을 받은 흔적을 감추지 않고 있어서 일 것이다. 차향과 함께 배어나는 다기의 향기도 사람 따라 세월 속에 익고 있다. 묵어서 더 아름다운 향기는 고즈넉한 넉넉함이 있다. 가람재의 다실 또한 그러한 세월의 맛이 녹아있었다.

물이 맑고 산이 좋은 이곳에서 남은 인생의 그림을 실현하고 있는 권 대표는 앞으로도 계속 맑은 차밭을 가꾸고 청심의 양심으로 재배한 차를 생산할 것이라고 했다. 그런데 몇 해 전 다른 지역에서 청심이란 상호를 상표등록 하여 더 이상 사용할 수 없게 되자 '예성영농조합법인'으로 등록인가를 냈다. 마음이 상하는 일이었지만 사람 사는 일이라 여기고 더 이상 관여하지 않기로 했다. 마음을 비우고 나니 더 편안해지고 홀가분하다고 말하는 권 대표의 얼굴에 가벼운 미소가 가득 했다. 백여 년 정도 되었다는 홍송이 하늘 향해 팔을 벌리고 섰다. 겨울하늘에 옅은 푸름이 차가운 바람에 번진다.

무등차(無等茶)

김현승

가을은
술보다
차 끓이기 좋은 시절...

갈가마귀 울음에
산들 여위어가고

씀바귀 마른 잎에
바람이 지나는,

남쪽 십일월의 긴긴 밤을,

차 끓이며
끓이며
외로움도 향기인 양 마음에 젖는다.

2013. 11. 03.

스님께 올리는 법향
- 다향천리 이쌍용 대표 -

꽃 지는 곳 옛 절문 깊이 닫혔고	花落僧長閉
봄 따라온 나그네 돌아갈 줄 모르네	春尋客不歸
바람은 둥우리의 학 그림자 흔들고	風搖巢鶴影
구름은 좌선하는 옷깃 적시네	雲濕坐禪依

- 청허 휴정 〈청허당집〉에서 -

선시는 언어의 한계를 넘어선 그 무언가를 시의 형식을 빌려 묘사한다. 언어로는 도저히 표현해낼 수 없는 언어 밖의 저 세계를 시가 가지고 있는 함축성으로 표현하고 있다. 절 문을 꼭 닫아걸고 구름과 함께 선정에 들어 마음을 잊고 있는 옛 선사들은 사람과 자연, 사물과 나, 경과 정의 세계를 마음속 예술이라는 의경에 담아낸다.

세속을 잊은 선적 평화를 구가하는 지리산 쌍계사는 진각국사가 차를 마신 흔적을 알 수 있는 〈진감국사대공탑비〉가 있다. 형식과 격식을 버리고 자유로이 차를 마신 스님의 비문을 보니 이곳이 차의 고장임을 알 수 있었다. 신라시대 김대렴이 차를 처음 심었다는 차 시배지가 있는 계곡이지만 그 이전에 진감국사가 차를 마신 기록이 비문에 전하고 있어 이곳은 김대렴 이전부터 차가 자라고 있었다는 사실을 입증하는 셈이다.

바로 이곳 계곡 왼쪽으로 스님께 법향을 올리는 다향천리가 있다. 오래 전 쌍계사 조실 고산스님을 은사로 모시고 차를 만드는 송원(松圓) 이쌍용(46) 대표는 오로지 스님께 올리는 목 넘김이 부드러운 맑은 차를 만드는 것이 일생의 업이다. 오래 전 부모님을 여의고 절에 제를 드리게 된 인연으로 스님을 만난 이 대표는 향이 깊은 차를 만들기 위해 일 년을 기다린다. 채식을 하는 선가의 의례에 따라 스님의 위는 일반인들처럼 강하지 못하다. 위벽이 얇고 자극적인 음식에 민감한 탓에 스님들이 마시는 차는 어리고 향이 깊은 유향(幽香)이나 진향(眞香)이 나는 차를 만들어 올려야 한다.

해마다 스님께 첫차를 올리고 품평을 받는다는 이 대표는 차를 만드는 기본적인 마음자세를 스님에게서 배웠다. 올해로 세수 81세인 스님은 매해 이 대표가 만든 첫차를 마시고 차에 담긴 덕담과 법문을 들려주신다. 스님께서 전해주시는 법문은 그가 살아야 할 삶의 길이자 사람의 도리이다. 스님께서는 언제나 마음을 편안하게 가지고 차를 만들어야 한다고 말씀하신다. 이러한 마음가짐이 곧 차를 만드는 제다인의 자세이기 때문에 어느 한 말씀도 소홀하게 지나칠 수 없다.

매월 보름 법문을 위해 쌍계사를 찾으시는 스님을 항상 곁에서 보필하고 모셔온 지 어느덧 20년이란 세월이 흘렀다. 그동안 스님의 보살핌을 많이 받기도 했고 스님께 많은 가르침도 받기도 했다. 그가 스님과 인연을 맺게 된 것은 일찍 돌아가신 부모님 때문이었다. 부모님이 돌아가시자 쌍계사에서 부모님을 위한 천도재를 지내면서 스님과의 인연이 시작되었다. 이 대표는 인생의 커다란 주춧돌로 서 계시는 스님을 뵈면 온갖 욕심을 버려야 한다는 자정의 마음이 절로 생겨난다고 했다. 물질과 속세에 마음을 끊은 스님의 삶은 그가 차를 만들어야 하는 이유이자 목표이다. 그는 차를 만들 때 스님을 닮은 차를 만들고 싶어 한다. 모든 분별을 놓아버린 청량한 차, 안정과 평안을 얻은 맑은 기운의 차를 만들어 속가의 사람들에게 전하고 싶어 한다. 차의 본성을 찾아 불과 시간을 조율하고, 차의 향을 찾아 마음을 비우는 공의 기다림은 맥아(麥芽)가 가진 우주의 기운을 담는 법묘(法妙)의 순간이다. 차를 만드는 일은 수행과 같다. 나를 버리고 색·향·미를 찾아내는 것은 차의 본성을 찾는 일이며, 차의 독기를 없애고 순수한 진미를 갖춘 법향(法香)을 얻었을 때 가능한 일이다. 실 같은 사심이라도 드러나면 차는 그 진성을 잃고 만다. 마음이 오염되어 있으면 차가 탁해지고, 욕심이 가득차면 차가 무거우며, 정성이 없으면 차가 싱겁고 냉한 맛이 나는 것은 차가 제다인의 마음을 받아들이기 때문이다. 때문에 차를 법제할 때는 오로지 온갖 마음의 분별을 끊고 집중하여 차와 하나를 이룰 때 차의 성품을 간직한 제품을 만들 수 있다. 결국 차를 만드는 일은 나를 완성해 가는 수행의 삶이며 어느 한 순간도 소홀히 해서는 안 되는 자신과의 싸움이다. 스님께 바치는 법향을 만드는 순간이 오롯하게 차와 만나는 시간이기 때문이다.

현대인들은 차를 마실 때 차시, 걸름망, 집게, 찻잔받침 등 여러 가지 다구들을 필수품처럼 사용한다. 이러한 다구들은 언제부터 있었을까? 옛 선조들이 이러한 다구들을 사용했다는 흔적은 그리 많지 않다. 고려나 조선시대의 문헌을 보아도 다관, 지로, 찻잔, 돌솥 등 가장 필수적인 다구들만 상용했다는 것을 알 수 있는데, 최근에 들어 그것도 1990년 대 후반에 만들어져 사용한 것들이 걸름망이나 차시 등 50여 종에 이르는 다도구들이다. 이러한 다품은 차의 수요가 증가하고 다사가 다양해지면서 편리하게 차를 우려 마시기 위한 수단으로 이용된 것들이다. 이 대표는 28-29세 때 미광상사(경남 공예품 생산 지정업체)를 세우고 우리나라에서 처음으로 다도구를 생산하여 다사를 능률적이고 효율적으로 향상시키는 데 기여했다.

젊은 시절 그가 차에 관한 도구를 만든 것은 어머니의 영향 때문이었다. 그는 쌍계사 앞 용정마을에서 나고 자랐다. 어려서부터 어머니가 차를 만드는 일을 자연스럽게 거들며 이웃 누구네 집에 차맛이 어떤지, 누구네가 차를 우려서 감기에 달여 먹었는지, 누구네 찻독은 일찍 떨어졌는지를 알게 되었다. 군대를 제대하고 다도구를 만들며 전국에 있는 찻집에 판매를 하자 이 소식을 접한 일본 박물관에서 그를 찾아와 다도구에 대한 예찬을 아끼지 않았다고 한다. 그가 만든 다도구는 차인들 사이에 급속히 번져갔으며 다인들의 필수품으로 자리 잡게 되었다.

그렇게 차시장의 이모저모 사정을 알게 되자 주변으로부터 차도 만들어 보라는 권유를 받기 시작했고 드디어 1990년대 초 제다를 시작했다. 처음엔 차를 만든 경험이 부족하여 좋은 찻잎을 사고도 차의 진맛을 내지 못해 한해에 1억 원 가까운 돈을 버리기도 했다. 솥의 사용방법을 몰라 차에 쇠 냄새가 배는 시행착오를 거치면서 차츰 차의 완성도를 높여갔다. 이 대표가 가장 어려워 한 것은 야생의 성질을 가진 찻잎의 맛을 제대로 내는 것이었다. 찻잎은 그 해의 날씨와 토질에 따라 수분함량과 두께가 달라지기 때문에 떫은 맛을 잡아내기가 어려웠다. 수분이 너무 적으면 떫은 맛이 강하게 나고 수분이 많으면 차맛이 싱거워져 유향을 내기란 여간 어려운 것이 아니었다. 또 찻잎의 두께에 따라 화기의 조율이 어려웠고, 논에서 재배한 찻잎은 수분이 많아 떫은맛을 잡기는 쉬우나, 향이나 맛이 오래 유지되지 못하는 단점을 가지고 있어 찻잎을 선별하는 일에도 신중을 기하게 되었다. 찻잎의 두께나 차의 성분이 해마다 변하는 이유는 기후 온난화 때문이라고 한다. 기후가 변하면서 찻잎이 적응하지 못해 냉해를 입게 되는데, 이는 바로 찻잎의 성분을 변화시켜 차맛을 다르게 하는 원인이 된다. 그래서 날씨의 변화에 대처하는 제다법이 갈수록 어려워진다고 했다.

차맛은 그해의 기후에 따라 좌우되기도 하지만, 지리적인 성품을 드러내기도 한다. 지리산에서 나는 차는 지리산의 기후와 토질이 가지고 있는 성질을 그대로 담고 있다. 지리산 차의 유향은 다른 지역의 차보다 야생의 기운이 강한 편이다. 쌉싸

름하면서 뒷맛이 맑고 단맛이 강하게 나는 것이 이 지역 야생차의 특징이다. 이 맛은 다른 보성이나 강진, 해남, 영암지역의 차맛과는 다른 그 어떤 맛이다. 해안가의 차맛은 염분을 함유하고 있으나 따뜻한 기후의 영향으로 맛이 온화하고 부드러운 특징이 있다. 그러나 지리산 야생차는 차가운 지리산 계곡의 바람과 고지대의 기운을 머금어 기가 훨씬 강하게 느껴진다. 그래서 자칫 차의 기운을 잘못 다스리면 차가 사람을 치게 되고, 차의 기운을 잘 조절하면 사람을 편안하게 하는 맑은 차가 된다. 이러한 특성을 파악한 이 대표의 차는 단맛을 오래 간직하고 차의 독성이 제거되어 차를 마시는 사람의 기운을 평안하게 한다. 그가 제일로 생각하는 차는 매끄럽고 목 넘김이 부드러운 진향이 나는 차다. 그래야 스님을 비롯한 모든 사람들이 부담을 느끼지 않고 차를 마실 수 있기 때문이다.

그가 선택한 첫 소비자는 바로 스님이다. 스님의 몸에 맞는 차를 만들고 스님의 마음을 편안하게 만드는 차를 만들어 올리면 그 해의 차는 대부분 성공한다. 차는 강함보다 부드러움을 원하고 세련된 것보다 그윽한 것을 좋아하고 가득 채워진 것보다 비워진 것에 더 여유를 부린다. 이렇게 만들어진 차라야 소비자들이 진정한 성품을 느낄 수 있는 맛과 향을 낼 수 있다고 생각한다. 소비자가 차를 선호하지 않는 원인은 소비자의 탓이 아니라 차를 제대로 만들지 못하는 제다인의 책임이라고 그는 말하고 있다. 소비자의 입맛에 맞는 차를 만드는 것은 제다인의 가장 기본적인 의무라고 생각하고, 모든 이들이 부담 없이 마실 수 있는 맛을 내는 것이 중요하다고 생각한다.

이 대표는 농약 파동으로 인해 녹차의 소비가 줄어드는 것을 안타까워 했다. 차는 판매가 안 되면 만드는 의미가 없어진다. 명인의 명성도 실질적인 판매가 이루어지지 않아 상업적인 가치가 창출이 되지 않으면 힘을 잃고 만다. 설사 젊은 날 명인이 된다한들 명예에 사로잡히는 것은 그리 바람직한 일은 아니다. 그러한 마음은 자칫 교만에 빠질 수 있기 때문에 차의 기운을 흐리게 만들 수 있다고 생각한다.

현재 지리산 권역에서 차를 생산하는 농가는 500여 가구에 이른다. 이 가운데 상업적 이익을 창출하는 다농은 불과 몇 가구에 불과하고 나머지는 모두 적자에 시달리며 영세성을 벗어나지 못한다. 이러한 현실은 차를 만들어야 하는 의미와 가치를 부여하지 못하며 그들의 삶마저도 위태롭게 하는 요인이 된다. 이렇게 된 상황에 대하여 이 대표는 이렇게 말한다.

　　"요즘 우리나라 차인들은 중국차를 마시지 않으면 차를 못하는 축에 끼인다고 생각하는 사람들이 많습니다. 우리차는 마실 것이 없느니 다양하지 못하느니 하면서 중국차만 찾는 것이 문제입니다. 물론 중국차가 품질이 우수한 것도 있고 다양한 제품이 많은 것도 사실입니다. 그러나 우리 체질에 맞는 우리차의 우수성을 인정하지 않고 마구잡이식으로 중국차를 선호하는 것은 우리 영세 다농을 모두 죽이는 일입니다. 또 차를 가르치는 교수님들이 우리차에 대한 시음이나 품평을 하는 것이 아니라 중국차를 가지고 시음하며 품평하는 것은 중국차를 은연중에 홍보하는 것과 같습니다. 이는 우리차의 위축을 가져와 소비에 영향을 미치고 있어 어느 때보다도 소비자의 인식이 중요합니다. 아울러 제다인들도 소비자의 취향에 맞추어 다양한 차의 품질을 개발하고 생산해야 합니다. 우리차의 한계는 제품이 한정되어 있고 다양한 맛과 향을 내지 못하는 아쉬움이 있는 것도 인정합니다"

　　이 대표는 이어서 말을 했다. "때문에 제다인들은 차에 대한 공부를 열심히 해서 차의 성질과 성분을 파악하고 이를 제품화하는 노력이 절실히 요구됩니다. 차를 덖는 모든 제다인들이 차를 제대로 알고 덖는 사람이 드뭅니다. 모두가 어려서 어깨너머로 배우고 익힌 눈여김으로 차를 덖는 것이지 차를 공부해서 과학적인 원리를 이용해 차를 만드는 사람은 적습니다. 그래서 저부터 차를 공부하고 있습니다. 매주에 한 번씩 교수님을 초빙해서 차의 성분과 차를 만드는 원리를 과학적으로 배우고 실험하면서 어떻게 하면 좋은 차를 만들 것인지 연구하고 생각합니다. 차는 만들수록 어렵고 까다로워 많은 인내심과 경제성을 요구합니다"

　　이 대표는 현재 차를 만드는 심정을 토로하면서 현실적으로 해결해야할 문제들을 이야기 했다. 그의 담론은 혼자만의 것이 아니라 차를 만드는 모든 제다인들의 한결같은 문제이기도 했다.

이 대표는 차의 판매가 어려워지면서 경제성을 얻지 못하자 차를 그만 둘 생각도 했었다. 매년 적자를 보면서 차를 고집하기에는 경제적 한계가 적잖은 부담이었다. 그러나 이러한 마음을 다잡는 것은 자신이 만든 차를 중국 대륙에 판매해 보고픈 꿈 때문이었다. 다양한 중국차 시장에서 담백하고 구수한 우리차의 유향을 중국인들에게 맛보이고 싶은 바람이 컸다. 그 바람이 얼마나 먹혀들지는 장담할 수 없지만 중국차와 다른 차맛을 경험하게 함으로써 한국차 맛을 알리고 우리차의 소비를 촉진해 보고자 하는 마음에서였다. 중국인들은 자신이 가진 성향을 매우 강하게 보존하고 있어 그 아성을 변화시키는 일은 결코 만만치 않을 것이다. 그러나 잔물결이 일어나면 어느새 파도가 생기는 것처럼 작은 움직임이 커다란 변화를 가져오기를 희망하고 있다.

그러기 위해서는 우리 다인들의 의식 변화가 중요하다고 본다. 중국차를 선호하는 일부 다인들을 보면서 우리의 정체성은 어디에 있는지 반문해 볼 때가 있다. 물론 취향에 따른 음료이기 때문에 중국차를 마시든 우리차를 마시든 관여할 바는 못되지만 우리의 주체성을 확실하게 정립할 필요는 있다. 그것이 그가 차를 만드는 이유이자 가치이다. 그동안 스님을 모셔오면서 사람이 사는 마음자세를 배웠다. 그 심정으로 차를 만들어 우리나라 다인들과 중국 다인들에게 영원히 잊지 못할 우리차의 맛과 향을 전하는 꿈을 꾸며 오늘도 차밭에 나서본다.

심우십게송
이제서야 소 찾고자 집을 떠나 헤매노라
무명초가 우거져서 사면길이 막혔구나
얼굴도 알 수 없고 간 곳도 모르면서
이산 저산 헤매다가 세월만 보냈노라

물소리 들려오고 바람소리 들려옴에
행여나 살펴보니 난초향기 진동 한다
온천지를 헤매다가 옛집에 와서 보니
새들은 지저귀고 버들은 푸르고 꽃은 붉네
얻었다고 말 못하리 원래부터 있었기에
소를 타고 피리부니 촌 늙은이 춤을 추네

선도 악도 하지 말고 본심에 돌아가서
일체 생각 쉬어야사 본래의 참나일세
소를 타고 피리 불며 본고향에 돌아오니
맑은 하늘 밝은 해가 만 리에 비쳤도다
옛집에 홀로 앉아 지난 일을 생각하니

모두가 꿈속이요 밝은 마음 뿐이로다

너 나 없고 피차없고 일체가 다 없으며
적적하고 요요한데 고불당만 서 있구나
학은 희고 까마귀 검으며
버들은 푸르고 꽃은 붉으며
산은 가만 있고 물은 흐르며
대소 장단 모두가 그대로 일세

물을 긷고 나무하고 밭을 매고 나무 심네
밑 없는 배를 타고 구멍 없는 젓대 부니
무생일곡 태평가에 너나없이 춤을 춘다
어화둥둥 얼씨구절씨구
어화둥둥 얼씨구절씨구
어화둥둥 얼씨구절씨구

- 고산스님 선시 -

2013. 10. 18.

허황옥의 봉차
- 선곡다원 박두희 대표 -

　올 여름 무더위 속에서 차를 공부하는 지인들과 경주 차문화 유적지를 거쳐 김해 장군차의 원형을 찾아 떠났다. 하동을 제외한 경상도의 제다공장을 찾아 가는 것은 사실 처음이어서 장군차에 대한 이미지도 낯설었다. 김해는 차 재배에 유리한 기후조건과 토질을 갖고 있는데 장군차는 다른 지역의 찻잎에 비해 잎이 크고 넓은 대엽류가 주를 이룬다. 장군차의 유래는 가야의 허황옥으로부터 시작한다. 서기 48년 허황옥이 가야로 시집올 때 봉차로 가져왔다는 설이 있이 있는데, 이것이 사실이라면 장군차는 우리나라 최초의 차라고 할 수 있다. 〈삼국유사〉 가락국기 편에는 김수로왕의 15대손인 신라 법민왕이 신유년(661년)에 조칙을 내려 끊어졌던 가락왕묘의 제향을 다시 잇도록 했는데 이때 제물로 차를 올렸다고 기록되어 있다. 이에 근거하면 김해의 장군차는 〈삼국사기〉에서 AD 828년 김대렴이 중국에서 차씨를 가져와 지리산 일대에 심었던 것보다 167년이나 앞선 것이며 세계차문화사에 기록된 일본의 AD 805년보다도 144년이나 앞선 것이다. 장군차란 이름도 여러 사료에 등장한다. 〈김해지〉 토산 조에 '황차(黃茶)가 금강곡(金剛谷)에서 나며 일명 장군차(將軍茶)'라는 기록이 있고, 〈신증동국여지승람〉 불우 조에는 '태종(1401-1418) 때 영의정 하륜이 금강사(金剛社)의 소헌(小軒)이 제일이라 사에 산다수(山茶樹)가 있는데 충렬왕(1274-1281)이 여기서 수레를 멈추고 장군차란 이름을 내려주니'라는 기록이 있는 것으로 보아 장군차의 유래는 우리나라 최초 차문화의 시작이라고 보아야 할 것이다.

　일정 중에 장군차의 유래를 배우고 맛을 보기 위해 찾아간 장군차밭은 김해의 선곡다원이었다. 선곡다원은 2008.5월에 노무현 전대통령이 방문하여 직접 채다를 하고 제다하는 과정이 알려지면서 유명해졌다. 약 30 '40도의 경사에 조성된 차밭은 손이 덜 간 듯하였지만 풋풋하게 자라는 차는 초록의 싱그러움을 안겨주었다. 하루 종일 기다려준 선곡다원의 박두희(62) 대표는 차밭을 조성한 지가 14년 정도 되었다고 했다. 처음 김해시에서 차나무 12만주를 보급 받아 조성하였으나 지금까지 식품허가가 나지 않아 정식 판매를 못하는 실정에 있다. 차가 좋아 시작한 사장님은 본업 못지않게 투자를 하고 있으나 매년 수 천 만원씩의 적자를 내면서도 차에서 손을 떼지 못하고 있다. 특히나 차를 딸 철이 되면 일손이 없어서 부인과 둘이서 차를 만드는 수고로움이 가장 힘든 일이지만 보람 있게 여긴다고 한다. 차밭 가운데 드문드문 서 있는 매실나무는 농약을 하지 않고 차를 키울 수 있는 수종일 뿐만 아니라 매실과 매실차도 생산할 수 있어 일거양득의 효과를 누리고 있다.

박 대표는 차삼매에 들 때가 가장 행복하다고 한다. 세월을 잊게 하는 차삼매는 차를 겪어 본 사람만이 안다고 했다. 차는 절대로 그냥 주는 법이 없단다. 정성과 시간, 차가 자랄 수 있는 자연조건을 맞추어야 차는 자기의 모습을 드러낸다고 했다. 차와 하나로 통하는 마음 주고받기는 차의 생리적 특성을 이해할 때 가능하다고 한다. 양분이 부족할 때는 1년간 발효시킨 자연 퇴비를 뿌려주고 풀들이 자랄 때는 풀과의 공존을 모색하면서 최소한의 제초작업만 한다. 차는 인연이 닿는 사람에게 최대의 조건을 맞춰준다는 신념을 가지고 있다. 차가 만들어지는 과정을 생각하면 어떤 것도 가벼이 여길 수가 없다. 차와 인간이 하나로 움직이기 때문이다. 찻잎의 세포막 하나하나에 스며드는 인간의 노력은 자연과 공존하는 관계에서 형성한다.

차를 대하는 심성이 그대로 인간관계에 스며 있는 박 대표는 사람 좋기로 소문나 있다. 자신을 내세우지 않고 상대의 뜻을 존중하며 기다림의 여유를 안다. 자신이 차를 하는 이유를 알고 그것을 인간관계에 심는 몇 안 되는 사람이다. 그에게 차

인으로서의 과분한 마음은 없다. 그저 차를 통해 겸손을 배우고 자신이 짓고 있는
차농사에 충실한 시간과 정성을 쏟을 뿐이다. 무엇이든 억지로 하려고는 하지 않
는다. 그저 돌아가는 순리대로 자연스럽게 차와 함께 하는 지금이 그에겐 최상의
행복이라고 한다.

　석양이 지는 선곡다원을 뒤로하고 바쁜 걸음을 재촉하여 집으로 달린다. 훈훈한
인간냄새를 기억하며 그들에게 평온이 있기를 기도해본다.

2013. 7. 16.

차는 외로움을 달래주는 평생의 반려
- 금성명다원 송영건 대표 -

예로부터 성현들이 차를 사랑한
까닭은 　　　　　古來聖賢俱愛茶
차의 성품이 군자와 같아 삿됨이
없기 때문이다. 　　茶如君子性無邪

조선의 실학자 이중환의 택리지에 나주는 금성산을 등지고 영산강을 두르고 있어 읍의 지세가 한양과 비슷하기 때문에 예부터 작은 한양, 즉, 소경(小京)이라 했고 이름난 인물이 많다고 기록되어 있다. 전주와 나주를 합쳐 전라도라고 불렀을 만큼 나주는 전라도의 대표적인 도시다. 고려 태조 왕건의 둘째 부인인 장화왕후와, 고려 2대 혜종이 탄생한 곳이며, 조선초의 정치가이자 학자였던 신숙주와 임란 의병장 김천일, 호방한 풍류시인 임제 백호 선생이 금성산의 정기를 받고 태어난 고장이기도 하다. 인물이 많이 나기로 유명한 나주를 찾은 것은 금성산 다보사를 지나면서였다. 다보사 인근에 자생차밭이 분포되어 있어 이곳에서 차를 만드는 금성다원을 찾아보리라 맘먹은 후 오랜 시간이 흘렀다.

나주 금성산성 자락 마을에 야생차밭을 발견하고 이곳에 둥지를 튼 송영건(55, 금성명다원) 대표는 평생의 반려로 차를 선택했다. 그가 차와 인연을 맺은 것은 1993년 직장생활로 심한 스트레스를 받을 무렵 한 선배가 내준 차를 맛보고서였다. 증권회사에 다니던 그는 차(茶)하면 다방에서 주는 엽차만 있는 줄 알았는데 화순에 귀향한 선배가 끓여준 차를 맛본 뒤, 차의 매력에 푹 빠졌다. 선배가 직접 덖은 풍미 깊은 차를 마시고 집으로 돌아오는 길에 여운이 남은 것은 부드럽고 감칠맛이 도는 목넘김이 좋은 차맛이었다. 다방에서 마시던 쓰고 떨떠름한 엽차가 아니었다. 차의 깊이를 느낀 송 대표는 직장에서 받은 과중한 업무로 인한 외로움을 차를 통해 달랬다. 차는 번민을 달래주고 울적한 심정을 위로해 주는 최고의 도반이자 친구였다. 한재 이목이 예찬한 차의 5공 6덕이 절절이 마음에 닿아 마치 한재와 마주앉아 차를 마시는 듯한 친근감을 느끼기도 했다. 그는 차를 마시며 옛 선인들과 자신이 살아온 느낌이 다르지 않음을 알고 차를 벗이자 삶의 기둥으로 삼아 사람도 차와 같은 정신으로 대하려고 노력하였다. 차를 마시는 순간은 범상치 않은 일상을 벗어나 있는 존재가 되며 온갖 시름이 물러나는 편안함과 여유로움을 안겨준다. 아무도 알아주지 않는 사회생활의 지친 마음을 차가 알아주었고 차에게서 위로를 받았다. 깊은 밤 바람소리를 들으며 혼자 차를 마실 때 오롯이 자신과 만나는 순간이었다. 외롭고 울적할 때, 피곤하고 지칠 때 새로운 활기와 용기를 준 것도 차였다. 밖에서 상처를 받았을 때 그 자리를 치유해 준 것도 차였기에 차는 마누라보다도 더 깊은 반려자가 되었다. 물론 지금은 부인과 함께 차를 마시며 서로를 배려하고 다독이며 위로해 주는 또 다른 덕성을 공유한다. 그가 산천 김명희가 초의 스님에게 쓴 감사의 편지와, 초의 스님이 〈동다송〉을 저술할 때 계송으로 읊은 차의 성품에 관한 시를 가장 좋아하는 이유는 바로 자신의 삶과 다르지 않기 때문이다. 그는 차를 마실 때면 차엽 자체에 신(神)이 있다는 것을 느낀다. 혼자 마시는 차가 가장 수승한 것이기에 신의 경지를 느낄 수 있는 것처럼 말이다.

그는 증권회사에서 고객에게 받는 스트레스와 영업 딜러들의 목표달성에 대한 부담감으로 7년 만에 회사에 사표를 내고 당시 나주군 다시초등학교에 근무하는 부인을 따라 나주에 정착했다. 이때 화순의 천연염색장 토벽 정옥기 씨를 만나 차를 즐기기 시작했고, 실상사 귀농학교에서 바느질을 배우기도 했다. 1995년 회사의 과중한 업무에 스트레스를 받은 그는 사람을 만나기 싫어 혼자 산책하다가 금성산 골짜기에서 자생차 군락지를 발견했다. 금성산 다보사의 차밭은 〈세종실록지리지〉와 〈여주촬요〉에 공차를 진상했다는 기록이 있어 나주는 예부터 차의 생산지임을 밝히고 있다. 금성산 주변의 야생차밭은 2만 평정도 되는데 나주 산림청에서 관리하고 차밭 이용권만 송 대표가 맡기로 독점계약을 했다. 그는 금성산 자생차밭에서 1년에 1200통 정도의 차를 생산 판매한다. 송 대표는 일일이 손으로 비비고 덖어 마무리까지 혼자 하는데 차의 수준을 유지하기 위해 욕심 부리지 않고 직접 덖는 것을 원칙으로 삼고 있다. 특히 야생차를 많이 따면 차가 시달려서 다음 해 찻잎의 수확이 줄어들기 때문에 1년에 딱 1-2번 정도만 수확하는 것을 고수한다. 이것은 다음해의 수확을 위해 찻잎을 보호하려는 것이다. 2007년에는 차밭의 경작지가 늘어나 차산업이 내리막길을 걷게 되었지만 버틸 수 있었던 것은 욕심을 부리지 않았기 때문이었다. 차를 좋아하고 차를 사랑하는 삿됨이 없는 무욕이 가르쳐준 진리였다. 이러한 마음은 지금도 변함없이 지키며 초심을 잃지 않으려고 한다.

송 대표는 김운학의 〈한국의 차문화〉를 읽으며 전통제다법을 기록하고 효당 스님의 제다법과 응송 스님의 제다법을 비교하여 구증구포의 차를 만들기 시작했다. 첫해 야생차밭에서 새벽이슬이 마르기 전 맑은 아침에 찻잎을 따고 작은 솥을 구해 차를 만들어 보았다. 경험이 없이 처음 하는 일이라 서툴고 혼란스러운 과정을 거듭하며 차를 만들었다. 처음에는 140℃에서 차를 덖어보니 발효가 되어 원하는 녹차를 만들지는 못했다. 다시 온도를 높여 차를 비비고 덖으니 신기하기도 하고 고소한 차의 향기가 모든 시름을 잊게 했다. 그 후로 계속 자료를 수집하고 문헌을 고찰하며 여러 제다공장을 견학하며 비교 분석하고 수정을 거쳐 지금은 350℃에서 첫덖음을 하고 균일하게 덖는 방법을 터득했다.

수 없는 실패와 반복을 통해 차의 맛을 내는데 시간과 노력을 아끼지 않았다. 98년에는 함평 마을의 할머니들이 차를 시들려서 비빈 다음 보자기를 덮어 하룻밤을 재운 뒤, 차를 마시는 것을 보고 발효차를 만들어보기도 했다. 이때만 해도 공식적으로 황차를 많이 생산하지 않았던 때였다.

나주 청림산은 산이 깊고 습해서 잎이 두껍고 길이가 길어 녹차용으로는 무거운 맛이 난다. 반면 금성산의 찻잎은 향기도 가볍고 꽃향이 강한 생엽이 자생하고 있어 풋사과 향이 나는 녹차를 만들 수가 있다. 그러나 금성산의 차는 맛이 경쾌하고 가벼우나 1-2개월 후에 급속히 산화되는 경향이 있어 발효차를 만들기에도 적합한 요소를 갖추고 있었다. 화개에서는 차를 만든 후 40-50분 정도를 80℃ 정도에서 마무리를 하는데 이때 찻잎에 피라진류라는 새로운 향기가 난다.

이 향기는 원래 차가 함유하지 않은 향으로서 인위적으로 만들어낸 것이다. 송대표는 화개의 제다법을 보완하여 원래 차가 가지고 있는 청향과 순향을 살리기 위해 마무리 덖음을 2시간 내지 2시간 30분 정도에 끝낸다. 그렇게 마무리 덖음을 길게 하면 여름이 지나도 산화가 덜 되어 차맛이 처음처럼 유지된다고 한다.

지금까지의 차생활 중 가장 보람 있던 일은 차로부터 자신이 구원받은 일이다. 차를 통해 마음의 상처를 치유할 수 있었고, 차를 생업으로 삼아 삶을 꾸려갈 수 있었기 때문이다. 더불어 차교육을 하면서 3급 사범자격증을 땄고, 나주중학교와 경기도 군소고등학교 다례반 정례교육, 기업체 연수교육이 보람 중의 보람이었다.

특히 그가 중요하게 생각하는 것은 차관련 서적을 읽고 차에 대한 문헌을 연구하여 새로운 다법을 찾아 이를 실현해 보는 것이다. 이덕리의 <기다>와 이운해의 <부풍향다보>를 연구해서 7가지 약재를 넣은 떡차를 복원하는 제다연구는 전통 속에서 찾아 낸 오늘의 차약이었다.

송 대표는 현대의 다인들이 행다례에는 익숙하나 차의 정신과 맛은 상식 수준에 머무는 것을 안타까워했다. 차가 무엇인지 차의 내용과 깊이를 알지 못하면 차의 실기교육이 강화되지 못하는 현실을 우려했다. 차의 제다법과 효능 등에 대한 공부가 우선되어야 후학들에게 올바른 차문화를 전할 수 있다는 교육관은 아직 성숙하지 못한 차문화 현실에 대한 염려였다. 우리차에 대한 기본적인 지식도 갖추지 않고 중국차를 선호하는 일부 다인들의 자세도 아쉬워하기는 마찬가지다. 한국 다인으로서 기본자세나 정신이 바르지 못한 일부의 행동에 대해 주체적인 의식을 고취시킬 필요가 있다고 했다.

차를 만드는 제다인들은 품질이 좋은 차를 싼 값에 공급하려는 의지를 가지고 품질향상에 주력하는 자세가 필요하다고 말했다. 잘못된 것은 고치고 새로운 것은 배우려는 자세가 한국 차산업의 미래를 결정지을 수 있다고 한다. 차를 제대로 만들고 차를 통한 몸의 반응과 작용, 효능을 제대로 파악하여 차의 부작용을 해소하고 긍정적인 요소를 부각시키는 내공이 쌓여야 진정한 다인이라고 한다.

앞으로 2016년이면 그가 계약한 야생차밭의 생산이 만료된다. 하여 그는 담양에 그의 차밭을 조성하고 차를 생산하기 위해 담양으로 자리를 이전할 계획을 갖고 있다. 그곳에서 인생의 진정한 친구가 되어 줄 차를 다시 만날 것이다. 향교 담장 밑으로 노란 은행잎이 뒹굴고 있다. 가을이 먼저 바람에 떨어진다. 낙엽이 지는 이 가을에 진정한 가슴을 나누고픈 벗과 함께 차 한 잔 나누고 싶어지는 오후다. 바람이 차다~~

2014.11.24.

장인어른의 맥을 이은 녹차인생
- 보림제다 임광철 대표 -

청년실업이 늘어나면서 직업에 대한 인식의 폭이 다양화하고 있다. 직업의 차별화와 다양한 업종에 대한 선택의 폭이 늘어나면서 가업을 전승하는 기업이 늘고 있다. 선대의 업에 대한 인식의 변화로 전통의 맥을 잇고 있는 가업의 대물림은 사회에서 배우는 또 다른 인생이 있다. 그것은 돈과 명예를 떠나 무엇과 바꾸어도 사라지지 않는 빛나는 가업의 가치다. 가업을 잇는 그들은 부모의 고된 일상에 그들의 미래를 걸만큼 부모와 함께 걷고 싶은 삶의 진실을 찾는다.

한국 차산업의 선두 주자하면 떠오르는 사람은 한국제다의 고 서양원 회장일 것이다. 고 서 회장은 한국제다를 이루고 한국 전통 차문화를 대중화한 차문화계의 원로였다.

세상에서 가장 아름다운 나무

그가 일군 차산업은 후대에 이어져 가족 기업으로 성장했다. 그 가운데 셋째 사위인 임광철(55. 보림제다) 대표와 딸 서희주(45) 이사는 결혼과 함께 장인어른의 사업을 이어받아 현재 보성에서 다원을 운영 중이다. 가업을 이은 또 하나의 대표적인 한국 차산업의 현장이다.

무더위가 한창 기승을 부리는 여름날, 장인의 맥을 이어 다업을 운영하고 있는 보림제다 임광철 대표를 만났다. 보림제다는 1996년 임 대표의 장인어른인 고 서양원 회장이 한국제다 보성다원을 조성하기 시작하면서 자회사로 출발하여 보배 보(寶)에 본인의 성(姓)인 수풀 림(林)을 엮어 보림제다라 칭하고 지금까지 그 유업을 이어 오고 있다. 차에 관한 일이라면 모든 열정을 쏟아 부어 오로지 차밖에 모르던 장인어른의 모습을 닮고 싶은 임 대표는 장인어른의 유훈을 잘 받들어 후손들에게 물려주기 위해 오늘도 성실히 뛰고 있다. 보림제다는 2004년 보성에 공장을 설립하고 일본의 자동화 시설을 도입하여 2005년부터 영업신고를 한 뒤 제다 판매에 들어갔다. 2006년에는 전자동화 시스템의 최신설비를 갖추고 '보성2007벤처농업 육성사업'지정을 받아 2007년부터 보성녹차제품을 출시하였다. 2008년은 농림부로부터 유기농다원으로 인증 받아 유기농 차를 수확, 제품을 판매하기 시작했으며 주변 10개 농가의 차를 수매 관리하며 소농가를 위한 영농법인 형태로 협업 상생하고 있다. 2009년에는 미국, 유럽연합, 일본으로부터 국제유기농식품 인증을 받고 동원F&B에 매년 25톤의 차원료를 납품하고 있다.

임 대표가 차와 인연을 맺은 것은 장인어른의 권유도 있었지만 일본의 차밭 체험학습장을 견학하고 나서였다. 원래 체육학을 전공한 그는 승마 선수이면서 승마 강사였다. 그러한 그가 승마를 접고 차를 선택한 것은 일본 체험학습장을 견학한 후 차밭을 체험학습의 장으로 만들어 어린이들이 차를 만들 수 있는 기본을 가르치고 싶은 포부가 생기면서부터였다. 현재 보림다원에서 실시하는 녹차체험학교는 녹차 만들기, 다도 체험, 녹차라떼 만들기, 녹차밭 그리기 및 사진 찍기, 차꽃 따기, 차씨앗 줍기 등을 주요 프로그램으로 개설하여 운영하고 있다.

차는 기본적으로 15년은 기다려야 제대로 수확을 할 수 있다. 장인어른에게 상호를 받을 때 임 대표는 10-15년을 기다려야 하는 차나무를 정성들여 아름답게 가꾸겠다는 마음으로 차산업을 시작했다. 임 대표는 좋은 찻잎을 얻기 위해서 서두르지 않고 차와 교감하고 자연과 함께 공유하며 순리에 따르는 시간을 즐겼다. 차는 그냥 좋다라는 말로는 설명할 수가 없다. 차가 가진 성질에 따라 자신을 다스리며 조금씩 변화하는 삶을 받아들이는 것이 차가 가르쳐 준 인생이었다. 임 대표가 차에 빠진 이유이다. 임 대표는 건강상 불안하고 조급한 마음을 다스리는 데에 차의 도움을 많이 받았다. 다가올 미래에 대한 불투명한 확신과 자신의 건강 등 가족과의 삶을 생각하는 조급한 성격이나 불안한 마음이 차밭을 조성하고 차를 마시면서 차분해지고 평온해졌다. 특히 대한승마협회와 한국제다의 일을 맡아 하면서 2010년 경 발병한 건강문제는 차를 이용한 식이요법을 병행하고 건강이 눈에 띄게 호전되었다. 차유와 차식초를 음식에 이용하고 말차를 매일 오전에 음용하면서 예전의 상태를 회복하였다. 차가 가져다 준 생의 선물이었다. 차밭, 찻잎 하나하나에서 느끼는 힘은 그가 다시 살 수 있는 에너지원이었다.

그가 차산업을 하고 나서 가장 좋은 것이 있다면 차로 인해 만난 귀한 인연들이다. 차를 마시기 위해 오는 이들과의 만남은 그가 하고 있는 일에 대한 보람을 느끼게 했으며 애정을 가지고 차밭을 관리하고 제품을 생산하는 원동력이 되었다. 차를 좋아하고 아끼는 사람들을 위해 친환경 차를 재배하여 공급하고자 하는 열정이 오늘의 보림제다를 있게 한다. 이러한 마음은 몸도 건강하게 만들어 주었으며 자신의 마음과 성품이 깨끗하게 다듬어지고 정갈해져 앞으로 살아야 하는 인생의 길을 제시해 주기도 했다.

보림제다의 차생산은 원스텝(ONE_STEP) 시스템으로 이루어진다. 적채에서 포장까지 녹차 가공을 원스텝 자동화로 고품질, 고능률 시스템으로 운영하고 있다. 적채를 한 찻잎을 증열(반입된 찻잎은 깨끗하게 증열기에 이송하고 증로로 찻잎을 찐다)한 후 냉각(찐 찻잎 표면의 수분을 털어 내면서 냉각시킨다)시켜 엽타(찻잎을 휘둘러서 수분을 증발시킨다)를 하면서 수분을 증발시킨다. 그런 다음 조유(문지르면서 열풍으로 건조시킨다)하고 유념(찻잎에 힘을 가하여 수분이 균일하도록

문지른다)하여 중유(찻잎을 다시 한 번 문지르면서 열풍 건조시킨다), 재건(찻잎을 건조시키면서 형상을 만들어 준다), 자동건조(재건된 찻잎의 수분을 조정하면서 충분히 건조시킨다), 포장으로 완성한다.

앞으로 임 대표가 하고자 하는 일은 전통맷돌과 세라믹돌을 이용하여 말차를 생산하는 것이다. 지금까지는 기계밀로 녹차라떼를 생산하여 유통회사에 납품하였는데, 우리의 전통맷돌과 세라믹돌을 이용한 고급말차를 생산하여 최고의 품질을 만드는 것이 해야 할 일의 하나라고 한다. 차에서 삶의 에너지를 찾고 희망을 가지고 있는 임 대표는 모든 공을 고인이 된 장인어른에게 감사의 뜻을 전하며 내조하는 부인 서희주 이사에게 돌린다. 둘이 같은 길을 걷고 있는 부부의 모습이 어느 햇살보다 따사롭다. 차밭에 푸른 바람이 분다.

2016. 8. 20.

중정의 덕(德)은 차의 인(仁)을 찾는 것
- 반야다원 선혜 스님 -

고려시대 이래로 호남지역은임금께 바치는 차를 공납하는 차생산지로서 사찰의 승려들에 의해 차가 법제되었고 이는 유생들의 차문화에 영향을 주었다. 사원의 승려들과 유생들 사이의 차 교류는 당시의 차문화의 전개과정을 보여준다는 점에서 의미가 있다. 남원의 노규선사가 이규보에게 보낸 다시나 진각국사 혜심, 원감국사 충지가 남긴 시에는 석정(石鼎), 죽화로(竹火爐), 명완(茗椀), 명석(茗席), 다유(茶乳) 등 차와 관련한 용어들이 시어로 쓰여진 것으로 보아 그들이 오랜 차생활을 하였음을 짐작할 수 있다.

호남지역 특히 전남 지역은 우리나라에서 가장 많은 차가 생산되었는데 그 전통은 지금까지도 계속되고 있다. 1454년(단종2년)에 완성된 〈세종실록지리지〉에는 작설차의 산지가 표시되어 있는데 부안현, 정읍현, 나주목, 강진현, 무장현, 무안현, 장성현, 구례현, 장흥도호부, 담양도호부, 고흥현, 동복현, 보성군 등이 기록되어 있다. 특히 보성군은 지방의 특산물을 동시에 생산하는 지역으로 중요한 차생산지였음을 말해주고 있다. 조선시대에 와서 차문화가 쇠퇴하기 시작하였으나 일제식민지시대 총독부에 의해 또 한 번 차산업이 장려되기도 했는데, 1912년경에는 무등다원(無等茶園)이 조성되었고, 1940년경에는 보성다원(寶城茶園)이 일인들에 의해 경영되기도 하였다.

보성다원은 1940년 아마자끼 간사이 페인트 주식회사에 의해 보성군 보성면 봉화산 기슭일대에 9만 평 정도의 넓이로 조성되었다. 이곳은 일본산 차씨나 묘목을 심어 일본인이 재배하였고, 여기서 생산된 차는 일본에 가져가 일본차를 가공하는

데 쓰였다. 이때 일본인들은 보성 외에도 순천군 순천면 석현리, 고흥군 고흥면 호형리, 영암군 삼호면 서호리, 무안군 일로면 용산리, 무안군 현경면 동산리, 나주군 금천면 원골리, 나주군 남평면 남평리 등에도 다원을 조성하고 일본차 묘목을 옮겨 심어 전남 일대의 차밭은 일본 차종이 주류를 이루게 되었다. 이때 조성된 보성의 다원들은 차인구의 증가로 재배 면적이 점차로 확산되었고, 현재는 우리나라 주요 농산업의 하나로 자리매김하여 한국의 차산업 발전과 차문화 증진에 크게 이바지하고 있다.

율포해수욕장에서 밤고개를 넘으면 봇재마을을 지나 반야다원에 이른다. 반야다원에 이르는 길은 보성다원의 절경인 봇재마을을 지나게 된다. 보성의 차밭 길을 따라 걷노라면 탁 트인 차밭의 전경이 가슴을 시원하게 해준다. 구불구불 곡선을 그리며 삼나무에 기댄 다원은 한 폭의 수채화로 다가와 마음의 긴장을 풀어준

다. 곧게 뻗은 직선이 아닌 곡선이 주는 아름다움은 그림의 형상만이 아니라 앞만 보고 사는 사람들의 가슴에 시간의 느림을 안겨준다.

푸른 초록에 눈이 편안해지고 키 낮은 차나무를 내려 봄으로써 위로 올려봐야 하는 무게감을 덜어주는 차밭은 비워지는 숨결과 같다.

오르고 내리고 굽이굽이 돌아 반야다원에 다다르니 때는 해가 넘어갈 무렵이 되었다. 다원에는 이미 서울과 해남에서 온 손님들이 자리를 잡고 선혜 스님(반야다원 대표)과 담소 중이다. 너무 늦게 찾은 것이 아닌가 하여 조심스러운 마음으로 스님께 인사를 드리자 생각했던 이미지와는 달리 매우 소탈한 미소가 긴장한 마음을 풀어준다. 손님들 곁에 잠시 앉아 스님께서 내주시는 차에 목을 축이고 있으니 차 향 실은 저녁 바람이 코끝을 스친다.

스님이 보성에 자리한 반야다원을 처음 만난 것은 1974년이다. 그 전 1968년부터 1970년까지는 정부의 농축사업의 일환으로 밀가루로 보조를 받아, 1차 사업으로 약 150만 평을 개간하고 일본묘목을 구입해 차밭을 조성했다. 그 뒤 1970년 초부터 2차 사업으로 150만 평을 더 만들었으나 1974년 홍차 파동으로 주인이 두 번 바뀌고 나서야 반야다원은 스님을 맞이하였다.

이때부터 석선혜 스님은 효당 최범술 스님을 은사로 1972년부터 차를 공부하기 시작했다. 다법이 정리되지는 않았지만, 어릴적부터 부모님 곁에서 차를 마시며 시중을 들었던 경험은, 이후 19세에 해인사로 출사를 하여 큰 스님의 시중을 드는데 많은 도움이 되어 차를 잘 달여 내는 행자로 불려졌다. 승가대학에서는 다각소임을 맡았고 2학년이 되었을 때 무언가 취미생활을 하고 싶어 선택한 것이 차생활이었다. 교재도 없고 정리된 문헌도 없는 시절, 선혜 스님은 부산에서 발행하는 독서신문에 효당 스님이 연재한 차에 관한 글을 1호부터 구독했다. 그리고 다솔사를 찾아가 스님을 뵙고 1976년까지 스님과 함께 일하면서 차를 익혔다. 승가대학의 봄과 가을, 두 차례에 걸쳐 낮에는 일하고 밤에는 스님이 내주시는 차를 마시며 차에 대한 논강을 듣고 제다법을 전수받는 형식의 공부가 열반할 때까지 이어졌다.

1979년 한국차인연합회가 결성되고 차인들의 수가 늘어나자 차의 수요량이 절대적으로 부족하게 되었다. 그래서 다인들이 사용할 차를 생산할 목적으로 효당 스님의 명을 받아 보성으로 내려가 차밭을 구입했다. 그것이 몽중산 다원(전 동양다원)으로 도범, 여연, 선경 스님들과 함께 꽃동산 다원에서 차를 만들어 다인들에게 공급한 계기가 되었고 1981년에는 현재의 반야다원을 매입해 반야차를 만들어 오고 있다.

반야다원은 1981년에 봇재마을 뒷산 장삼골 차밭 3천 평을 구입하고 민가를 빌려 무쇠 솥을 걸어 〈다신전〉을 토대로 초의선사의 덖음차를 만들었다. 스님은 역사적 사실에 근거하여 효당 스님에게서 전수받은 증차제다법을 재현했고, 육우의 〈다경〉에 기록된 당대의 떡차(餠茶)와 가루차, 송대의 가루차, 명대의 부초차(釜炒茶), 나개차(羅岕茶), 추차(麤茶), 조선후기 초의 선사의 덖음차와 돈차(錢茶), 일본의 옥로차(玉露茶) 등을 차례로 재현했다. 1998년에는 반야다원 공장을 설립하고 성신여자대학교 문화산업대학원의 예문화다도학 석사과정 학생들에게 제다실습 장소를 제공하였다. 2006년에는 반야황차(般若黃茶)를 개발 생산시판하고 있으며 그 외에도 녹차, 청차, 황차, 반중차와 다양한 모양의 떡차를 출시하고 있다.

1981년 현재의 반야다원을 매입하고 나서 스님은 다서를 공부하며 전통 제다법을 연구하기 시작했다. 스님이 주로 공부한 다서는 〈다부〉, 〈동다기〉, 〈다신전〉, 〈동다송〉 등 우리나라의 책들이다.

우리나라 최초의 다서인 〈다부〉는 조선전기의 한재 이목이 지었으나 저술연대가 명확하지는 않고, 차의 저장이나 색향미, 품수, 다구 등의 차생활에 대한 내용이 적고, 중국차에 대한 내용이 주를 이루며 차를 마시는 다인의 정신적 요소를 강조한 내용이다. 〈동다기〉는 전의 이(全義李) 씨의 작으로 알려져 왔으나 최근에 전의리는 이덕리가 지금의 진도에 유배되어 있을 때 죄인의 신분으로 지은 저술이라는 것이 밝혀졌다. 〈동다기〉는 우리나라 차에 관한 최초의 저술로 차의 효험에 있어 중국의 육안차와 몽산차의 약효에 버금가는 우리차의 우수성을 기록하고 있다. 초의 선사가 쓴 〈다신전〉은 1830년 칠불사에서 청나라 모환문이 저술한 〈만보전서(萬寶全書)〉를 등초한 다서이다. 〈만보전서〉는 1596년 명나라 장원이 쓴 〈다록〉이 원전이며 〈다신전〉의 원전이기도 하다. 〈다록〉은 명나라 주원장이 1391년 덩이차인 단차를 폐하고 잎차를 공납하도록 지시하여 점찻잎 차문화가 성행하던 16세기에 중국의 제다법을 기록한 책으로, 청나라 건융 때 〈채다론(採茶論)〉으로 바뀌어 사고전서에 삽입되었다. 그후 경당이 〈경당정보만보전서(敬堂訂補萬寶全書)〉로 다시 정보하였는데 초의 선사가 이것을 보고 초출해서 〈다신전〉을 엮었다. 〈다신전〉은 채다, 조다, 장다, 화후, 탕변, 투다, 음다, 색향미, 다구 등 짜임새 있고 체계적인 차의 용례에 대하여 쓴 우리나라 최초의 필사전문다서(筆寫專門茶書)이다. 이와 아울러 초의 선사가 저술한 〈동다송〉은 1837년에 정조대왕의 사위인 해거도인 홍현주의 명을 받들어 창작한 우리나라 최초의 창작전문다서(創作專門茶書)이다. 책의 제목인 〈동다송〉은 우리나라 차를 칭송하는 의미에서 붙여진 이름으로 차나무의 생장과 찻잎의 모양, 차의 시원, 채다, 조다, 포다와 다신, 차의 효능 등 우리차의 우수성을 입증한 저술이다.

선혜 스님은 규장각에서 〈만보전서〉를 찾아냄으로써 다서들을 연구 분석하고 〈다신전〉과 〈동다송〉에 따르는 우리의 전통 제다법을 재현하여 반야차를 만들어 오고 있다. 어느 날 일본사람이 와서 스님의 제다법을 보고 "선풍기에 차를 식혀서 유념하라"는 충고를 해주었지만 처음에는 그 의미를 파악하지 못했다. 그러다가 황혜성 선생님이 요리하던 중에 시금치를 데쳐서 찬물에 넣는 것을 보고, 차를 식히는 것은 차의 효소가 산화하는 것을 중지시키는 것임을 깨닫게 되었다. 그때부터 스님은 한쪽에 치우친 고정관념이 얼마나 편협한 지식인지 절실히 느끼게 되었다고 했다.

스님은 〈다신전〉에 나오는 색향미를 살리기 위해 차나무의 생육조건과 토질의 마땅함, 품종의 변이 등을 잘 알아야 한다고 했다. 중국 차나무의 품종을 우리나라 땅에 심으면 그 맛과 향이 우리차의 특성을 나타내고, 우리차를 중국이나 일본에

심으면 중국차의 향과 일본차의 맛이 난다는 것이다. 따라서 차의 색향미는 차나무가 자라는 토질과 기후조건에 따라 달라지기 때문에 차를 탐색하면서 만들어야 제대로 된 맛과 향을 살린 차를 얻을 수 있다고 했다.

그러나 무엇보다 스님이 〈다신전〉을 통해 깨달은 것은 차의 정신이다. 한 변에 치우치거나 양 극에 치우친 것은 중정(中正)의 도를 잃은 것이다. 음양의 조화가 잘 이루어진 본성의 자리에서 알맞게 우려난 차를 마시는 것은 인간의 기본 덕성을 이루어 원만하게 세상을 사는 지혜와 같다고 했다. 스님의 중정은 차를 법제를 하는 데에서도 나타났다.

채차(採茶)

채차지후 귀급기시(採茶之候 貴及其時)

태조 즉미부전 지즉신산(太早 則味不全 遲則神散)

찻잎을 따는 철은 그 시기를 귀히 여기느니라.

너무 이르면 맛이 온전치 못하고 또 늦으면 신묘함이 흩어진다.

조차(造茶)

부하과중 점점감화 배건위도(復下鍋中 漸漸減火 焙乾爲度)

중유현미 난이언현(中有玄微 難以言顯)

화후균정 색향전미(火候均停 色香全美)

현미미구 신미구피(玄微未究 神味俱疲)

다시 솥 속에 넣고 점점 불기운을 약하게 하면서 알맞게 건조를 하다보면, 그 속에는 현묘함이 숨겨져 있는데 말로는 표현하기 어렵도다. 불을 균정하게 잘 다루면 차의 색과 향기가 모두 좋으나, 현묘함이 숨겨져 있음을 헤아리지 아니하면 차의 신묘함은 모두 사라지게 되노라.

화후(火候)

과우문즉수성유 유즉수위차항(過于文則水性柔 柔則水爲茶降)

과우무즉화성열 열즉차위수제(過于武則火性烈 烈則茶爲水制)

개부족어중화 비차가요지야(皆不足於中和 非茶家要旨也)

불길이 너무 약하면 물의 성질이 유순(柔順)해지고, 유순하면 차가 가라앉게 되며, 불길이 너무 강하면 불의 성질이 맹렬(猛烈)해지고, 맹렬하면 차가 뜨게 되나니라. 이는 모두 중화에 부족한 것으로 다인들로서 불을 살피는 요지(要旨)가 아니로다.

포법(泡法)

초사차수충화 연후분시포음(稍俟茶水冲和 然後分釃布飮)

시불의조 음불의지(釃不宜早 飮不宜遲)

조즉차신미발 지즉묘복선소(早則茶神未發 遲則竗馥先消)

차와 물이 잘 융화되도록 잠시 기다린 연후에 식으면 천에 걸러 마시되, 너무 빨리 거르지 말아야 하고, 너무 늦게 마셔도 아니 되나니라. 빠르면 다신이 피어나지 않고, 늦으면 신묘한 향이 먼저 사라지도다

음차(飮茶)

독철왈신(獨啜曰神)

이객왈승(二客曰勝)

삼사왈취(三四曰趣)

오륙왈범(五六曰泛)

칠팔왈시(七八曰施)

홀로 마시면 신령스럽고, 손님이 두 명까지는 뛰어나며, 서넛이 마시면 취미를 즐김이고, 오륙 명이 마시면 들뜨게 되며, 칠팔 명이 마시면 배풂이로다.

향(香)

차유진향(茶有眞香)

유난향유청향유순향(有蘭香有淸香有純香)

표리여일왈순향(表裏如一日純香)

불생불숙왈청향(不生不熟日淸香)

화후균정왈난향(火候均停日蘭香)

우전신구왈진향(雨前神具日眞香)

차에는 진향·난향·청향·순향이 있도다. 겉과 속이 같으면 순향이라 하고, 설지도 타지도 않은 것을 청향이라 하며, 불기운을 고르게 한 것을 난향이라 하고, 곡우 전에 신묘함을 갖추고 있는 것을 진향이라고 하니라.

점염실진(點染失眞)

차자 유진향 유진색 유진미(茶自 有眞香 有眞色 有眞味)

일경점염 변실기진(一經點染 便失其眞)

차는 그 스스로 진향·진색·진미를 가지고 있으며, 일단 오염되면 그 진성을 잃느니라.

품천(品泉)

차자수지신 수자차지체(茶者水之神 水者茶之體)

비진수막현기신 비정차갈규기체(非眞水莫顯其神 非精茶曷窺其體)

차는 물의 마음이요, 물은 차의 몸이로다. 좋은 물이 아니면 그 마음이 나타나지 아니하며, 좋은 차가 아니고는 어찌 그 몸을 엿볼 수 있으랴!

차를 딸 때에는 너무 이르지도 늦지도 않은 시기가 중요하며, 불을 조절함에 있어서는 중화를 다루어야 하고, 차를 우릴 때에는 너무 빠르지도 너무 느리지도 않게 하여 신묘함이 사라지지 않도록 해야 한다. 차는 홀로 마실 때 가장 신령스러우며 진향, 난향, 청향, 순향의 진성을 잃지 말아야 함을 강조하고 있다. 차는 물의 마음이요, 물은 차의 몸이니 좋은 차와 좋은 물이 아니면 다신을 느낄 수 없다고 했다. 이는 모두 중정의 도를 이루어 물과 차가 알맞게 조화를 이룰 때 차의 본성을 찾을 수 있다는 것이다.

스님은 중정의 도를 다음과 같이 말하였다.

중(中)이란 도변(道邊)에 응용불관(應用不關)하고 묘계환중자(妙契還中者)가 중야(中也)라.
정(正)이란 만물접인(萬物接引)하여 내심위용(內心偉容)하고 제법인정자(諸法因正者)가 정야(正也)라.

중이라는 것은 알맞은 정도이고, 정이란 것은 양성평등의 본성자리를 말하는 것으로 음양의 조화가 잘 이루어져야 색향미의 진성이 나타나 다신이 일어난다

고 했다. 이는 세상을 사는 방편이요 진리이니, 차의 양과 물과 불의 조화를 잘 이루는 것처럼 마음도 잘 정화하여 기본마음을 조화롭게 하는 것이 다도의 근본이라고 했다. 다도란 마음을 닦아서 생각을 행위로 표현하는 것이다. 차를 근본으로 하는 행위는 마음을 닦아 본래의 자리로 돌아가 바르고 어짊을 실천하는 데 있다.

차고 넘치지도 모자라지도 않는 중정의 도는 고인이나 작금의 우리들이 모두 실천해야할 덕목이 아닌가 한다. 극단의 경계에 치우친 현실의 삶은 인간을 더욱 한쪽으로 밀어내는 극한의 상황을 초래하여 자신의 정체성을 점점 잃게 한다. 이럴 때 가장 필요한 것은 중용의 도를 지킬 줄 아는 지혜이다. 양 극단에서 조금 멀리 벗어나 중도의 길을 걷는다면 우리의 삶은 훨씬 여유롭고 윤택해질 것이다.

이 세상에서 가장 먼 여행은 머리에서 가슴까지라고 한다. 그보다 더 먼 여행은 가슴에서 발까지라고 하는 데 그만큼 실천이 어렵다는 의미이다. 우리의 삶은 머리에서 헤아리기는 쉬우나 가슴으로 이해하기는 어렵고, 그 삶을 실천하는 지혜는 단단한 마음의 문이 열렸을 때 가능한 일이다. 내 안에서 일어나는 사소한 감정마저도 비워내지 못하고 꽁꽁 묶어 놓는 집착에 익숙한 삶 속에서, 차는 가장 먼 여행을 떠나는 데 동반자가 되지 않을까? 차 한 잔을 들며 스님이 설하는 중용의 도를 찾아 자신의 내면으로 떠나본다.

2012.6.18.

차를 통한 영성 수련, 나눔의 실천
- 신림교회 이전규 목사 -

법정 : 맑고 투명한 영혼과 정신을 지니는 순간, 바로 그때가 본래의 자아로 돌아간 순간이지요. … 깨어 있다는 것은 새삼스럽게 눈 비비고 일어날 것도 없이 자기를 관찰하는 것이지요, 내 화두이기도 한 '나는 누구인가' 같은 문제가 그 깨어 있음에서 나옵니다. 순간순간 자기 자신의 내면을 들여다보면 정신이 잠들 수가 없지요. 다시 말하면 자기중심이 잡히는 것입니다. 그러다 보면 대인관계며 자기가 하는 일이 잘못될 수가 없어요. 깨어 있기 때문입니다. 그런 맑고 투명한 자기를 응시하는 시간을 갖지 못하면 편견이 생겨요. 어떤 이해관계라든가 기존의 고정관념이 작용을 해서 순수하게 응시하지 못하게 하고 가치 판단을 흐리게 합니다. 그래서 성당에서도 묵상하라, 기도하라 하는데 이런 것들이 자기를 들여다보는 것, 천주님을 통해서 결국은 자기 내면에 잠들어 있는 주님을 일깨우라는 얘기겠지요.

최인호 : 우리가 지향해야 할 것은 지식이 아니라 지성, 지식인이 아니라 지성인이겠지요. 문자 그대로 깨어 있는 사람, 지성인이 지식인과 가장 다른 점은 이런 것이 아닐까 싶어요. 남을 변화시키려 하기보다는 스스로 깨어서 변화하는 것, 저는 지성인 보다 더 좋아하는 사람이 있는데 '영성인'이라고 할까요. 영적으로 깨어 있는 사람을 존경합니다. 저 자신이 결국은 그런 사람이 되기를 바라고요. 결국 참 지식인이란 지성이란 말도 되고 영성이라는 말도 되는 것 같습니다. 침 지식이 있으면 본래의 마음이 밝아진다는 것이고요. 다 같은 얘기 아닐까요.

법정 : 내가 늘 하는 소리지만 산다는 것은 나눠 갖는 거예요. 뭐든 원래 내게 있던 것이 아니잖아요. 사람은 누구나 빈손으로 왔다가 빈손으로 가니까요. 나는 베푼다는 말에 상당히 저항을 느껴요. 베푼다는 말에는 수직적인 관계, 주종 관계가 따르는 것 같아서요. … 개인과 개인 사이에 나눔도 마찬가지이고요. 교회에서든 절에서든 흔히 베푼다는 말을 쓰는데, 사실은 나누는 것이지요. 진정한 나눔은 수평적인 관계입니다.

-법정과 최인호의 산방대담 〈꽃잎이 떨어져도 꽃은 지지 않네〉 중에서-

찬바람이 아직 떠나지 못하고 빗속에 머물러 불어오는 아침. 무등산 중턱에는 매화가 피기 시작했다. 계곡물을 따라 오르니 어디선가 흐르는 고혹적 향기에 발길이 머문다. 의제 허백련 선생이 머물렀던 춘설헌! 매화 한 가지가 이토록 깊은 향을 낼 수 있을까. 아직은 세파에 시달리지 않은 무등산 공기가 맑고 청정한 매화를 실어 나른다.

춘설헌에서 잠시 의제 허백련 선생님과 오방 최흥종 목사의 인연을 떠올리니 참으로 기이하다는 생각이 든다. 한 분은 우리나라 화단의 거목이요, 한 분은 독립운동을 주도한 기독교의 성직자로서 각자 다른 위치에서 사상과 뜻을 모아 공동체를 이루고 세상을 밝힌 귀한 인연이다. 춘설헌 입구에 세워진 오방 최흥종 목사님의 표지석은 의제 선생님과 함께 생전의 교류를 말해주 듯 나란히 자리하고 있다.

　오방 최흥종 목사님이 교회를 처음 일군 것은 증심사 스님들과의 인연에서 기인한다. 의제, 오방, 증심사의 주지스님 등이 서로 모여 장자를 논하고 나라의 독립을 위해 걱정하고 올바른 신앙을 위해 수양하고 기도하는 만남은 근대 삼인삼색의 하나 된 모습이랄까. 기독교 신자이지만 장자철학을 삶의 중심으로 받아들였고, 스님들과의 막역한 나눔, 화가와의 절친한 교우 등은 분열과 대립을 우선시 하는 현대인들 앞에 사상과 종교를 초월한 삶의 가치가 무엇인지 가르쳐주는 귀중한 만남이다.

　오방 최흥종 목사님은 1950년 무등산에서 예배 후 의제 허백련 선생님과 함께 춘설헌에 기거하였다. 오방은 의제 선생님과 차를 마시며 삼애다원을 건립하였고, 광주지구 3·1 독립운동을 주도하였으며, 광주 YMCA를 창설하는 등 기독교의 교리전파를 위해서 힘을 쏟았다. 또한 나환자를 위해 온몸을 아끼지 않아 나환자들의 아버지라 불리기도 했으며 걸인과 결핵환자들을 무등산에서 기거하게 하여 그들을 위한 교회를 건립했다. 그 교회가 지금의 신림교회이다.

　신림교회는 오방 최흥종 목사님에 의해 창설되었다가 1999년 현재의 자리에 개축하고 지금은 이전규(51) 목사님이 2006년에 부임하여 목회활동을 하고 있다. 이 목사님은 오방 목사님의 뜻을 받들어 최초에 설립된 신림교회를 다시 중수하고 교인들의 신앙을 위해 수양할 수 있는 수양관으로 활용하고 있다. 쓰러져 가는 20여 평 남짓한 작은 교회를 방치하지 않고 다시 복원해 신앙을 위한 공간으로 거듭 탄생시킨 이 목사님은 오방 목사님의 신앙관을 매우 소중하게 유지하고 있다. 신도들에게 장자와 신학을 접목한 설교를 통해 동양철학의 깊은 뜻을 기독교 신앙 안에서 용해시키기도 하며, 서양철학의 해박한 지식을 바탕으로 한국식 기독교관을 정립하는 넓은 포용력을 보이기도 한다. 나환자와 걸인을 위해 한 평생을 바친 오방 목사님의 정신을 이어 독거노인들을 돕고 있으며 이들에게 연탄을 배달하고 먹거리를 찾아 나누는 나눔의 정신을 실천하고 있다.

　이 목사님이 신림교회에 부임 후 오방 목사님의 나눔정신을 실천하는 일 가운데 하나가 '차를 통한 영성수련'과 '차 나눠 마시기' 운동이다. 이 목사님이 차에 관심을 가지기 시작한 것은 처음 신림교회에 부임해 왔을 때 한 신도로부터 녹차를 선물받고부터다. 신도 중 한 분이 무등산 춘설헌 옆 차밭에서 만든 녹차를 선물 해 주었다. 처음에는 차에 관한 선입견이 좋지 않아 그냥 방치해 두었다가 어느 날 우연히 마셔본 차맛에 매료되어 교회에서 차생활을 하기로 마음먹었다. 무등산 주변에 40년 이상 차생활을 한 신도들이 많은 덕분에 차를 이용하여 교회를 알리기로 하였다. 교회 안에서 신도들과 함께 차를 마시며 묵상을 하고 예를 갖추어 차를 통한 영성훈련을 하는 신림교회 차생활이 이루어졌다. 그들과 신림교회 차회를 결성하고 매월 다인들과 정기적인 모임을 갖고 바른 차생활을 위한 행다례 실습과 함께 봄이면 제다를 하고 차맛에 대한 품평도 곁들인다.

이 목사님이 주력하고 있는 것은 차를 통한 나눔이다. 법정 스님이 그랬던 것처럼 베품은 수직의 관계를 형성하여 주고받는 자의 격이 생기지만 나눔은 너와 나의 관계에서 주고받기 때문에 수평적 관계라는 말이 떠올랐다. 주는 자 따로 있고 받는 자 따로 있는 갑과 을의 관계가 아니라 동등한 입장에서 가진 것을 나누어 주는 평등한 나눔의 차생활이야말로 차의 정신을 올곧게 실천하는 것이 아닐까 한다. 그 한 예로 이 목사님은 새숲차(신림교회의 이름을 풀어서 명명한 차이름 - 新林茶)가 나오면 가장 먼저 하느님께 헌신예배를 올리고 맥추감사제(보리 수확 후 올리는 감사기도)를 실시한다. 맥추감사제를 올리기 전 강사를 초청해서 교인들과 새숲차를 만들어 하느님께 헌다례를 올린다. 이 맥추감사제는 기독교 전통제례 중의 하나로 보리 수확이 끝나면 일 년 동안 먹을 양식을 주심에 감사하는 의미로 하느님께 예를 올리는 제사이다.

새숲차를 만들 때는 차를 만들기 전 수양을 통해 마음과 몸을 깨끗이 하고 6시에 채다를 하며 다시 기도 후에 제다를 실시한다. 차가 가지는 맑은 정신을 영성훈련을 통해 자기를 정화하는 기운으로 삼고 하느님 앞에 온전한 나를 드러내는 영적인 만남을 가진다. 그런 후에 차를 만들어 하느님께 올리면 자신의 변화만큼 신앙의 힘이 커짐을 느낄 수 있다.

차를 통한 영성의 수련은 자신의 내적 변화를 가져온다. 차 한 잔을 마시며 자신의 내면을 바라보고 자신에게 솔직해지는 수양을 쌓는다. 자신이 정화되지 못하면 하느님의 진실이 왜곡되는 우를 범한다. 진실을 바로 보는 식견과 안목. 이것이 없으면 언제나 우리는 삿된 견해에서 허우적거릴 뿐이다. 자신을 맑게 정화시키는 것. 자신의 본래 모습을 찾아 차를 통해 끊임없이 수양하고 수련하며 기도하는 자정의 묵상. 나를 위한 영성이 모두를 위한 영성으로 바뀌는 사랑의 변화. 이것이 가능하게 하는 것은 차를 통한 하느님과의 만남이다. 하느님의 진실 된 소리를 들을 줄 아는 마음의 눈을 뜨는 것. 차 한 모금에 가장 신성한 영성이 빛을 내고, 두 모금에 모두를 아우르는 나눔을 품고, 세 모금에 너와 나를 갖추는 예를 지키는 차생활. 이것이 바로 신림교회 차인들이 추구하는 영성수양이 아닐까. 이 목사님은 말한다. 차는 영성을 아름답게 하는 묵상이며 만남의 장이 펼쳐지는 나눔이고 기다림의 미학이 숨어 있는 삶의 지선(至善)이라고.

이 목사님은 매주 수요일 오전 신림교회 앞에서 차를 패트병에 담아 등산객에게 무상으로 나눠주고 있다. 매년 무등산 자락에서 채취한 새숲차를 등산객을 위해 보시를 하며 오방 목사님의 유훈을 받들고 있는 것은 신림교회의 책임자로서 소명을 다하고자 함이다. 작은 나눔이지만 목을 축이는 물을 나눈다는 것은 생명을 나누는 것과 같은 의미일 것이다. 하느님이 부여한 생명의 찻물을 함께 나누며 차를 매개로 한 한국적인 신학을 펼치려고 노력한다. 차를 채취하고 직접 제다를 하며 신학적인 의미와 성서적인 이미를 부

여해 우리식 신앙을 고백하는 차모임은 신림교회 영성수련의 한 과정이다. 이러한 일련의 수양활동은 예배 중에 참회기도를 넣어 죄를 고백하고 자신을 비우는 노력으로 한국적 신앙을 펼치고 있다.

기독교에서 불은 상승의 기운이고 물은 하강의 기운이다. 불은 열정과 상승의 신앙을 이루고 물은 마음을 비우는 내림의 기운을 준다. 아만과 교만, 이기심, 잘난 체 하는 마음 등 우리를 가로지르고 있는 불성실한 마음들은 물을 마심으로서 하강의 기운을 얻어 자신을 비우는 내림의 미학으로 승화한다. 외려 내림이 상승하여 지고(至高)의 미덕을 이룬다.

이 목사님은 이러한 차생활 속 영성기도를 주제로 신학대학 박사학위 논문을 썼다. 〈한국교회 영성모델 개발을 위한 연구- 한국교회 목회자, 초학영성가들의 다도신학을 중심으로-〉란 박사논문은 실제 생활 속에서 경험한 차 생활을 바탕으로 묵상에서 노동의 숭고함과 나눔의 미학까지를 주제로 연구한 논문이다. 앞으로 기회가 주어진다면 좀더 심도 있는 차생활을 통한 영성기도를 꾸준히 실천하여 실제 얻어지는 경험과 신앙을 바탕으로 다도신학을 정립하고자 하는 뜻도 가지고 있다. 차와 신학을 이어주는 다도신학. 아마 이러한 용어를 사용한 것도 이 목사님이 처음일 것이다.

마지막으로 매일 아침 차밭을 가꾸며 해마다 차를 만들어 나누어 주는 신림교회 이관영 장로에게 감사의 뜻을 표하는 목사님의 인사를 전한다. 무등산 춘설헌에서 비속에 묻혀 날리는 매화향이 바람에 차웁다.

2015. 3. 19.

차산업에 50년 인생을 심다
- 화개제다 홍소술 명인 -

정월 대보름이 지나고 3월 초입에도 추위는 발걸음을 쉬 놓지 못했다. 부슬부슬 내리는 비를 품고 지리산을 휘도는 꽃샘추위에 얼굴을 부비며 화개골을 찾았다. 차산업과 더불어 차문화를 일군 주역들을 찾아 탐방하는 기획으로 화개제다 홍소술(80) 명인을 만났다. 고령의 나이에도 불구하고 밝고 건강한 체력을 유지하는 비결은 지리산의 맑은 공기에 마음을 내려놓는 차생활이 명약이 되었다고 한다.

화개제다 홍소술 명인은 지리산의 청정한 기운으로 만든 '죽로차'로 2007년 농림수산식품부로부터 전통식품 명인 제 30호 지정을 받았다. 죽로차는 홍 명인이 50여 년 전 화개에서 차밭을 일구고 가꾸어 화개 야생차를 수제 명차(名茶)로 만든 그의 역작이다.

홍소술 명인이 차산업에 뛰어 든 계기를 돌아보면 마치 자신의 일생은 차를 위해 태어난 삶인 것 같다고 하였다. 독실한 불교도인 증조모는 해인사에 전 재산을 시주하고 일생을 마치셨다. 그때 해인사에 머무르며 스님들로부터 차를 만드는 법을 배워 그의 어머니에게 구전해 주었고 이를 다시 홍 명인이 전수하여 오늘의 화개제다를 이루었다. 어머니는 일제강점기에 일본에서 사는 동안 일본인들의 일상적인 음다 생활을 보았는데, 그 후 우리나라에 들어와 보니 사람들이 차를 마시지 않는 것을 안타깝게 여겼다고 한다. 이에 홍 명인은 어머니의 말씀을 듣고 우리도 우리나라의 고유한 차문화를 가졌으면 하는 바램으로 차산업에 인생을 걸기로 했단다. 이때부터 차나무를 찾아 전국을 돌아다닌 끝에 지금의 화개에서 야생차가 자란다는 것을 알고 차산업을 시작하였다. 우리나라에 차나무가 많지 않다는 것을 알고 차나무를 구하는 것이 우선이라는 생각에 현지 값의 3배를 주고 지리산 일대의 차나무를 사서 화개지역에 야생차밭을 일구었다. 당시엔 차를 감기약의 대용으로 복용하거나 배탈이 났을 때 먹는 구급약 정도로 인식하는 것이 전부였기 때문에 찻잎을 3배 값에 산다고 하니 농민들에게는 좋은 호재가 되었다. 찻잎을 구하고 차밭을 일구는 금액은 고향의 논을 팔아서 충당하였다. 그때가 30세쯤이니 차산업에 인생을 바친 지도 50여 년이 흘렀다. 홍 명인은 부모님에게서 물려받은 제다법이 가장 값진 유산이라고 한다. 지금은 그의 세째 아들이 홍 명인의 뒤를 이은 전수자로 나서 아버지와 함께 차를 만들고 있다.

화개에 제 1 공장을 설립하고 차를 만들기 시작하였으나 판로가 어려워 차를 알고 있는 일본 유학자들이나 스님들께 차를 팔아달라고 부탁하기도 하였다. 62년 군사혁명이 일어난 후 정부에서 홍차 수입을 금하자 홍차를 개발하여 동서식품과 제휴하고 홍차를 납품하면서 차산업은 안정을 찾게 되었다.

지리산은 차가 자생하기에 최적의 요소를 갖춘 곳이라 할 수 있다. 북으로 지리산이 자리하고 남으로 섬진강이 흐르고 있어 산과 물이 화합하여 차가 자라기에 적합한 배산임수의 풍광을 이루는 곳이다. 특히 지리산은 높은 고산지대로 올라갈수록 너덜바위가 많아 지리산 특유의 차맛과 향을 내기에 좋은 조건을 갖추고 있다. 바위틈에 쌓인 세월의 때가 빗물에 씻겨 땅 속으로 스미고 낙엽이 쌓여 자연퇴비가 만들어지면서 차가 자라기에 충분한 영양을 공급해 준다. 또한 지리산에 부는 바람은 화개골을 지나면서 지리산의 온도와 습도를 조절해 주어 지리산 차의 맛과 향을 결정짓는 중요한 요소가 된다.

이러한 야생차의 적지에서 자란 찻잎을 채취해 65년부터는 수제녹차를 만들기 시작하였다. 농약이나 비료가 없어도 야생으로 자란 찻잎은 수제차를 만들기에 충분한 영양 조건을 갖추고 있어 찻잎의 성분과 품질을 잘 보존할 수 있는 차를 만들었다.

"우리나라 차는 덖음차여서 일본이나 중국의 차와는 맛과 향이 다릅니다. 덖을 때 찻잎의 양이나 불의 온도, 차를 솥 안에서 덖는 시간에 따라 차맛이 좌우되기 때문에 차의 원리를 알고 있지 않으면 어렵습니다. 덖을 때 빨리 덖어 엽록소를 재빨리 죽여야 화학적 변화가 덜 일어나 차가 맛있습니다. 화학적 변화는 냄새로 알고 물리적 변화는 손의 촉감으로 알 수 있기 때문에 다년간의 경험을 통해 늘 해보는 방법이 가장 좋습니다. 그래서 차는 만드는 사람에 따라 맛과 향이 다양하기 때문에 내가 만든 차가 제일 좋다고 말하기 어렵습니다."

차를 처음 덖어 멍석에서 빨리 식혀 차의 본래 색을 유지하는 것이 차의 품위를 유지하는 중요한 공정 중의 하나라고 한다. 또 잘 손질한 차를 마무리하는 끝덖음에서 수분을 완전히 제거하는 것이 녹차와 맛과 향을 살리는 가장 중요한 과정으로 이때 차의 품위가 결정된다고 한다.

이러한 차는 1년에 100개 정도 한정 제작 판매한다. 이 차는 대나무밭에 차를 심어 채광을 적당히 차단하고, 손으로 직접 따서 만들어 효당 최범술 스님이 '죽로(竹露)'라고 이름을 붙여주었다.

홍 명인은 옥로녹차 · 보이차 · 가루녹차 · 국화차 · 대잎차 · 송이차 등 다양한 대용차도 연구 개발하여 선보였다. 그러한 그의 노력은 몇 해 전 농약 파동이 일어나 차 재배 농가에 일대 타격이 있은 후로 녹차의 판매량이 급속히 감소하였지만 농약에 대한 경각심을 일깨우고 안전한 차를 생산해야 한다는 인식을 심어준 계기가 되었다고 한다.

품질을 우선으로 하는 홍 명인의 노력은 1995년 차의 날 명차품평회에서 1995년 올해의 명차로 선정되어 한국차인회 최우수 명차상을 수상하였고, 하동야생

차문화축제 차품평회에서 1997년 올해의 명차, 2001년 중국 국제명차대회 은상, 2004년 국제차문화대전 소비자가 뽑은 맛있는 차로 선정되었고 2005년에는 무농약 인증을 획득하는 등 다양한 수상경력을 가지게 되었다.

홍 명인은 차문화야말로 나와 사회를 대하는 기본예절이며 정신이라고 말한다. 경제적 생활이 여유로워지면서 명예나 권위로 사람을 대하는 경우가 많은데 이것은 차의 기본정신이 아니라고 하였다. 이득이나 욕심을 위해 사람을 구별 짓는 것은 차의 정신이 아니며, 타인을 위해서 나의 자세를 낮추고 배려하여 타인을 정중히 모시고 대접하는 것이 차의 봉사정신이라고 하였다. 일본 다도의 경우는 타인에 대한 배려와 봉사가 배어 있어 국민들의 성품에도 영향을 주는데 이는 차가 가진 성품에서 비롯된 것이라고 한다. 우리나라도 차문화가 중심이 되는 정책을 펴서 국민정신을 하나로 모을 수 있는 문화의 주춧돌 역할을 해야 한다고 강조한다. 생일이나 명절날 딸과 아들로 하여금 차를 올리게 하여 효를 가르치고 가풍을 정립하여 집안의 문화를 다스리고 가꾸어나가는 차문화의 정착이 절실히 필요하다고 하였다. 차를 대접하고 대접받음으로써 이웃과 사회의 건전한 문화를 이루고 이러한 의식이 쌓여 사회와 국가를 결속시키는 근간이 된다고 하였다.

"특히 서양의 퇴폐문화가 들어오면서 한국의 냄새가 없어지는 현실을 가장 안타까운 일로 생각해야 합니다. 이러한 사회에서 한국의 정신이 살아 있는 한국 문화의 향기를 전파하고 보급하는 데에 차문화가 그 중심에 서야 합니다. 한국의 정통성을 이어가고 알리는 중요한 매체로서 차는 한국의 역사를 이어가는 혼이라고 보아야 합니다."

홍 명인은 다풍이 확산되어 사회와 국가가 봉사하는 정신으로 한국의 차문화 역사를 이어가야 한다고 했다. 옛 고려시대의 차례나 다례가 조선시대로 넘어오면서 제사로 바뀌고 차문화도 점점 쇠퇴해지고 있으며, 현대에는 중국차의 범람으로 건강에도 문제가 발생하게 된다고 우려했다. 좋은 문화는 더디게 번지지만 나쁜 문화는 쉽고 빠르게 번지기 마련이다. 인생의 가치는 차를 통해서 백번의 말보다 한 번의 행동으로 보여주는 것이 진정한 차인의 가치라고 하였다. 홍 명인은 자신이 받은 많은 상들도 형식적인 가치일 뿐이라며 진정한 가치는 차를 알아주는 사람과 마음을 이해하고 인정해주는 것이 보람 있는 일이라고 하였다.

홍 명인은 차산업이 확대되면서 여러 자영업자들과 함께 차를 만들게 되어 혼자 만드는 외로움이 사라졌다고 하였다. 그들과 함께 차인으로서의 힘을 모을 수 있기 때문이란다. 50여 년 전 차를 아무도 알지 못하던 시절에는 혼자 차시장을 개척하는 고독함과 외로움이 있었지만, 지금은 여럿이 함께 어우러져 차의 공탑을 세울 수 있어 서로에게 힘이 되어준단다.

아울러 홍 명인은 요즈음 젊은 차산업자들에게 차를 만들 때 늘 겸손하라고 당부한다. 차는 소비자의 기호식품이기 때문에 소비자의 입맛에 맞는 차가 가장 좋은 차라고 생각하고 내 차가 제일 좋다는 생각을 하지 말라고 가르친다. 나의 입맛에는 맞아도 소비자의 취향은 다르기 때문에 소비자의 입맛에 맞는 차를 만들려는 정성과 마음이 가장 중요하다고 하였다. 또한 젊은 차가공업자들이 차를 만들 때 돈을 먼저 생각하고 차를 만들면 차의 질이 떨어지기 때문에 차를 돈으로만 생각하는 것은 가장 경계해야 할 마음이라고 하였다.

요즈음 현대인들은 복잡한 것을 싫어하여 티백을 선호하는데 이는 차시장을 흐려 놓는 원인이 된다고 한다. 인건비가 비싸서 가공비를 줄이려는 상술과 원료의 절감을 위한 티백의 생산은 차문화를 격하시키고 현대인들에게 길을 잃게 만들기 때문에 진정한 차문화를 정립하는 것이 절실하다고 하였다.

그리고 그는 논산훈련소에 2만 명이 마실 수 있는 엽차를 보시하고, 경남 986개의 초, 중, 고교에 엽차 1200박스를 무상 지원하여 차문화의 확산을 위한 보급운동도 펴고 있다. 이는 차문화가 생활 속에서 녹아나기를 바라는 홍 명인의 간절한 마음에서 비롯되었다.

2011.6.4.

차의 북방 한계선 정읍 천원차
- 남송다원 남상후 대표 -

정읍사

달아 높이높이 돋으시어

어기야차 멀리멀리 비치게 하시라

어기야차 어강됴리

아으 다롱디리

시장에 가 계신가요

어기야차 진 곳을 디딜세라

어기야차 어강됴리

어느 것에다 놓고 계시는가

어기야차 나의 가는 곳에 저물세라

어기야차 어강됴리 아으 다롱디리

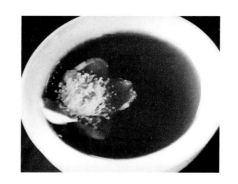

-〈악학궤범〉 권5 시용향악정재조-

　정읍을 이해하는 데 있어서 국문학의 한 갈래인 고려속가 〈정읍사〉를 빼 놓을 수 없다. 〈정읍사〉는 삼국 속악의 하나로 고려와 조선시대를 통하여 무고의 무의 (舞儀) 때 가창되었고, 특히 조선시대에 와서는 섣달 그믐날 밤에 궁중에서 악귀를 쫓기 위해 연주된 노래이다. 〈정읍사〉는 행상을 나가 오래도록 돌아오지 않는 남편의 무사안녕을 달에게 기원하는 간절한 발원으로부터 시작한다. 어디서 무엇을 하고 있기에 오랜 세월이 지나도록 돌아오지 않는 남편에 대한 초조하고 안타까운 심정을 달에 의탁하여 불렀을까.

광명한 달에게 남편의 안녕까지 도모해 주기를 바라는 고대인의 소박한 발원을 취하고 있는 일반 민중들의 보편적인 정서가 깔린 정읍은 1894년 고부농민봉기가 발발한 이후 갑오동학농민혁명으로 확산된 동학의 현장이기도 하다. 동학농민혁명은 반부패·반봉건·반외세의 기치를 들고 봉기한 무명 동학농민군들의 의협심이었다.

또 정읍에서 11km 떨어진 곳에는 내장산이 있다. 내장산은 영은산이라 불리기도 한 전국 8경의 하나로써 용굴과 금선폭포, 도덕폭포와 금산, 원숙 등 두개의 계곡이 흐르고 있는 국립공원다. 산 안에 숨겨진 것이 무궁무진하다 하여 이름 붙여진 내장산은 신선봉을 주봉으로 하여 까치봉, 연지봉, 망해봉, 불출봉, 서래봉, 월영봉, 연지봉 등 9개의 봉우리가 말발굽처럼 드리워진 특이한 자연경관을 가지고 있으며, 굴거리나무 등 760여종의 자생식물과 858종의 자생동물이 살고 있다. 봄에는 개나리, 진달래, 매화와 산벚꽃이 다투어 피고 여름이면 숲이 깊고 골짜기의 물이 서늘하며 가을 단풍은 전국에서 으뜸이라는 호평으로 겨울 설경 또한 뛰어난 산이다.

정읍을 경계로 하는 섬진강댐의 근처에는 옥정리(玉井里)가 있다. 조선중기에 한 스님이 이곳을 지나다가 '머지않아 맑은 호수, 즉 옥정이 될 것'이라고 예언하여 옥정호라 하였다고 하는 옥정호는 섬진강댐 물을 담수하고 있으며, 댐의 지류는 좌안(左岸)이 임실군 강진면, 우안(右岸)이 정읍시 산내면에 경계하여 있다.

정읍에 가면 흔히 아흔 아홉 칸 집이라고 부르는 전형적인 상류층 가옥인 김동수 고가가 있다. 이 고가는 김동수의 6대조 김명관(1755-1822년)이 조선 정조 8년(1784)에 지은 집으로서 앞에는 동진강의 상류가 서남으로 흐르고 있고, 뒷편에는 해발 150여 미터의 창하산(蒼霞山)이 둘러 있어 풍수지리에서 명당이라 말하는 전형적인 배산임수(背山臨水) 터에 세운 고택이다. 이 가옥은 소박한 구조로 되어 있으나 건립자의 독창성을 엿볼 수 있고, 후세에 보수되거나 개조되지 않고 거의 원형대로 보존되어 있어 조선조 양반들의 생활양식을 엿볼 수 있는 중요한 민속자료의 하나이다.

그 외에도 피향정, 섬진강 수력발전소, 무성서원, 백제연인의 사랑이 담긴 정읍사공원 등 볼거리가 풍부한 고장이다. 또 전라도의 맛깔스런 음식 맛을 자랑하는 정읍은 친환경 쌀과 청정한 한우, 복분자 등 먹거리를 자랑하며 4월이면 자생화 축제와 벚꽃축제, 10월엔 구절초축제, 전국 소싸움대회 등 즐길거리도 풍부하다.

[조선왕조실록 세종실록지리지 역사자료]

이 중 정읍의 차가 한몫을 자랑하는데 이것이 바로 정읍 천원차이다. 정읍의 천원차는 일제강점기 때 천원리와 십변리에 공장까지 운영한 녹차밭에서부터 시작한다. 일제강점기에 폐허가 된 자생차밭을 정읍 천원리에 복원한 남송다원에서 천원차를 생산 판매하고 있다.

남송다원은 남상후(68) 대표와 부인 함정순(64) 씨가 노후를 대비해 일군 차밭이다. 원래는 과수원이 있었으나 80년대 뽕나무를 조성하였고 이후에는 지금의 차밭을 일구어 친환경으로 재배하고 있다. 남 대표는 2003년 한 TV프로그램의 생로병사를 보고 건강차에 관심을 갖고 녹차를 접하기 시작하였다. 녹차의 효능을 공부하면서 차를 마시고 건강을 되찾고 주변 이웃들과도 차를 나누어 마시며 친교를 맺는 등 친목을 도모할 수 있는 기회가 많아졌다. 차를 마시면서부터 건강에 관심 있는 지인들과 차에 관해 담소를 나누는 시간이 가장 행복한 일상이 되었다. 그래서 차로 맺은 인연들에게는 감사한 마음이 가득하다. 같은 공동체 안에서 공통의 주제를 가지고 화제를 삼아 마음을 나누는 것은 벗들과의 가장 큰 즐거움이 아닐까.

남송다원은 노후생활을 위해 천원리에 있는 농장을 일구기 시작해 2004년 첫 농장을 조성하고 2006년에 첫 수확을 했다. 남송다원의 차는 제주도보다 20-30일 정도 늦게 수확한다. 낮과 밤의 온도차가 심하여 북방한계선의 채다는 다른 지역에 비해 5일 정도 늦게 이루어진다. 천원차 제다는 가마솥에서 고온에 8-9번을 덖는다. 처음에는 불의 온도를 서서히 올렸다가 일정한 온도에 이르면 다시 불기운을 낮추고 9번까지 볶아낸 후 마지막 마무리는 100-90℃ 정도에서 발향을 하여 제품을 완성한다. 2008년에는 본격적인 채다를 일구어 차 생산에 들어갔다.

천원차의 제다법은 일제강점기 부터 차를 덖어온 허호순(96) 할머니에게 전수받았다. 허 할머니는 일제강점기 때 차를 가공한 사람 중 유일하게 생존해 계시는 분으로서 당시의 제다법을 천원차 생산에 그대로 전수해 주었다. 따라서 지금의 천원차는 허 할머니의 제다법에 따른 생산방식이라고 할 수 있다.

남 대표는 차를 만들면 허 할머니의 검증을 먼저 받았으며 할머니의 승인이 떨어진 뒤 상표등록을 마치고 지금의 천원차로 제품을 생산 판매하고 있다. 원래 천원차의 상표는 소장자가 따로 있었다. 그러나 그분이 정읍농업기술센터에 상표를 기증하고 천원차 우편엽서를 발행하여 그 증거를 토대로 차가공 생산제품으로 활용하고 있다.

남송다원은 녹차와 발효차의 생산을 15kg 정로로 소비자 위주의 소량생산만 한다. 처음에는 30kg정도의 제품을 생산했으나 재고가 많이 남아 지금은 소비자 중심의 수요를 맞춰 생산을 낮추고 실질 소득을 높였다. 이러한 과정을 통해서 많은 양의 차를 생산하기보다 질 좋은 차를 생산하여 일정한 고객을 확보하고 소비자 위주의 판매에 주력하는 것이 소비자나 생산자 입장에서 모두 유리한 조건임을 알게 되었다.

따라서 좋은 차를 생산하기 위해 두 부부는 첫차를 직접 수확하고 차를 만든다. 차밭 이랑마다 편백을 심어 차의 온도를 유지하고 해충으로부터 보호하는 이중의 친환경 방제를 하고 있으며, 3년 이상 썩힌 퇴비를 뿌려 자연에 거슬리지 않는 차를 생산하고 있다. 인건비를 들여 많은 양의 차를 채다하였으나 다시 좋은 잎을 선별하고 골라내는 작업을 해야 하는 번거로움이 시간적인 낭비와 경제적 손실을 가져와 그들이 직접 채다부터 제다까지 도맡아 하게 되었다. 그래서 남송다원에서 만든 차는 진실한 정성을 담고 있다. 솔직한 농부의 심정으로 하늘 아래 한 잎 한 잎 채다하고 정성을 다해 생산하는 양심을 차 속에 담았다. 차에 부끄럽지 않고 하늘에 떳떳한 맑은 차. 정읍의 천원차가 밝은 민낯으로 세상에 얼굴을 내밀고 있다.

남송다원에서 주로 생산하는 차는 녹차를 비롯하여 대용차 위주의 제품이다. 녹차는 '하늘 아래 첫차'란 이름으로 우전을 생산하고 있으며, '새순차'는 세작을 따서 우리말 상표를 등록하였다. 다원 곳곳에서 자생하는 구절초와 개똥쑥을 채취해서 홍차와 블렌딩하여 구절초차와 개똥숙차를 티백으로 특허출원 중에 있고, 목련과 홍차를 블렌딩한 '가을목련차'를 생산하고 있다. 또 솔잎과 홍차의 블렌딩은 아직 실험 중에 있으며, 이 밖에도 다양한 제품의 대용차를 개발하여 제품을 생산하고 있다. 남 대표가 대용차를 티백 위주로 생산하는 것은 현대생활에 편리한 기능을 추가하기 위해서라고 한다. 현대인들은 여행을 많이 다니고 간편한 것을 추구하는 경향이 있어 이를 위한 차음료도 기능위주로 변해야 한다고 생각하였다. 현대인의 생활에 적용하려는 남 대표의 생각이 많은 이들의 편리성에 도움이 되는 제품개발로 이어질 것이라 생각한다.

발효차는 10월경에 채취하여 60-70℃에서 일주일 정도 발효를 한다. 처음에는 상온에서 숙성 발효 되도록 놔두었다가 오전 10시쯤이 되면 차를 쌓아서 광목으로 덮어 오후 2시까지 뒤집어 주면서 발효를 시킨다. 이렇게 수분이 제거되면 2차 발효에 들어가고 다시 3차 발효를 거쳐 15일 정도 다시 숙성시켜 자연건조 후 상품으로 제품화 한다. 이렇게 오랫동안 숙성과정을 거치면 차의 독성이 제거되고 차를 순하게 만들어 주기 때문이다. 이렇게 생산된 발효차는 많은 대용차와 블렌딩하여 현대인의 미감에 맞는 다양한 제품으로 출시하고 있다.

남 대표 부부는 차를 이용한 식품개발에도 주력하고 있다. 차를 가공하다보니 차에 대한 성분을 좀 더 효율적으로 먹기 위해 김치에 차를 넣어 맛을 보기도 했다. 김치에 녹차를 일정량 넣어 담그면 빨리 시어지지 않고 아삭아삭하는 맛과 색감이 좋아 봄까지 알맞은 맛을 유지시켜 준다고 한다. 그래서 만든 것이 김치용 녹차였다. 티백으로 된 김치용 녹차를 김장 담글 때 배추의 무게 맞춰 한 포씩 넣으면 맛과 아삭함을 오래도록 이어주는 장점이 있다. 또 된장과 간장에도 녹차를 넣으면 흰곰팡이가 없어지는 것을 발견하였다. 된장과 간장을 담글 때 티백 김치용 녹차를 넣으면 색감과 맛의 유지는 물론 곰팡이가 하얗게 피는 것을 예방할 수 있어 깨끗하고 맑은 맛을 간직한다고 한다. 이렇게 일생생활용 녹차를 개발생산하는데 힘을 쏟고 있다.

22년 간의 공직생활을 한 경험이 지금의 차밭을 일구고 가꾸는 데 많은 도움이 되었다는 남 대표의 꿈은 아들이 농원을 물려받아 가업을 계승하는 것이다. 자신의 사업으로만 그치지 않고 대를 이어 천원차의 맥이 끊어지지 않는 차산업으로 이어지길 바라고 있다. 그래서 정읍에서 천 년을 이어온 자생차의 역사성이 천원차에서 꽃을 피우길 바라는 소망을 가져본다.

2014. 4. 3.

6차 산업으로 발돋움하는 다자연
- 다자연영농조합 이창효 대표 -

차인들끼리 이루어지는 다담은 의례 새 차를 마시기 마련이다. 얼마 전 방문한 원로 차인도 맛 좋은 차를 권한다며 뜯지 않은 새 차를 내 주었다. 탕색이 맑고 향이 풋풋한 게 여간 싱그럽지 않았다. 차의 출처를 물으니 경남 사천의 다자연 제품이라고 했다.

사천은 예로부터 다솔사와 함께 천 년의 세월을 지키며 야생 차나무와 도자기, 가마 등 차문화의 역사가 살아 숨 쉬는 곳이다. 다자연 인근에 있는 다솔사는 독립운동의 거점지이자 근대 차문화의 산실로 역사에서는 빼놓을 수 없는 차유적지라 할 수 있다. 이곳은 효당 최범술과 만해 한용운이 이곳과 깊은 인연을 맺으면서 독립선언서 초안을 작성한 곳이고 우국지사와 문인들의 발길이 끊이지 않은 일제강점기 민족 독립운동의 거점지이기도 했다. 효당 스님은 1934년부터 다솔사에 초등과정의 광명학원(光明學園)을 세워 김동리와 함께 그 인근의 농민자제들을 교육시켰다. 이때 김동리는 학생들을 강의한 경험과 승려들과의 만남을 통해 그의 소설 〈등신불〉을 탄생시키기도 했다. 또한 효당 스님은 이곳에서 〈韓國의 茶道〉라는 한국 최초의 다도 개론서를 저술하였으며, 다솔사에서 자생하는 차를 정제증차(精製蒸茶) 제다법으로 만들어 '반야로'를 생산하고 전수시키는 등 근대 차문화의 한 획을 그었다. 지금도 다솔사는 근대 차문화와 역사가 고스란히 남아 있어 차인들의 애향이라 할 수 있다.

다솔사를 지나 좀 더 들어가면 진양호 인근에 사천영농조합이 설립한 다자연영농조합이 있다. 다자연영농조합은 이창효(66) 대표가 96농가 주민들의 마음을 모아 지리산 덕천강과 진양호가 만나는 곤명면 금성리 벌판에 전국 최대의 평야 녹차

단지를 조성한 곳이다. 이곳 다
자연은 저비용 고품질 및 안전
성이 확보된 새로운 차산업의
기틀을 다지고 한국 차산업화
를 위해 진력하고 있다.

　다자연영농조합 이 대표가
차를 처음 접한 것은 어린시절
다솔사 근처 마을에서 자랄 때부터였다. 다솔사 마을에서 동네 친구들과 함께 놀
고 있으면 그 길을 지나던 효당 스님이 마을 어린이들을 사찰로 불러 차를 우려 주
었는데 이때 마신 차는 마른 목을 축이는 시원한 청량제 같았다고 회고한다. 그 때
는 차가 무슨 맛인지 모른채 마셨으나 어른이 되어도 차에 대한 향수를 잊지 못했
다. 그 후 이 대표는 차의 사업성을 타진하고 다솔사의 차밭과 연계해 차산업을 일
으키기로 했다. 그래서 30대 초반 다솔사 인근에 1만 5000평의 땅을 구입해 차를
재배했었고, 2002년에는 주민들과 첫 좌담회를 열어 차산업에 대한 개요를 설명하
기 시작했다. 그러나 성공 가능성을 확신할 수 없던 농민들은 녹차 식재 비용을 지
출해야 하는 부담감과, 찻잎을 따기까지 4~5년 동안 소득이 없다는 이유를 들어 반
대하는 난관에 부딪히기도 했다. 이 후 이들을 설득하기 위해 작목반을 구성하고
농가들과 함께 하동과 보성을 방문하며 실제 차산업의 현황을 소개하고, 웰빙 바
람으로 녹차가 소득 작목으로 실익이 창출되고 있는 점을 3년 여에 걸쳐 설득했다.
어려운 농촌의 활로를 찾자는 공동의 목표를 설정하고 '수입개방에 대비한 녹차산
업발전방향 보고서'를 만들어 사업을 진행했다. 처음 96명 조합원의 출자금은 19
억 2200만 원 가량이었으며 총 농업 투자는 120억 원 정도였다. 이후 2003년에 사
천영농조합법인을 설립하고 2004년부터 2006년까지 96농가를 설득해 60ha에 이
르는 녹차 단지를 조성하고 2007년 다자연영농조합을 창업했다. 2004년 첫해에는
118만㎡(5만5000평)에 녹차를 심고 매일 60~70명을 고용해 바랭이를 뽑았는데 뿌

리가 제대로 활착이 안 된 녹차까지 뽑혀 손실이 크게 나기도 했다.

그러다 지난 2011년 1월 100년 만의 기록적인 한파가 몰려오면서 다자연의 다음 해 수확량은 0을 기록했다. 영하 17.2℃까지 내려간 맹추위는 차나무가 완전히 얼어 죽는 동사상태까지 몰고 왔다. 잎뿐만 아니라 뿌리까지 얼어 그 해 차나무가 회복하는 데는 6월이 지나서야 가능했다. 뿌리에서 새 순이 서서히 자라기 시작해 그 이듬해 2월 첫 채취를 하게 되었지만 수확량은 급감했다. 그러나 차를 다시 얻은 기쁨으로 차산업에 대한 재생의 힘을 얻을 수 있었다.

다자연영농조합의 차나무의 품종은 차나무의 특성을 살려 시기별로 차를 딸 수 있는 조·중·만생종 등 8종을 심어 1·2·3차에 걸친 찻잎 수확이 가능하게 했다. 찻잎은 보통 1년에 3차례 4월 20일~5월 10일 사이에 한 번, 7월에 두 번째, 10월에 마지막 수확을 한다. 4월 20일~25일 사이에는 조생종을 수확하고, 그 다음 5일은 중생종, 그 다음은 만생종을 순차적으로 수확한다. 기계 수확을 하려면 고르게 커야 좋은 차가 되기 때문에 수확시기가 조금씩 다른 품종을 심었던 것이다.

다자연영농조합은 전면 기계화·자동화 공정을 위한 가공공장을 2007년 준공했다. 현재 보유하고 있는 채엽 기계는 모두 3대, 찻잎을 일일이 손으로 따는 것이 아니라 이 기계를 이용해 수확하고 있다. 손으로 채엽하면 보통 2엽을 따지만 기계는 4엽까지 딸 수 있어 선별기를 통해서 1엽부터 4엽까지 분류한다. 미곡 처리장에서 사용하는 색도 선별기를 사용하면 줄기 등 잎이 아닌 것을 걸러낼 수 있어 수작업만큼 정교한 작업이 가능하다. 또한 아미노산 성분 분석으로 품질을 관리, 성분 수치별로 제품을 저장해 올해 차 맛과 내년의 차 맛을 똑같이 유지하려고 노력하여 소비자의 입맛을 맞춘다. 기계화·자동화를 하니 가격 경쟁력이 올라가 우전급 80g이 보통 7만-20만 원 정도 하는데 다자연의 상품은 2만 5천 원 정도의 저렴한 가격을 제공한다.

여기서 가공한 녹차는 동서 등 국내 유명 녹차 회사에 납품한다. 기계화·자동화로 수확된 차는 잎차·삼각티백·녹차 마스크 팩 등 다양한 상품으로 출시되고 있다. 미국과 중국에 일부 제품을 수출하고 있으며, 앞으로 호주·캐나다·동남아

등으로 진출할 계획을 세우고 있다. 최근에는 일본 원자력 사고 이후 일본 바이어들이 견학을 와서 향후 전망을 논의하기도 했다.

다자연에 들어서면 체험장이 한 눈에 들어온다. 차문화와 염색 등 관련 상품을 연계해 관광 상품화하고 있는 이 대표는 앞으로 사천을 중심으로 입소문을 타고 오는 관광객을 대상으로 2010년에 문화센터를, 2011년에 체험관을 개관했다. 농업생산품을 마케팅 해서 판매하면 유통비용이 30~50% 정도 들어가지만 관광객이 직접 오면 수송·물류비용이 들어가지 않는다. 또 사천에서 학생들과 시민들이 주 5일제에 따른 휴식형이나 어린이들의 교육형 체험도 병행하고 있으며 다자연 방문 고객은 인근 팜스테이 등에서 숙박이 가능한 시스템을 이용할 수 있도록 했다. 이러한 프로그램은 사천시 관광발전협회 회장을 역임하고 있는 이 대표가 추진하고 있는 사업의 일환이기도 하다. 앞으로 100억 원대의 농업 매출과 관광 매출 100억 원을 목표로 품질과 가격, 안정성 등 기본적인 요건을 갖추는 데 만전을 기해 다자연의 녹차산업을 6차산업으로 확장 발전시켜 이 지역 농촌을 살리는 농업경제로 발전시키는 것이 이 대표의 목표이다.

2014. 9. 10

스승을 위한 침묵의 헌다례
- 영명 스님 -

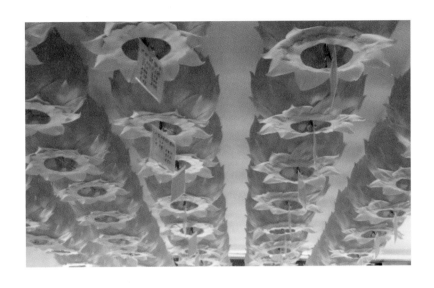

이 세상의 인연 가운데 가장 많은 복을 지어야 만날 수 있는 인연은 스승의 인연이라고 한다. 부부의 연이 가장 클 것 같지만 사실 부부의 연은 헤어지면 남이기 때문에 7천겁에 지나지 않는다. 반면 8천겁은 부모 자식의 인연이고, 한 태에서 태어나는 9천겁의 인연은 형제자매이며, 스승과 제자의 연은 1만겁의 귀한 인연이라고 한다. 부모와 자식은 육신의 태어남이지만 스승과 제자는 마음의 눈을 뜨는 정신적인 만남이기 때문에 스승의 가르침이 절대적으로 필요하다는 설이다. 어찌되었건 우리의 인생에서 나를 이끌어 주고 가르침을 주는 스승의 존재에 대해 존경심을 표하는 것은 사람의 도리이다. 이러한 도리를 차로써 공양 올리는 스님이 계신다.

순천 송광사에서 30여 분을 달리면 인적이 끊긴 깊은 산속 수행처에서 오랫동안 차를 만들어온 영명 스님이 오늘도 스승에게 올릴 차를 우리고 있다. 스님에게 있어 가장 큰 스승은 부처님이다. 2000년부터 수행처를 찾아 몇몇 수행자들과 함께 이곳에 들어온 스님은 혼자서 차를 만들어 부처님께 공양 올리고 참 스승을 찾아 차 대접하기를 즐긴다. 삶을 올곧게 사는 참 사람을 위해서 차를 공양 올릴 때가 가장 의미 있는 맛이라고 하는 스님은 다인들에게 귀감이 될 만한 사회 각계의 인사를 모셔와 찻자리를 마련한다. 법당에 찻자리를 만들어 삶을 논하고, 수행을 다지는 스승과 더불어 차를 나누는 만남은 산속 깊은 곳에 홀로 사는 스님에겐 세상과 소통하는 창구이다.

스님이 차를 마시게 된 것은 불일암에서 석정 스님과 법정 스님을 시봉할 때였다. 스님들의 시봉을 하면서 마시던 차는 적절한 수행과 경책으로서 좋은 도반이되었다고 한다. 법정 스님은 첫 잔은 향을 위해 정제된 차와 좋은 물로 마셨고, 둘째 잔은 맛을 음미하며 마셨다 한다. 법정 스님은 차를 '짜다, 혹은 싱겁다'고, 표현하는 것을 고쳐 부르기도 했다. 그보다는 '진하다, 연하다'의 표현이 좀더 차의 맛에적합한 말이라고 했다.

영명 스님은 다서를 읽으며 정리한 내용을 다인들과 공유한다. 스님의 이러한공부는 자칫 알면서도 놓치거나 모르고 지나치는 차에 관한 상식들을 바로잡아 주는 길잡이 역할이었다.

석정 스님을 모실 때 '정좌처다반향초 묘용시수류화개(靜坐處茶半香初 妙用時水流花開)'란 추사의 글씨를 보고 차인들 사이에 나름의 의견이 분분했다. 다솔사효당 스님이 '차를 반쯤 마셨을 때 향이 처음 그대로다'고, 번역을 한 이후 대부분의사람들은 이를 그대로 따라 사용하다시피 했다. 이에 대해 석정 스님은 '고요히 앉아 차 한 잔 머금으니 물은 한가로이 흐르고 꽃은 절로 피어있네'라고 번역을 했다. 그러나 스님은 '고요히 앉아 차 한 잔 마시며 향 연기 피어오를 때 물소리 듣고 꽃을본다'란 시구로 번역했다.

많은 사람들이 해석한 이 구절에 대하여 정민은 〈조선의 차문화사〉 홍현주의 시 '동림이 또 글을 부쳐 왔기에 마침내 붓을 달려 화답하다(東林又見寄遂走和)' 1, 2구에서 다반과 향초가 분리되어야 함을 자세하게 설명하고 있다.

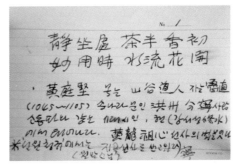

손님 와서 차 마시고 향을 막 피우니 客來茶半與香初
작은 누각 산과 같고 밤빛은 텅 비었네 小閣如山夜色虛

정민은 위의 시구에서 다반과 향초 사이에 '여(與)'를 삽입함으로써 향과 차가 같은 물건이 아님을 증명하고 있다. 만일 향과 차가 같은 차향이었다면 '여'자를 끼울 수가 없다는 의미이다. 이러한 문맥을 찾아 다시를 감상하는 스님

의 학문적 태도는 시구 하나에도 시의 문맥을 살리는 것이 시를 해석하는 요지라고 했다.

스님은 이곳에 오고나서부터 차를 직접 재배하고 만들어 마신다. 폐교 뒤쪽 산기슭과 앞마당 한 켠에 차씨를 파종하고 차를 재배한다. 스님의 제다는 보통 차를 4~5번 덖는데 첫 덖음을 매우 중요하게 생각한다. 두 번째부터는 온도를 조금씩

낮추고 4번 정도 덖은 다음 5번째부터는 서서히 말려간다. 이러한 과정을 거쳐 차를 만드는 가운데 구증구포(九蒸九曝)에 대한 이론적인 토대를 확인하고자 문헌을 공부하기도 했다. 김대성이 쓴 〈동다송〉 조다편에 보면 '찻잎이 잘 익으면 체에 담아 가볍게 비벼(待熱方退 輕團挪數遍)'란 구절이 〈만보전서〉나 〈다록〉에 기록되어 있음을 확인하고 구증구포의 연원을 찾아보기도 했다. 아홉 번 찐다는 것은 차를 여러 번 익힌다는 '숙(熟)'의 반복적인 의미에 가깝고, '포(曝)'는 '나(挪)'의 비비다에 가까운 의미를 찾기도 했다. '나(挪)'의 비비다는 뜻이 다른 문헌에 필사되는 과정에서 '가(枷)'의 체질하다로 바뀌어 의미가 완전히 달라진 것도 다시 점검해봐야 할 것이라고 했다. 원래 구증구포는 한약을 여러 번 찌고 말리기를 반복하여 독성을 제거하고 약효를 강화하는 한약 처방법인데 이를 차에 그대로 적용하는 것은 이치에 맞지 않는 논리라는 것이다. 구증구포에 대한 이론이 언제부터 거론되고 회자되었는지 알 수 없지만 초의선사나 여타의 다인들도 구증구포를 차에 적용하지는 않았다는 것이 스님의 일설이다. 다만 이를 여러 번 반복해서 익히고 비벼서 차를 만드는 덖음차나 증제차의 과정으로 보아야 한다고 했다.

또한 영명 스님은 추사가 초의에게 써 준 '명선(茗禪)'이 '철명입선(啜茗立禪)'의 약자임을 알고 추사는 차와 선의 관계를 잘 알고 있던 선비였다고 했다. 조선 후기 초의와 추사를 비롯하여 당시 교유를 나누던 사대부들은 유학자이면서도 불교에 심취하여 참선을 즐기며 차를 수행의 벗으로 삼기도 했다는 것이다. 하여 차를 마시고 선을 수행하는 명선이 차선수행과 같은 의미라고 했다.

스님은 차와 함께 좌선에 든다. 새벽에 일어나 차를 우려내어 부처님께 공양 올리고 자신도 한 모금 마시며 선정에 드는 그야말로 명선(茗禪)을 한다. 이 시간은 차가 주는 또 하나의 즐거움이라고 했다. 수행은 앉아서만 하는 것이 아니라 생활 속에서 이루어지는 모든 행동과 사고 안에서 선이 이루어져야 한다고 말한다. 선은 생활과 분리된 하나의 이론이나 학설이 아니라 우리 일상의 삶 가운데 보다 분명하게 깨어 있는 현재를 살기 위한 실천행이라고 했다. 이러한 실천행을 작은 찻잔과 함께 하는 수행도 자연스러운 명선이라고 했다.

지난 봄. 영명 스님은 차를 매개로 하여 사회에서 각기 활동하는 삶의 스승이 될 만한 분들을 초청해서 다회를 열었다. 산 중의 작은 암자도 아닌 수행처라 이르는 폐교의 한 귀퉁이에서 김영희씨를 초청해 홍차에 관한 강의를 듣고, 도예가 윤광조 씨를 모셔 작은 찻자리를 마련했다. 세상을 살고 있는 지인들이나 장인을 모시고 직접 만든 차를 나누어 마시며 그들의 삶과 인생에 대한 가르침으로 맑은 향기를 피웠다.

수행센터에서 차와 더불어 함께 하는 소리 없는 찻자리는 차를 사랑하고 아끼는 지인들과의 소중한 만남의 장이다. 한 여름 햇볕이 가을에 밀려 점차 뉘엿뉘엿해진 다. 나무를 기댄 그늘이 바람에 밀려온다.

2014. 8. 2.

참으로 맑은 것이 모여 진벽이라네
- 다보원 류수용 대표 -

룸비니 분 반좌

집 떠나 길 위에 있느냐고 묻자
어디로 가느냐고 답했다.

수행자는 졸고 여행자는 엄숙한 허공길
몸을 잊는 일이 푸른 설산 안개 따라
달빛 속에 하얗자
살을 녹는 따스함이 퍼지는 분 반좌
눈뜨며 마주보는 미소가 부끄럽게 퍼지자
뼛속의 엄숙함이 힘을 잃었다.

잡은 손길 느끼며 길 가는 사람이라
길 위에서 기다리고 있노라고
룸비니의 아침이 손끝에서 빛나고 있다.

-류수용. 2012년2월5일 새벽-

순천의 다보원 류수용 대표는 지난 겨울 인도를 여행하고 돌아왔다. 그는 인도

여행에서 느끼는 감상을 매일 시로 적어 당시의 마음을 정리하였다. 새벽안개 자욱한 영취산에서 보았던 투명한 소녀의 미소는 오래도록 회오리쳤다. 갠지스강 바라나시에서 매일 행해지는 삶과 죽음은 비켜갈 수 없는 공존의 화두였다. 부다가야 부처의 고행이 오늘의 우리에게 제시하는 것은 무엇인가, 그들이 현재 나에게 던지는 것은 무엇을 위함인가 생각에 생각이 머물렀다.

우리는 자신의 관념과 알음알이 안에 스스로를 가두고 그것을 지키는 엄숙한 의식이 지존의 가치인 것인 양 살고 있다. 그런데 이번 인도 여행에서 만난 순수한 티베트 승려와 소녀의 투명한 눈빛에서 류 대표는 마음에 가둬 두었던 엄숙함이 힘을 잃어버리는 체험을 했다. 그것은 우리의 마음이 얼마나 대상에 끌려가는 가식의 삶을 살고 있는지 자각을 하는 시간이었다. 그 벽을 허물고 나니 뼛속 깊이 박혀 있던 엄숙한 의식이 힘없이 빠져나가고 부드러운 평화가 가득한 충만이 찾아왔다. 4년 만에 다녀온 인도여행은 그에게 가슴 벅찬 깨달음을 안겨주었고 자신의 삶을 다시 확인해주는 시간이었다.

류 대표는 대학시절 부처와 차를 만나고 삶의 방향을 찾았다. 어려서부터 갈망해왔던 영적 목마름은 1990년대 송광사 스님을 찾아가 2년 동안 유식을 배우면서 해소되기 시작했다. 처음 공부할 때 말귀가 트이지 않아 예습을 했던 것이 많은 공부가 되었다. 자신이 알고 있는 관념이나 지식이 가식이라는 것을 깨닫고나서부터 자신의 허위적인 의식부터 버리기로 했다. 마음에서 일어나는 감정들을 낱낱이 살펴보고 그 대상의 뿌리를 찾아가 그 실체를 파악하니 현재 자신의 모습이 보이기 시작했고 그 마음 그대로 사는 것이 본질이라는 생각을 하였다. 이렇게 알아차린 마음을 실제 생활에서 실천하는 것이 그가 사는 즐거움이다.

그는 지인들에게 금강경을 강의하면서 한 번도 금강경이나 불교적 용어는 사용하지 않는다. 다만 일상생활 속에서 금강경의 뜻을 어떻게 받아들이고 이를 실천할 수 있는지 그 마음을 다스리는 지혜를 일깨워주고 있을 뿐이다. 내 안에서 일어나는 모든 감정의 대상을 바라보고 그 대상을 인식하고 그것을 알아차림으로서 그

대상에서 벗어나는 지혜를 터득하도록 일깨워 주는 것이 그가 하는 전부이다. 나의 실체를 깨닫고 나를 알아가는 것, 나의 실체 없는 허상을 보고 그 대상에 끌려 가지 않는 마음을 알아차리도록 한다. 나의 모습은 나의 그림자에 비춰진 허상에 불과한 것이라는 것을 깨우치는 것이 부처의 가르침이라고 여기기 때문이다.

그가 강의하는 것은 이것 뿐만이 아니다. 마음을 보려다 보니 생활에 필요한 철학사, 미술사, 시문 등 그들의 이해를 돕기 위한 기본적인 지식들을 함께 공부하고 나누는 보시를 한다. 그래서 그에게 마음공부를 배우는 사람들은 불교・천주교・기독교인 등 다양한 종교인들이 찾아온다. 그런데 그들은 종교 간의 벽을 느끼지 못하고 자신의 마음을 바라보는 내면의 힘을 기르는 공부를 하며 삶의 소중한 시간을 함께 하고 있다. 12명으로 시작한 유식학 회원들은 지금은 40명 정도가 모여 마음을 알아차리는 공부를 하며 수행의 길을 가고 있다.

그는 불교를 공부하던 80년대 초, 스님으로부터 차를 알게 되었다. 스님이 건네주는 차 한 잔은 그에겐 엄청난 충격이었다. 스님은 아주 맛있는 차라며 매우 진지하고 진솔한 표정으로 차를 건네주었는데 그때 류 대표는 도무지 차맛을 알 수 없었다. 아무런 맛도 없는 차를 스님은 왜 맛이 있다고 극찬을 하였을까. 그 후 매번 차를 마셔도 그때의 그 차맛은 아니었다. 그래서 그는 매일 500m가 넘는 산에 올라 물을 떠다가 장작을 패고 숯을 만들어 차를 우려 마시기도 했으나 그 차맛은 찾을 수 없었다.

그러던 중 선암사의 지허 스님을 찾아가 차를 배우고 싶다했더니 진광 한상우 선생을 소개해 주었다. 한상우 선생을 만나 정성을 다해 채다를 하고 차를 만들어 마시는데 '이것이 차맛이었구나' 하고 천하를 얻은 듯한 기분이 들었다. 그때야 비로소 자신이 마신 차가 묵은 차였다는 것을 알고 자신이 마실 차는 직접 만들어 마시기로 했다. 그때의 그 설레는 느낌은 지금도 차를 만드는 4월이 되면 콧가에 풀풀 올라온다고 한다.

불교를 공부하는 것과 차를 만드는 것은 그 뜻이 같다. 불법과 차를 하면서 삶의 대상이 무엇을 원하는지 파악하고 그것을 외면하지 않고 그것을 알아차려가는 것이 자기를 보는 길인 것이다. 그래서 좋은 차가 무엇인지 정확히 알지 못하지만 차가 어디가 잘못되었는지 파악하고 그것을 바로 하려는 노력을 기울이는 것이 류 대표가 차를 만드는 목적이다. 그가 차를 만들기 시작한 것은 85-6년도부터이니 대략 27-8년은 족히 되었다. 차를 만들다보니 처음 3년은 차를 제일 많이 알았고, 10년이 지나자 방법을 터득하게 되었고, 20년이 지나자 조절을 할 줄 알게 되었다. 차는 간단하고 예민하게 만들어지기 때문에 매력이 있다. 차를 만드는 일은 사람의 마음을 다루는 일과 같아 조금이라도 알아채지 못하면 좋은 차를 얻을 수 없다. 늘 깨어 있는 마음으로 알아차림을 놓치지 않을 때 좋은 차가 만들어지기 때문이다. 그래서 류 대표는 차를 만드는 일은 대상을 놓치지 않고 바라보는 마음공부와 같다고 한다.

그에겐 구중구포 같이 차를 덖는 유별난 개념이 없다. 매번 차를 덖을 때마다 겉과 속이 골고루 익었는지, 풋내는 나지 않는지, 비린내는 없는지 등 차의 맑은 상태를 위해 유심히 살펴가며 차를 덖을 뿐이다. 승주와 광양의 6천 평 정도 되는 차밭에서 농약이나 비료와는 거리가 먼 야생 찻잎을 따서 차를 덖는다. 야생에서 자연 그대로 자란 찻잎은 조직이 강해서 잎질이 두텁고 질기기 때문에 첫 덖음을 잘 해야 한다. 첫 덖음은 보통 한 솥에서 1.2kg 정도의 양을 350~320℃정도의 고온에서 그을리지 않게 잘 덖는 게 관건이다. 이때 짧은 순간 솥에서 잎 자체의 수분으로 열을 가해 증기로 찌는 방식을 거치는데, 온도가 높아서 타도 안 되며 온도가 너무 낮아 열전도율이 떨어져 풋비린내가 나면 안 되기 때문에 가장 세심한 정성을 기울여야 한다.

솥에서 꺼낸 차는 바로 유념을 하여 식히는데 손과 눈과 향으로 차의 상태를 감별하여 익은 정도를 파악하는 것이 중요하다. 유념한 차는 식으면서 속에 있던 열이 밖으로 빠져나와 겉과 속의 농도가 조절된다. 3~5회 반복하여 차의 수분이 빠지고 풋내의 상태를 보고 자연건조를 하면서 마지막 마무리 덖음을 한다. 이때는 보통 차를 아주 낮은 불에서 서서히 구워주는데, 차가 노랗게 익으면 온도를 올려 완전히 풋내를 없앤다. 이렇게 만들어진 차가 진벽이다. 진벽이란 맑음이 모이면 푸르게 된다는 의미로서 삿됨이 들어있지 않고 맑은 기운이 감도는 삶의 가치관이 담긴 수제녹차

다. 맑음이 모이면 푸르고, 푸름이 모이면 검고 어두운 명이된다. 그래서 현인이 사는 동네를 현명처라 하지 않던가.

또 류 대표가 만드는 황차는 서래향(西來香)이라 하여 홍차에 가깝게 발효를 한다. 그가 만든 황차는 85%정도 발효를 시켜 녹차가 지니는 독한 성분을 모두 빼낸다. 처음 찻잎을 따서 하룻밤 정도 재워 시들기를 한다. 그 다음 유념을 하고 즙이 나오면 발효실에서 습도 80%, 온도 50℃에서 24시간 발효를 한다. 이때 풋내를 잡아내고 350℃ 정도에서 솥에 익힌다. 그 다음 맑은 홍차에 가까운 발효차를 건조장에서 말리며 마무리하면 서래향이 나온다. 서래향은 서쪽에서 오는 향기란 뜻으로 집착이나 대상에서 벗어나 놓아버린 상태에서 마시는 차의 향이다.

불법의 개념을 떠나서 삶의 지혜를 찾는 마음공부를 하는 것이 그가 차를 마시는 진정한 이유다. 그가 지은 서래의 향기가 바람을 타고 날아오른다.

서래향(西來香)

종일 무료하게 지내다가   終日無難事

서녘으로부터 노을 빛 꿈을 불러 들였네   西來紫霞夢

먼 산에 푸른 기운 돌자   遠山生靑嵐

몸속 가득 향으로 깨어나네   滿身覺招香

- 류수용 -

2012. 3. 25.

초록잎 펼치는 보성차의 기상
- 보성제다 서찬식 대표 -

다향보성

송광운 글, 송태경 글씨

내고향 바람소리	물처럼 스며 묻히고
감고 돌아 잎이 나고	내 마음에 늘 잠겨
안개 감아 일어난 향기	꽃밭을 이루었네
입 안에 가득	祖上 代代로 茶香을 머금고
山 바람소리	俗氣 잊으려 茶를 마셨네
山 울림소리	누군가가 간절히 이어가야 할
흘러오기에	보성 氣象의 茶를 마셨네
부드러운 情	

　보성차밭 초입에 들어서면 〈다향보성〉이란 탑이 세워져 있다. 이 탑은 보성제다 서찬식 대표가 와이즈맨의 후원을 받아 세운 탑이다. 이 탑을 세운 1988년은 보성의 차가 전국 차 생산량의 85%를 차지하고 있던 때로, 보성차가 우리나라 차 생산의 주산지임을 후대에 전하고자 하는 뜻에서 건립하게 된 것이다. 탑비에는 〈동국여지승람〉의 토산조에 보성의 야생차가 토산품으로 기록되어 있는 내용이 새겨져 있다. 당시에 야생차가 자생하고 있던 지역으로는 백제 동성왕(東城王, 494년) 때에 문덕면 대원사에 야생 차밭이 있다고 전하며, 현재의 야생 차밭으로는 득량면

송곡리의 다원, 복내면 원봉리 당촌 바람재, 조성면 봉능리 차밭등, 벌교읍 칠동 징광, 겸백면 안굉이, 노동면 돈다 묘동, 득량면 오봉산 다전부락, 미력면 도개리 산래부락, 조성면 축내 고내, 웅치면 활성산, 율어면 자모, 회천면 일림산 등으로 기록하고 있다. 일제강점기에는 봉산리와 원봉리(현재의 대한다업)에 일본이 1940년에 다원을 조성했는데 그것이 현재에 이르고 있음을 새겼다. 이는 보성 차의 현대사로서 서 대표의 마음을 후대에 전하는 증거물이라 할 수 있다.

인생에는 더불어 사는 사람이 있고 혼자서 자신의 길을 가는 사람이 있다. 더불어 사는 사람은 늘 자신을 겸허히 내려놓고 타인의 손을 잡아주고, 혼자서 길을 가는 사람은 남의 시선에 아랑곳 하지 않고 묵묵히 자신의 할 일을 하며 길을 간다. 처음 서 대표를 만나니 아무런 상이 없는 깨끗한 화선지 같았다. 먹물 한 점을 떨어뜨렸을 때 붓끝에 머금은 물기만큼만 번지고 하얀 종이의 여백을 살릴 줄 아는 여유롭고 넉넉한 그러면서 거부하지 않고 흡수하는 전장의 화선지였다. 그 위에 혼자가 아닌 여럿이 함께 손을 잡고 차 산업을 이끄는 서 대표는 초록 잎이 펼쳐지는 차의 세계를 열어 가고 있다.

서 대표가 고향 광양을 떠나 보성에 정착한 지는 어언 40년의 세월이 흘렀다. 처음 작은아버지(서양원 한국제다 대표)가 차산업을 시작할 때 군대 제대 후 한국제다에서 야생차를 수집하고 가공하는 일을 도우면서 차를 접하고 배우기 시작했다. 당시에는 홍차를 주 생산 품목으로 차를 가공하여 차산업을 일구던 때라 녹차에 대한 일반인들의 인식이 없었다. 70년대 한국제다가 보성에 차밭을 일구기 시작할 때 보성에 내려와 보성 차 농가와 장기 수매 계약을 체결하며 업무를 보기 시작했다. 그 때는 홍차 생산을 목적으로 차를 수매하였지 녹차 생산을 위한 것은 아니었다. 당시엔 레몬티에 색소와 향료를 넣어 홍차와 비슷한 가짜 홍차를 다방에 저렴하게 파는 업체도 있었다. 그래서 차 재배 농가와 함께 가짜 홍차 규제 요청을 하자 가짜 홍차가 범람한다는 매스컴의 보도에 따라 잘못된 인식이 생겨 홍차 시장은 더욱 어렵게 되었다. 이로 인해 114호의 차 농가는 차 농사를 접어야 했고, 600ha 정도의 차밭이 폐쇄되는 결과를 가져왔다.

이때 서 대표는 기회를 전화위복으로 삼아 녹차 쪽으로 생각을 돌리고 혼자 녹차를 만들기 시작했다. 수차례의 실패와 연구를 거듭하기를 2년 여 덖음차에 대한 기준을 정하고 한국제다 상호로 뿌리 깊은나무에 '아흔아홉고개'란 이름의 녹차를 납품하였고, 박봉선씨가 운영하

는 한남체인에 '신녹차'로 출시하였으나 판매부진으로 1년을 넘기지 못했다. 그후 태평양에 '설록차'를 만들어 판매하기 시작하면서 '만수' '천수' '백수' 등을 한국제다를 통해 납품하였다. 당시 한국제다는 녹차는 만들지 않았고 보성에서 서 대표가 만든 녹차로 제품을 생산했다. 그후 1980년대에 한국제다로부터 독립하여 차가공업을 본격적으로 시작했는데, 당시에는 대한다업만 차밭이 있었고 야생차는 재배단계에 있었던 터라 모든 것을 처음부터 할 수밖에 없었다.

그러나 원래 보성은 문덕면 대원사를 중심으로 12개 읍면에 자생차밭이 있는 지역이어서 정부의 지원을 받아 야생차밭을 개간하였다. 그때 정부는 커피로 인한 외화 낭비를 줄이고 국산차를 개발하자는 취지로 녹차사업을 지원하였다. 평지보다는 계곡이 많은 보성지역의 차밭은 인력으로 계단식 차밭을 개간하고 차씨를 파종해서 자연번식을 시켰다. 당시에 인건비는 밀가루로 지급되었는데 녹차에 대한 소비자들의 인식은 전무한 때였다.

서 대표는 1981년에 보성읍에 전국 최초로 녹차무료시음장을 개설하여 10년 정도 한국제다의 녹차를 판매하고 서 대표가 만든 제품은 무료시음용으로 사용하였다. 보성에 녹차는 있되 녹차를 아는 사람이 없어서 일단 주위에 있는 친지들을 모아 녹차 맛을 보여주고 평을 듣는 차품평회를 열었다. 1982년에 보성차인회를 구성하고 한국차인연합회지부를 결성하여 지금까지 활동하고 있다. 차인회를 통해 관내에서부터 녹차를 우려 관내 내방객들에게 시음시켜 홍보하며, 시음하고 홍보하며 송봉석, 김동환 등과 함께 차를 주제로 한 행사를 기획 구성하여 지금의 다향제를 열었다. 행사의 내용을 질적으로 높이기 위해 차를 직접 제다하는 실습위주의 홍보와 차무료시음, 차아가씨선발, 차품평 등을 중심으로 보성차의 보급과 판매를 목적으로 주관했다. 차아가씨를 선발할 때는 부인 최명숙씨가 의상부터 차예절과 차 우려내기 등 차를 대하는 기본 절차를 모두 가르치고 지도하였다. 처음 다향제를 열어 제다실습을 할 때는 실습용 차솥을 10개 정도 준비하였으나 솥을 다 채우지 못할 정도로 사람들의 인식이 부족하였다. 그러다가 전국 최초로 제다 품평회를 추진하여 차인들과 일반인들이 차를 직접 만들어보도록 함으로써 차에 대한 인식을 높였다. 이는 비밀리에 차를 만들던 제다법을 일반인에게 공개함으로써 모든 이들이 차를 가까이 하고 친근하게 여겨 차를 생활화할 수 있도록 하는 데 그 뜻이 있었다.

1995년에는 차생산유통조합법인을 설립하면서 녹차에 대한 연구를 거듭하여 오늘의 보성제다를 일구었고 차가공산업의 1세대 주자가 되었다. 그 후 1977년에 <보성녹차>로 상표 등록을 하고 법인명을 영농조합법인보성제다로 변경하여 오늘에 이르고 있다. 1998년에는 까다로운 한국암웨이에 납품 계약을 체결하고, 1999년에 전통식품품질인증을 획득, 2002년에는 국립농산물품질관리원지리적표시제1호 등록을 하였다. 지리적표시 상품을 인정받기 위해서는 1년에 2번 품질평가를 실시한다. 또한 보성영농조합법인에 속한 회원들의 차가공산업의 질을 높이기 위해 매년 전문가와 순천대에 의뢰해서 업체의 품질을 검사하고 평가하여 시정점, 개선점을 고쳐 수준이하의 농가제품을 향상시켜 보성녹차의 전체적인 품질 향상을 꾀하여 지리적표시단체표장제1호 특허내기도 하였다. 당시 보성 차 재배농가는 천여 가구가 되었다. 이들 농가와 가공업자의 공생공존은 필수적인 여건이었다. 초창기에 판매가 부진한 20여 농가의 생엽을 구매해서 이익을 배당해

주고 가공법을 전수하여 그들이 자생할 수 있도록 도와주어 35개 가공업체들이 영농조합법인을 구성하여 매년 제품을 향상시키는데 노력하였다. 서 대표는 이 법인의 회장을 7년 동안 맡으면서 시장에서는 경쟁관계지만 보성차의 품질을 위해서는 함께 가는 길이 전체가 사는 길이라고 하였다.

더불어 차에 대한 연구와 끊임없는 개발은 서 대표의 차에 대한 순수하고 진실된 마음에서 한결같이 이루어졌다. 그는 농약 파동과 중국 찻잎의 수입으로 녹차에 대한 편견이 깊어질 때에도 당당히 제품에 대한 확신을 가지고 있었다. 철저한 진상을 규명하지 않고 보도된 농약사건으로 인해 전국의 차재배농가의 피해는 너무 컸다. 국내 찻잎을 식약청에 의뢰해서 검사 결과를 공개하여 전체 피해를 예방하는 정부의 자구책이 필요했다. 그 때 보성에서는 농약을 하거나 중국 찻잎을 수입하지 않았기 때문에 야생차에 대한 굳은 신념과 확신은 변함이 없었다. 이에 2003년에는 CLEAN사업장 인증과 ISO 9001인증을 획득하였고, 2009년에는 친환경농산물인증유기농산물제16-1-18, 보성녹차군수품질인증, 유기가공식품인증 미국(USDA-NOP), 일본(JAS), 유럽(EU)을 획득하여 보성녹차 생엽에 대한 농약의 불신을 해소시켰다.

차는 절대로 거짓말을 하지 않는다. 그의 지론은 좋은 차는 좋은 원료를 생산하

는 데서부터 시작한다는 것이다. 차를 가공한다는 것은 좋은 찻잎의 향과 맛을 1년 내내 보존하기 위해서 찻잎이 변하지 않도록 저장하고 유지하는 작업이지, 가공해서 원잎보다 좋아질 수는 없다는 것이다. 원료가 좋아야 좋은 차가 생산되는 것은 당연한 일이기 때문에 차의 재배 조건에 까다로울만큼 신경을 써야 한다. 이러한 그의 노력은 올해의 명차상과 국제명차품평회에서 특별대상과 은상, 세계녹차콘테스트에서 금상 은상, 한국명차품평대회에서 입상을 수상하였고, 2007년에는 농식품파워브랜드대전에 최우수상을 수상하기도 했다. 특히 서 대표가 가장 애정을 느끼는 상은 1995년 차인연합회주최 전국 제1회 차 품평대회에서 받은 대상이다. 이는 전국의 차인회장단들이 주는 가장 명예로운 상으로 그야말로 차맛의 고수들이 품평을 하고 심사한 결과여서 더욱 의미가 있다.

그는 앞으로 녹차 시장은 호전될 것이라고 여긴다. 다만 중국차 시장이 범람하면서 순수 국내 차인들이 녹차를 외면하는 것은 안타까운 현실이라고 하였다. 일본의 경우 까다로운 식품법에 의해 중국차가 수입되지 못하고, 온전히 일본차의 국내 판로를 확보할 수 있는 정책은 정책도 우리와는 다른 좋은 시장 여건이다. 농약이 범벅된 중국차가 몸에 좋다는 일부 차인들의 잘못된 인식이 우리 차시장의 판도를 가늠하고 있는 점은 깊이 고려해야 할 사항이다. 정부에서 차를 재배하도록 권장한 만큼 소비자들이 안심하고 우리차를 마실 수 있는 식품 규정도 정부 차원에서 규제할 필요가 있고 이를 판매할 수 있는 안전한 판매 전략도 세워야 할 것이다. 또한 차재배농가의 무계획적인 경사지 재배와 작업 인력의 고령화, 비싼 인건비 등이 보성차 생산량의 감소를 가져오는 어려움으로 작용하고 있는 현실이 안따까울 따름이다.

2012. 8. 23.

상도를 지키는 차상인
- 한밭제다 이창영 대표 -

섬진강을 낀 지리산 둘레길은 언제 가도 묵은 정이 나는 향 깊은 계곡이다. 오른쪽으로 섬진강이 햇살에 부서지고 왼 켠 산등성이에 자라는 푸른 찻잎은 연중 싱그러움을 간직하고 있다.

화개장터를 지나 5분 여를 달리면 지통사로 올라서는 산등성이 초입에 한밭제다가 있다. 앞으로는 섬진강을 바라보고 뒤로는 지리산을 배경으로 한 한밭다원은 한 폭의 그림처럼 조성되어 지나는 이의 발걸음을 멈추게 한다.

겨울 막바지 추위가 한풀 꺾이고 봄을 기다리는 햇살이 따스하게 비추는 점심나절, 중년의 인생을 보듬은 두 여인이 벤치에 앉아 소담한 도시락을 먹는 풍경이 푸른 차향과 더불어 편안하고 여유 있어 보였다. 둘은 무슨 얘기를 하고 있을까. 둘만이 공유하는 지나온 시간이 지금의 모습을 아름답게 하는 것은 아닌지…

잔잔한 공유를 뒤로 하고 한밭제다 사무실로 들어서자 이창영(76) 대표는 차를 마시며 맞아 주었다. 그는 하동의 거친 차밭에서 인생을 보낸 차농군임을 한눈에 알 수 있었다. 형제 중 넷째인 그가 유일하게 고향에 남아 부모님을 모시고 지금껏 살아온 것은 차와 함께 한 시간이 있었기에 가능했다고 말한다.

"전 중학교 밖에 안 나왔어요. 그런데 차 때문에 제가 스타가 된 거예요! 하하하"

참으로 소박하고 진솔한 웃음엔 그가 살아온 인생에 대해 감사할 줄 아는 조용한 겸손이 배어 있었다.

"처음 차를 시작하게 된 것은 농사를 짓는 애로사항이 있어서 차를 하게 되었어요. 그런데 차를 하다 보니 어울려 지내는 것이 좋아서 오늘의 차영농조합을 만들게 되었죠."

한밭제다 이창영 대표는 1970년 차농사를 짓는 농사꾼으로 시작해 70-80년대엔 하동에 있는 제다공장에 차를 팔았다. 그런데 찻잎을 수매하는 과정에서 문제가 발생하고 차농가들이 억울한 일을 당하는 일이 벌어졌다. 4월 12일부터 4월 15일 사이에 따는 찻값에 날마다 가격변동이 생기면서 농가와 제다업자 사이의 분쟁이 일어나자 농민들 스스로가 그 규칙을 깨뜨리는 현상이 나타났다. 또한 농민들은 곡우 전에 차를 따지 않고 곡우 때를 맞추어 4월 20일 경에 찻잎을 땀으로써 찻잎의 양을 늘려 수매하기도 해 차농가와 제다업자 사이의 갈등은 점차 커져만 갔다. 이를 지켜보던 이 대표는 4월 20일까지는 우전 가격으로 수매를 하고, 25일까지는 세작으로 수매하도록 협상을 하여 차농가와 제다업자들 간에 화합을 꾀하기도 했다.

제다업자들과의 상극관계를 타개하기 위해 10여명의 농가가 모여 다농회란 모임을 결성했다. 그리고 다농회와 함께 차제조업에 뛰어 들어 차농사와 제다업을 병행하게 되었다. 그후 다농회는 찻잎의 수매 가격을 결정하면서 생산자와 가공 유통업자 소비자가 서로 공평한 관계를 형성하도록 차의 유통과정을 투명하게 이끌어 갔다. 그는 다농회 회장으로서 보사부장관으로부터 허가를 얻어 한밭제다를 만들고 17년 동안 다농회를 맡았다. 시골농부가 서울에 올라가 보사부 장관으로부터 허가를 받기란 쉬운 일은 아니었다. 한 번 서울에 올라가면 3일 정도가 소요돼 농사를 짓는 농군으로서 시간적인 낭비가 많았고, 서류를 작성하는 방법과 허가를 얻는 절차를 몰라 이리저리 발로 뛰면서 배우고 터득해야만 했다. 이로써 하동녹차협회의 독과점을 막을 수 있었고, 차농가의 입장에서 그들의 권익을 보호할 수 있는 길을 만들었다.

이후 제다업이 신고제로 바뀌면서 화개작목반에 속한 차농가들은 각자 제다 영농인이 되어 화개에 일대 제다 혁명이 일어났고 차산업의 획기적인 발전을 가져오는 계기가 되었다. 현재 화개에 있는 차농가는 900여 가구가 되고 그 중 차를 제조할 수 있는 능력을 가진 사람은 350여 명 정도가 된다. 화개작목반이 제다업을 공유하고 발전시키는 가운데 화개의 유명제다들에 버금가는 제다법을 보유하게 되었고 화개지역의 농지가 차밭으로 전환하면서 대중차의 붐을 일으키는 시초가 되었다.

농약파동이 있고 난 후 차농가들은 자성의 분위기를 가지고 농민들이 어떤 마음으로 농사를 지어야 하는지 돌아보는 계기가 되었다고 한다. 사실 농약사건은 중국에서 수입한 찻잎에서 대량 검출되었지만 피해는 우리 차농가에게 돌아가게 된 결과를 가져왔다.

그 후 차농가들은 자성적으로 반성을 하고 저농약 무농약 친환경적인 농사법으로 전환하여 2011년에는 유기농 승인을 받아 하동 녹차의 불신을 씻는 기회를 얻었다. 이는 화개작목반이 그동안 노력과 정성을 들인 성과로 차산업을 바르게 일구기 위한 노력의 결실인 셈이다.

그러나 이 대표가 순탄하게 길을 걸은 것만은 아니다. 그는 차농사를 짓는 데는 성공했으나 판로를 확보하지 못해 어려움을 겪었다. 차유통의 돌파구를 찾기 위해 중국 공장을 견학하고 대만이나 일본보다 더 깨끗한 공장을 건립해 좋은 품질의 차를 생산하기 위한 투자를 아끼지 않았다. 그런 다음 7억을 들여 차실습실과 교육실을 지어 외국의 유명 제다인들을 초빙하고 제다실습과 홍보교육 및 세미나를 열어 하동의 차를 알리는 데 주력했다. 그는 화개의 농민들에게 절강성의 소축선 교수를 초빙해 청차 교육을 실시하였고, 대만과 인도의 교수들에게서는 동방미인 제다법과 다질링 홍차의 제다법을 교육시켜 발효차에 대한 기초지식을 쌓도록 했다. 이로써 효율적이고 과학적인 발효과정을 숙지하여 하동지역의 발효차를 육성시키는 역할을 담당하였다.

이 대표는 발효차 만드는 과정을 매우 까다롭게 지킨다. 발효를 균일하게 하기 위해서 찻잎 선별을 매우 중요하게 생각한다. 그래서 그가 만든 전통발효차는 일일이 손으로 채다를 해 하나씩 하나씩 찻잎이 뭉치지 않게 차를 만든다. 찻잎이 뭉쳐 있으면 그만큼 발효가 일정하게 진행되지 못하고 고르지 않아서 차의 맛을 떨어뜨리기 때문이다. 그는 지난 해 11월 15일까지도 할머니들이 일일이 손으로 딴 찻잎으로 차를 만들어 찻잎의 선별에 정성을 기울였다.

그러한 이 대표의 뜻은 녹차 생산에 주력해 왔던 수제 덖음차 제다법에서 발효차 중심으로 방향을 바꾸고 기계를 도입하여 생산 판매하면서 수익을 창출할 수 있었다. 그는 녹차 산업이 주춤할 때를 대비해 발효차가 앞으로 대세를 이룰 것으로 보고 전통적으로 내려오는 '화개 잭살'의 맥을 잇는 발효차 연구개발에 전력하고 있다. 하동의 잭살은 전통적으로 민간인들 사이에 내려오는 약발효차다. 잭살은 옛 어른들이 햇볕에 말린 차를 비벼서 문종이에 싸고 건조가 잘되는 처마에 걸어 놓고 감기나 몸살이 있을 때 모과나 인삼 꿀 등을 넣어 끓여서 마시던 전통약용 음차이다.

이 대표는 하동지역의 발효차를 발전 육성시키기 위해 2010년에 9명의 차농가와 하동발효차영농조합법인을 결성하고 발효차 제다법을 개발하여 미생물이 들어가지 않은 효소발효차를 생산 판매하고 있다. 이에 가장 큰 보람은 차농민들의 차를 팔아주는 수매인이 되었다는 것과 영농차인들이 각자의 제다공장을 만들어 차를 생산할 수 있도록 함으로써 조합인들끼리 서로 상부상조하고 공생하는 관계를 형성하였다는 것이다. 그동안 차농가들이 농사를 짓고도 판로를 확보하지 못해 찻잎을 그냥 버리는 안타까운 현실이 많았는데 영농조합법인을 만들어 농가의 이러한 실상을 이해하고 해결해 줄 수 있다는 것이 그에겐 가장 커다란 보람이 되었다.

이 대표는 현재 1만 6천 평에 이르는 차 농사를 짓고 있다. 그가 직접 농사를 짓기 때문에 찻잎의 수매가를 낮추는 것은 농민의 노동력을 착취하여 그들을 어렵게 만든다는 것을 안다. 그래서 이 대표는 찻잎의 수매가를 낮추지 않고 수매한다. 이렇게 하면 실제 수입은 줄어들지만 농민들의 애로사항을 대변하는 대변자의 입장에서 차를 생산 판매할 수 있는 현실적 여건을 조성할 수 있다. 실제로 그는 지난해에는 상계마을의 차를 모두 수매해 농민들이 안심하고 차농사를 지을 수 있는 여건을 제공해 주었다. 농민들이 차의 판로를 확보하지 못해 차밭 주변에 매실나무, 감나무 등을 심는 것은 차나무를 농약으로부터 지키지 못하는 결과를 초래하기 때문에 이러한 차농가의 어려움을 직접 돕는 방법으로 그들의 수매를 증대시켜 주는 것이 농가도 살고 자신도 사는 길이라고 하였다.

"차농가를 살리는 것이 나를 살리는 것이고, 앞으로 차세대를 위해서 현재를 잘 지켜가는 것이 제가 할 일이라고 생각합니다."라고 이 대표는 말한다. 이 대표가 이토록 차농가의 애환을 안고 사는 것은 하동지역의 대상(大商)이었던 아버지(이두채, 작고)로부터 받은 영향 때문이다. 아버지는 숯이나 나물 장작을 큰 장에 내다 팔고 소금 생선 등으로 교역하였는데 늘 농민이나 노동자를 위한 상인이 되라고 말씀하셨단다. 그래서 그는 아버지의 뜻을 받들어 상도를 지키는 상인이 되려고 노력하고 있다고 했다.

앞으로 그에게 바람이 있다면 한국의 차를 모아 보관하는 다창(茶倉)을 짓는 것이다. 과학적이고 효율적인 조건을 갖춘 창고를 지어서 모든 발효차를 보관하는 시

스템을 갖추어 기호성과 약리성을 살리면 부가가치가 높은 한국의 차산업으로 육성할 수 있다는 희망을 갖고 있다.

아울러 우리의 발효차를 중국에 역수출하는 것도 기획해 볼만한 것이라고 하였다. 중국차 값이 오르는 것을 보면 우리도 우리의 독자적인 기술로 좋은 발효차를 생산해 중국에 수출하면 차산업을 발전시킬 수 있고 농가도 살릴 수 있는 방안이라고 했다. 차농가에서 차를 수매하지 않으면 찻잎은 낙엽으로 버려지지만 이를 수매해서 좋은 발효차를 만들어 수출함으로써 찻잎을 자원화 하자는 것이 그의 바람이자 해야 할 일이라고 하였다.

그가 차산업을 하면서 뿌듯하게 생각하는 것은 차를 통한 인연들이다. 차가 있었기에 국내외의 유명한 인사들을 만날 수 있었고 고승대덕들을 만나 좋은 법을 들을 수 있었던 것이다. 평생을 차와 함께 하면서 차농가와 차산업에 대한 그의 열정과 노력은 언제나 농민들과 함께 하는 진정한 차농군의 모습이었다.

2011. 6. 12.

서까래에 삭힌 항아리 떡차
- 호남차문화연구소 김혁태 소장 -

멀리 나주호가 보인다. 차의 산지인 나주호를 끼고 조용히 지인들과 차를 즐기는 다인이 있다. 사람 가리지 않고 누가 언제 오든지 반기는 사람은 바로 호남차문화연구소를 운영하고 있는 김혁태(60) 소장이다. 김 소장과는 차를 처음 배울 때 지인의 소개로 인사를 나누었지만 지금은 그의 부인 이경희(58) 씨와 더 친분이 있다. 법이 있어도 그만, 없어도 그만인 이경희 씨는 비가 오면 비를 막아주고 눈이 오면 눈을 녹여 따뜻하게 손잡아 주는 분이다.

사람 좋은 이들 내외는 주말이면 나주시 다도면 산 깊은 곳에 위치한 호남차문화연구소에서 차를 좋아하는 지인들과 함께 지낸다. 한창 사업이 번창하고 혈기가 왕성할 때 차 산업에 투자하여 많은 손실을 보기도 했지만, 그때 만난 인연을 얻은 것으로 잃어버린 현실에 대한 보상을 받았다고 생각한다. 이때 차에 대한 욕심을 접고 들어온 곳이 지금의 호남차문화연구소다. 그저 좋은 사람들과 만나 차 한 잔 나누며 정담을 쌓아가고픈 그의 바람이 주말에 여는 다회에서 이루어진다. 김 소장이 직접 만든 떡차와 발효차 제다 과정을 일일이 기록하는 꼼꼼함은 그의 차이력을 말해주고 있다.

특별히 내 온 차맛은 잘 익은 구수한 맛이었다. 제다일을 물어보니 2008년 만들어 연구소 처마 밑 서까래에 보관했다고 한다. 차맛이 매우 부드럽고 저절로 스며든다. 몸에 무리가 없이 그저 편안하기만 하다. 시골의 바람과 그늘진 온도가 일정하게 습도를 유지시켜 주어 차맛이 안정되고 맑다. 김 소장의 살림이 늘 그렇듯이 형식과 체면에 매이지 않고 그저 있는 그대로 편안한 차생활이다. 김 소장은 말한다. 차는 가장 좋은 사람들과 가장 편안하게 마시는 것이 최고의 맛이라고.

김 소장이 차와 인연을 맺은 것은 1997년도 개암사에 여행을 갔다가 스님이 내주는 차를 마시고부터다. 세상에서 가장 순하고 담백한 맛을 느낀 김 소장은 이때부터 차에 매료되어 공부를 시작했다. 스님께 차에 대한 여러 가지 이야기를 묻기도 하고 책을 보면서 공부를 하던 와중에 약국을 운영하는 자신의 입장에서 차의 생물학적인 분석과 과학적인 체계에 대한 아쉬움이 앞서 2002년 한서대학교대학원에 진학했다. 석사과정 중 1만 4천 평 정도의 차밭을 조성하고 행정구역이 차(茶)를 쓰고 있는 나주시 다도면에 다실을 마련하여 연구하기 시작했다. 제다공장을 설치하고 대학원생들과 함께 발효차 연구를 하며 우리차의 우수성을 입증해 보이려고 노력했다.

김소장은 중국에서 들여오는 보이차보다 우리의 떡차가 우리 입맛에 더 맞는 차인데, 사람들이 막연히 중국에 대한 선호사상으로 보이차를 맹목적으로 좋아하는 세태가 아쉽다고 했다. 우리 찻잎으로 떡차를 만들어 서까래 같은 서늘하고 바람이 잘 통하여 일정한 습도를 유지할 수 있는 곳이나, 황토방 같은 온습도의 변화가 적은 곳에서 잘 익히면 중국의 보이차보다 월등한 차맛을 낸다고 했다. 연구소에는 이렇게 해서 만든 떡차가 잘 익고 있었다. 머지않아 이 떡차의 주인들이 나타나 한 덩이씩 제자리로 찾아갈 것을 생각하면 절로 흥이 난다고 한다.

김 소장이 학교에 다니며 또 하나 주력했던 일이 우리 차문화 유적 답사이다. 차를 하는 사람이면 으레껏 중국 차문화 답사를 빼놓지 않는데 그에 앞서 우리나라의 차문화 유적을 살펴보는 것이 우선이라는 생각에 호남차문화유적답사 버스를 마련하고 정례적으로 차문화 유적지를 답사했다. 버스 안에 다실을 마련하여 차도구를 준비하고 언제든지 차를 끓여서 마실 수 있도록 했다. 답사 중간 중간 휴식 시간에는 차를 우려 마시며 차담을 나누었다. 차문화 답사 버스를 타고 한송정부터 멀리 보길도까지 차에 관한 유적지를 돌아보는 것은 다인으로서 가장 의미 있는 일정이었다고 회고했다.

나주호 끝자락에 자리한 연구소는 해마다 차를 만들러 실습을 오는 사람들로 붐빈다. 미리 준비한 찻잎으로 소장님의 가르침에 따라 차를 만들다 보니 봄날 하루가 짧기만 하다. 매년 새로이 만든 차이지만 사람의 손길에 따라 그 날의 상황에 따라 차의 맛이 천차만별인 것은 늘 처음처럼 만나는 삶이다. 그래서 해마다 기록하고 있는 차일지는 다음해 차를 만들 때 반드시 참고하는 자료가 된다.

김 소장의 제다법은 차를 45℃에서 12시간 발효도 해보고, 60℃에서 6~10시간 정도 발효를 하며 가장 맛있는 맛을 찾기 위해 수많은 시행착오를 거쳐 완성되었다. 처음에는 발효만 하여 차를 만들었지만 나중에는 발효 후 13분 정도 덖어보기도 하고 약간 증제를 하여 떡차를 만들어 자연발효 시켜보기도 하는 등 나름의 방법으로 제다를 했다.

몇 번의 시험 과정을 거친 끝에 찾아낸 김 소장의 제다법은

첫째, 찻잎을 1차 덖어서 수분 증발을 막아 60℃에서 18시간 숙성시킨 후 유념을 하는 것이다. 이렇게 만든 차는 수분이 적기 때문에 파쇄가 되지 않아 향을 잘 보존하고 있으며 맛이 편안하여 독기가 없다. 두 번째 제다법은 60℃에서 18시간 숙성 시킨 후 유념하여 자연 숙성을 12시간 정도 거친 다음 다시 60℃의 건조기에서 18시간 건조하는 방법이다. 건조기에서 건조한 차는 자연 숙성을 한 차와는 맛이 사뭇 다르다. 강한 맛을 좋아하는 사람들은 후자의 맛을 선호하고 자연스러운 맛을 좋아하는 사람은 첫 번째 방법을 택한다. 이는 모두 각자의 취향에 따른 것이기 때

문에 무엇이 좋다고 할 수는 없지만 맛과 향은 서로 다르다.

김 소장은 앞으로 하고 싶은 일이 있다. 지금 많은 차농가들이 차를 생산하고 차를 가공하여 판매를 하고 있지만, 차가 다양하지 않다는 것에 아쉬움을 느껴 차농가와 손을 잡고 새롭고 다양한 맛과 향을 내는 차를 개발하는 계획을 세우고 있다. 우리차의 우수한 맛과 향을 간직한 제품 향상을 위해 누구에게나 제다 과정을 공개하고 공유할 생각이다.

또 한 가지는 우리 떡차의 연구이다. 중국의 보이차보다 우수한 우리 떡차의 효능과 맛을 위해 제다 시설을 갖추고 떡차를 만들 수 있는 사람들은 언제든지 와서 만들수 있도록 했다. 장흥이나 일부 다인들이 떡차를 만들고 있지만 지금까지 연구한 제다법으로 떡차를 만들어 보급할 생각이다. 떡차는 오랜 시간을 요하기 때문에 그 숙성의 정도에 따라 맛과 효능이 달라지는 것을 체험하고 차생활을 하도록 하는 것이 중요하다는 것이 김 소장의 다론이다. 그래서 그는 떡차를 만들 수 있는 제다 시설을 모두 갖추고 누구든 만들어갈 수 있도록 다실을 개방하고 있다. 세계에서 가장 좋은 우리 찻잎으로 직접 차를 만들어 내가 원하는 맛을 볼 수 있는 체험학습을 실시하고 있다. 가족이나 단체, 개인 등 원하는 사람은 모두 제다 시설을 이용할 수 있다.

이러한 모든 설비를 김 소장은 무료로 진행한다. 어떠한 이윤이나 상업적인 목적이 아니라 그저 차를 좋아하는 사람들에게 조그만 보시를 하고 싶은 마음에서다. 차는 나누어야 한다는 생각을 한 것은 차를 처음 배울 때부터 했다. 스님이 주신 차를 맛보고 무주상 보시를 알게 된 다음부터 차를 좋아하는 사람들과는 무조건 나누어 마셨다. 서로의 마음이 통하는 보시는 격이 없고 허물이 없다. 차를 나누어 마시는 것은 다인들이 보편적으로 행하는 일이지만 콩 한조각도 나누어 먹던 시대가 아쉬운 요즘 김 소장은 특별히 자신이 만든 차를 직접 나누어 주는 일에 보람을 느낀다. 그래서 제다 시설도 부담 없이 누구나 사용할 수 있도록 열어두고 있다. 좋은 찻잎으로 자신이 원하는 떡차를 만들 수 있는 곳. 호남차문화연구소의 문은 언제나 열려있다.

2015.05.30.

사람의 처지에 맞는 자연스러운 차
- 석산차 손윤기 대표 -

이인로

두류산 저 멀리에 저녁 구름 나즈막한데

수많은 골짜기와 바위가 회계산과 비슷하네

지팡이 짚고 청학동 찾으려 했으나

속절없는 짐승 울음소리만 숲속에서 들리네

누대는 아득한데 신선이 산다는 삼신산은 안보이고

이끼 낀 네 글자가 아직도 희미하네

신선이 있는 곳 그 어디인가

떨어지는 꽃 흐르는 물이 눈 앞을 어지럽히네

우리나라 국립공원 제 1호인 지리산은 옛 선조들이 즐겨 찾던 명산이다. 신라시대 최치원을 비롯하여 고려시대의 이인로, 목은 이색, 조선시대 서경덕, 청허 휴정 등 지리산을 찾은 문사들은 승속을 가리지 않았다. 방장산(方丈山)·두류산(頭流山)이라 불리는 지리산(智異山)은 남한에서 2번째로 높은 영산이다. 행정구역상으로는 전라남도 구례군, 전라북도 남원군, 경상남도 산청군·함양군·하동군 등 3개 도 5개군에 걸쳐 있는 국립공원이다. 최고봉인 천왕봉(天王峰:1,915m)을 주봉으로 반야봉(盤若峰:1,732m)·노고단(老姑壇:1,507m)이 대표적인 3대 고봉이 멀리 남해까지 바라다보고 있다.

빨갛게 물든 단풍길을 따라 피아골짜기를 가다보면 계곡마다 많은 폭포와 소, 담들이 산재해 있고, 기암괴석 사이를 흘러내리는 계곡의 경관들은 지리10경(智異十景) 중 하나로 꼽히는 아름다움을 자랑한다. 10경 중 제2경에 속하는 피아골은 밭을 일구어 농산물로 피를 많이 가꾸었다는 피밭골에서 그 이름이 유래되었으며 직전계곡(稷田溪谷)이라고도 부른다. 특히 가을단풍이 유명하여 산홍(山紅)·수홍(水紅)·인홍(人紅), 즉 산·물·사람 모두가 빨갛다는 삼홍소(三紅沼)가 있는 홍류동(紅流洞)은 지리산 단풍의 제 1경을 자랑한다.

피아골 홍류동은 활엽수의 원시림이 광활하게 덮여 있고 그 원시림 사이사이 돌밭에는 곧은 뿌리를 내린 야생 차밭이 널리 퍼져 있다. 사람의 손이 닿지 않은 천연 그대로 자란 야생차는 지리산의 푸른 정기를 머금고 홍류동 맑은 물과 함께 1천 5백년의 세월을 간직하고 있다.

홍류동 계곡을 오르면 신라 진흥왕 6년(545)에 창건된 연곡사가 있다. 신라 진흥왕 당시 연기조사는 구례군 토지면 내동리 피아골 입구에 연곡사(鷰谷寺)를 창건하였고, 경덕왕13년(754)에는 화엄사를 창건하였다. 차밭이 사찰의 역사와 궤를 같이 한다면 피아골 차밭은 연곡사 창건 연대까지 시간을 거슬러 적어도 1천5백년의 역사를 간직하고 있다. 만약 연곡사의 역사와 차밭의 역사를 같은 시기로 볼 수 있다면 경덕왕 24년(765)년 충담선사가 삼화령에서 미륵부처님께 차를 올린 때보

다도 2백년 정도 앞선 것이니 피아골 차밭의 역사는 하동의 차시배지보다도 3백년 정도 앞섰다고 할 수 있다.

김대렴이 당나라에서 차씨를 가져와 지리산 일대에 심은 시기가 신라 흥덕왕 3년(828)이니 연곡사 창건 연대와는 3백년의 차이가 있기 때문이다. 이에 대해 손 대표는 "피아골 차밭은 김대렴이 차씨를 처음 심었다고 하는 하동보다도 3백년 가량 앞서 있어 우리나라 차시배지는 하동이 아닌 구례가 되어야 합니다"라고 말한다. 실제 차시배지가 있는 쌍계사는 신라 성덕왕 21년(722)에 창건되었으니 하동은 구례의 피아골보다 불교사나 차의 역사가 2백~3백년 정도 뒤늦다고 보아야 한다.

역사의 시간 속에 면면히 내려온 홍류동 계곡에는 피아골영농조합회장이자 석산차 손윤기(69) 대표의 자생차들이 빼곡히 숨 쉬고 있다. 5천여 평에 이르는 바위산에는 사람의 손이 닿지 않아 칡넝쿨이 우거지고 활엽수 낙엽이 해발 450m-500m 사이에 자연 퇴비로 쌓여 있다. 지리산의 맑은 물과 공기, 경사진 구릉의 적절한 수분과 토질, 활엽수가 가려주는 해가림은 어느 지역에서나 맛볼 수 없는 지리산 차의 맛과 향을 자아낸다. 보성이나 해안지역보다 1-2℃가량 낮은 온도에서 자라는 지리산 고지대의 석산차는 단맛이 덜하고 차가운 듯 씁쓰름한 야생의 원시적인 맛이 그대로 살아 있다. 인위적으로 가꾸지 않고 자연 그대로 자라도록 시간과 인내를 뿌려준 야생차의 풋풋한 풍미가 그대로 담겨 있다.

지리산의 자생차를 손수 채취해 덖음차를 만드는 손 대표는 피아골에 9대 째 뿌리를 내리고 사는 토박이다. 그의 선친은 조선 후기 1700년대 이곳으로 들어와 정착한 뒤 척박한 땅을 개간하며 지리산을 품에 안고 살았다. 손 대표의 선조가 피아골에 터를 잡은 것은 1700년대로 3백년 전통이 흐른다. 1700년대는 우리나라 차문화가 쇠퇴기에 들었던 시기였다. 당시 우리나라는 사찰 주변에 자라는 차나무를 알아보지 못하고 부목으로나 사용했던 차의 암흑기였다. 차가 있어도 차를 제대로 만들지 못하고 햇볕에 말렸다가 솥에 넣고 끓여먹는 정도였다. 〈동다송〉에는 당시 지리산 일대의 차문화를 보여주는 기록이 다음과 같이 전한다.

'지리산 화개동은 우리나라에서 제일 큰 차밭이 있는데, 이 야생차 밭은 무려 사오십리에 걸쳐 자라고 있다. 이 골짜기에는 옥부대라는 명승지가 있는데 그 대 아래에 칠불선원이 있고, 이 아자방(亞字房) 선원에서 참선하는 스님들은 차 만드는 법을 몰라, 항상 늦게 찻잎을 따서 햇빛에 땔나무 말리듯 말려서 나물국 끓이듯 솥에다 넣고 달여서 마셨다. 그 빛깔은 붉고 탁하며 맛은 매우 쓰고 떫다. 정소(政所)가 말하기를 천하에 이름난 좋은 차를 속된 솜씨로 버려 놓았다고 하였다. 智異山 花開洞 茶樹羅生 四五十里 東國茶田之廣 料無過此者 洞有玉浮坮 坮下有七佛禪院 坐禪者常晩取老葉 晒乾然柴 煮鼎如烹茱羹 濃濁色亦 味甚苦澁 政所云 天下好茶多 爲俗手所壞'

초의선사는 지리산 일대 4~5십리에 걸쳐 차나무가 자라는데 칠불사 스님들은 차 만드는 법을 몰라 햇볕에 말려 나물국 끓이듯 솥에 넣고 달여서 마셨다고 했다. 이것은 조선후기 우리나라의 차문화의 실상을 보여주는 예이다. 임진왜란부터 17세기 중반까지 일반인뿐만 아니라 차의 명맥을 이어온 사원 차문화도 거의 쇠퇴했던 시기였다. 이때는 단지 차를 처마에 걸어두고 감기에 걸렸거나 체했을 때 달여 마시는 약용 정도로 이용했을 뿐이다.

　차문화가 점차 대중에게 알려진 1990년대 후반에 차를 만들기 시작한 손 대표는 생활차를 보급하는 데 앞장서고 있다. 그는 아침, 점심, 저녁 등 일상에서 차를 마시는 다반사가 누구에게나 자연스러운 일이 되기를 바란다. 차를 마시는 다사(茶事)가 절도와 법도에 맞지 않아도, 까다로운 의식이나 절차를 따지지 않고, 물 한 잔 마시는 자연스러운 차생활로 뿌리내리기를 희망하고 있다. 외래의 커피는 그 어떤 격식과 의례가 없어도 매일 하루에 몇 잔씩 마시는 음료가 되었듯이 차도 그렇게 편안하고 형식 없이 마시는 기호음료가 되어야 한다고 했다.

　신라시대 진감국사는 당시의 행다법을 무시하고 자유분방한 차생활을 즐겼던 것으로 알려져 있다. 신라시대에 마시던 떡차를 덩어리째 돌솥에 넣어 끓여 마셨고, 평소 사용하는 밥그릇에 차를 마시는 격식 없는 차생활을 즐겼다. 손 대표가 원하는 자유로운 차생활이 바로 진감국사와 같이 형식을 초월한 음다문화이다. 지금의 까다로운 차의례는 오히려 대중에게 가까이 갈 수 없는 벽을 만든다고 했다. 우리의 선조들이 차를 마시던 그 격식 없는 자유스러움은 사라지고 한복을 차려 입고 어느 명인이 만든 다기에 차를 우려야 하는 작금의 다례는 그가 생각하는 차문화와는 거리가 먼 일이다. 시골에서 차를 마시는 사람들이 논이나 밭에서 일하다가 목이 말라 한 잔 마시는 편안한 마실거리가 되어야 한다고 했다. 차는 마시는 사람의 처지에 맞는 자연스러운 일이어야 한다는 것이 손 대표의 다관(茶觀)이다. 건강을 위해서든 취미를 위해서든 편안하게 마실 수 있는 차생활이 진정한 차의 모습이라고 생각한다. 손 대표가 차를 마시는 이유도 자신이 사는 곳에 지천으로 널려 있는 먹거리다 보니 자연스럽게 얻을 수 있었기 때문이란다. 차는 어디에서나 그 사람의 환경과 상황에 맞게 자연스러워야 한다는 것이 손 대표의 생각이다.

　육우 〈다경〉은 겸손한 덕을 지닌 사람이 차 마시기에 알맞다고 했다. 겸손한 덕을 지닌 사람이란 행동이 깨끗하고 바르며 생활이 검소하고 성품이 덕스러운 사람을 일컫는다. 손 대표는 차를 따는 시기가 되면 자신의 행동부터 점검한다. 술과 담배를 삼가며 시끄러운 것을 가까이 하지 않고 마음을 가다듬는다. 음식을 먹을 때에도 고기를 절제하고 맑고 깨끗한 채소 위주로 식사를 한다. 수신(修身)이 먼저 되어야 차를 따는 기운이 맑아진다고 생각하기 때문이다.

손 대표는 그의 모든 행동을 절제하고 겸손한 마음을 갖도록 노력한다. 만물의 존재에 감사하고, 더불어 함께하는 이웃에 고마움을 느끼며, 지리산 골짜기에서 차와 함께 하는 소박한 생활에 만족한다. 욕심내지 않고 있는 것에 여유를 느끼며 바람이 불면 바람 따라, 비가 오면 비를 맞는 산중생활에 편안함을 느낀다. 그저 홍류동 흐르는 물과 함께 같이 흐르며 자신을 내려놓는다. 계곡 따라 마음을 비우고 차를 따기 위한 준비를 한다.

손 대표가 차에 관심을 보이기 시작한 것은 25년 전 보성차밭을 견학하고 난 뒤 자신의 산에 지천으로 널려 있는 차밭을 둘러보고 나서다. 누가 언제 심었는지도 모르는 자신의 차밭은 인간의 흔적이 닿지 않은 원시림 자체였다. 그러나 당시 지리산 일대의 모든 주민들이 그랬던 것처럼, 그에게는 처마에 걸어 말려 두었던 찻잎을 달여 마신 잭살이 차에 대한 어릴 적 기억의 전부였다. 그는 차에 관한 지식을 쌓기 위해 관련된 문헌과 자료를 수집해 읽었다. 차에 대한 지식이 넓어지면서 차의 사업성을 확신하고 이를 알리기 위해 주민들과 군청 직원들을 만나 설득했다. 구례 군수를 만나 차를 대접하며 차사업의 비전을 설명하고 행정적 도움을 요청했다. 역사적 사실을 근거로 구례군에 차의 역사성을 강조하는 행정시책을 요구하기도 하였다. 그러나 좋은 자원이 있어도 활용하지 못하고 차에 대한 인식을 못하는 행정 직원들의 인식이 안타까울 따름이라고 손 대표는 말한다. 타 지역과 차별성 있는 행정적 지원이 없는 것도 아쉬움으로 남지만 혼자서 할 수 있는 일이 아니기 때문에 그의 책무는 더욱 무거울 뿐이다.

또한 인력이 없어 휴경지가 된 다랑이 논에 차를 심도록 주민들에게 권유했다. 시골 노인들의 야유 섞인 아우성이 곳곳에서 터져 나왔지만, 군에서 차씨를 수매해 각 농가에 300ha 정도 심었다. 그 후 구례군에서는 차가공산업을 활성화시켜 현재

4곳의 차체험장과 가공공장이 설치 운영 중에 있다. 그러나 시작하자마자 IMF가 닥쳤고 차농약 파동이 일면서 농약과는 전혀 무관한 이 지역의 차재배농가까지 피해를 입게 되는 수난을 겪기도 했다. 그 여파는 현재까지도 지속되어 차농가는 여전히 영세성을 면하지 못하고 있다.

이렇게 어려운 상황이지만 차에 대한 그의 소박한 꿈은 사라지지 않았다. 그는 여전히 홍류동 계곡을 오르며 자신의 차밭을 지키고 있고 4월 17일 정도가 되면 찻잎을 따기 시작해 첫 덖음차를 만든다. 이른 새벽 피아골의 이슬을 맞으며 아침 해가 뜨기 전 차를 따기 시작한다. 듬직한 바위가 있는 차밭을 헤집고 능선을 따라 한 잎 한 잎 정성껏 차를 따는 동안 아무 생각도 하지 않는다. 그저 찻잎을 담을 뿐이다. 그러기를 한나절 이리 저리 차밭을 오르내리면 한바구니 가득 차가 담겨져 있고 향긋한 찻잎이 온몸을 감싼다. 인력이 부족한 탓에 마을 주민들의 손을 빌려 딴 찻잎은 350℃ 정도에 덖으며 수분을 조절한다. 차의 맛과 향은 이때 결정된다. 첫 덖음이 끝나 말리고 비비기를 5번 정도 반복하면 차의 형태가 나온다. 차가 모양을 갖추게 되면 차츰 온도를 낮춰가며 솥에서 10번 정도 살살 덖어 차의 수분이 3~4% 정도가 되게 한다. 이때 마지막 솥의 공정이 향을 조절한다. 오랜 시간 직감에 의한 손놀림이 그 끝을 감지하여 차의 품질을 결정짓는다. 솥에 덖은 차향은 지리산 계곡을 따라 활엽수 사이에 스며들어 새벽 안개를 적신다. 푸른 찻빛을 보면 속상했던 마음이 절로 사라지고 빙그런 미소가 입가에 번진다. 속세와는 먼 신선계곡의 차를 덖으며 손 대표는 마음을 닦고 하늘을 본다. 지리산의 강직한 풍모와 넉넉한 자애로움을 그대로 물려받은 손 대표는 온화한 인품이 그대로 차향에 배어 있다. 후덕한 인심과 인상 좋은 겸손함이 자연스러운 인품으로 만든 석산차는 그 맛도 소박하고 정갈하여 맑은 홍류동 계곡의 물맛과 닮았다.

손 대표는 차를 만들면 가장 먼저 마을의 웃어른들께 맛을 보인다. 하늘에 감사를 올리는 마음을 웃어른들께 차를 대접함으로써 첫차에 대한 의식을 치른다. 처음부터 차에 대한 약속으로 시작하였으니 근 25년이 되어가는 그만의 행사다. 이러한 그의 의식은 마을에 뿌리 내린 선조들에 대한 감사의 마음도 담겨 있다. 근본을 잊지 않는 마음은 현존하는 자신의 뿌리를 찾는 일이기도 하기 때문이다. 손 대표의 이러한 의례는 차의 성질과 같은 의미를 지닌다. 차뿌리의 직근성에서 비롯되었을까? 정절의 상징이기도 하고 군자의 덕성에 비유하는 차의 성질이 웃어른에게 차를 올리는 손 대표의 인품과 비견된다. 맑은 차향이 홍류동 계곡에 퍼진다. 시린 물살에 흐르는 붉은 단풍 위로 초록의 찻빛이 폭포처럼 쏟아진다. 석양과 함께 돌아오는 길, 오랜만에 인생의 어른을 만난 뿌듯한 기운이 지리산에 깊은 가을로 물든다. 차를 닮은 그가 웃고 있다.

2013. 2. 18.

하늘빛 맑은 땅이 만든 부루차
- 부루다원 전명호 대표 -

부루는 불(火)의 고어로서 옛 단군이 살던 상고시대에 불씨를 매우 소중하게 여긴 데서 유래한다. 하늘빛(44, 전명호)은 젊은 시절 조선상고사에 관심을 갖고 공부하던 중 건강이 좋지 않아 단전호흡을 익히면서 자연에 눈을 뜬 부인 맑은땅(37, 배유림)을 만났다. 맑은땅은 우리나라 최고 학부에서 의류학을 전공했지만 내면의 성찰에 관심을 갖고 단전호흡을 시작하면서 하늘빛을 만나 같은 길을 걷기로 했다. 조용한 곳에서 마음을 모으고 살기 위해 1999년 아무런 연고도 없는 함평에 들어와 신선한 바람과 햇빛, 그리고 이슬을 마음껏 받으며 하루하루를 지내고 있다. 이들은 명호, 유림을 하늘빛과 맑은땅이란 우리말 이름으로 부르고 아이들도 부루, 부소, 부우라 지어주었다.

불을 다루는 후손이라 여기는 부루네가 사는 곳은 전남 함평군 대동저수지의 끝자락 대동면 서호리에 전체 네 가구뿐인 작은 마을에 있다. 저수지로 들어서는 초입에는 가을 물안개가 자욱이 단풍 빛을 드러내고 길 양 옆에 심어진 노란 애기 국화는 초행인 발걸음을 가볍게 맞이한다. 국도에 들어서서도 한참을 달려 도착한 부루네 집은 황토를 바르는 공사가 한창이었다. 천장이 높은 기와지붕에 황토를 두툼하게 바르는 작업은 몸이 원하는 만큼씩만 한다. 직접 몸에 흙을 묻혀가며 집을 짓고 있는 이들 가족은 집 뒤편 야산에 부루다원을 일구고 차와 함께 널브러진 자연에서 느긋한 자신들만의 공간과 시간을 만들어 가고 있었다.

함평은 고려시대부터 사찰을 중심으로 야생 차밭이 조성되어 있다. 〈동국여지승람〉에는 해보면 용천사와 월량사, 고산사 인근지역이 차산지로 기록되어 있다.

그 중 부루다원은 해보면에 위치한 월량사 주변의 5만여 평에서 야생 찻잎을 채취해 부루녹차와 부루황차, 부루떡차를 만든다. 차씨를 파종할 당시 다솔사 부근에서 유기농으로 재배한 재래종 차종자를 직파하여 다원을 조성하고 우리 입맛에 맞는 고급 청차를 만들기 위해 그에 필요한 육종묘목을 재배한 뒤 2010년에 차밭을 일구었다.

부루다원의 마을 상수원은 습기를 좋아하는 차의 생리에 매우 적합하여 차가 자연적으로 자라기에 더 없이 좋은 조건을 제공하고 있으며 동향의 차밭은 물빠짐이 좋은 사질토로서 차가 생장하기에 안성마춤이다. 야생 찻잎들은 잡목과 가시나무 등 험난한 생장 조건 속에서 자신을 강하게 변화시킨다. 그래서 이곳 부루다원의 차는 약성이 뛰어나 식물성 항산화물질인 카데킨 함량이 높다. 쓰고 떫은맛의 카데킨은 발효과정에서 달고 부드러운 맛으로 바뀌게 되어 풍미가 진한 발효차를 만들 수 있는 성분으로 작용한다.

하늘빛 대표는 지난 2005년에 순천대학교 천종은 교수님과 함께 우리 찻잎과 우리 기술로 세계적인 명차를 생산하자는 뜻을 가지고 대만의 허시은 선생님에게 덖음차와 발효차, 가루차, 후발효차 등에 대해 공부하고 중국의 무이암차 종류와 대만의 백호오룡의 제다 실습을 통한 메뉴얼식 제다법을 익혔다. 또한 찻잎의 갈변현상 및 향기성분 생성, 한국차의 품질 평가방법 등을 연구 발표하여 우리 차문화 발전에 조금이라도 기여해 보는 노력을 기울이고 〈명차 만들기〉를 펴내기도 했다. 이 책에 소개된 부루녹차와 부루황차, 부루일쇄차, 부루떡차를 간단히 소개하기로 한다.

부루녹차 만들기

1. 찻잎 수확

찻잎을 채취하여 발효가 진행되지 않도록 바로 덖는다.

2. 첫 덖음

수확한 찻잎 2kg을 250℃로 가열된 솥에서 약 8분간 덖는다. 이 과정에서 덜 익히면 맛과 향이 너무 강하여 속이 아린 맛이 나고 너무 익히면 풍미가 떨어져 시래기 맛이 난다.

3. 첫 비비기

차의 모양을 만들고 찻잎 세포 속에 들어 잇는 수분을 빼내고 차의 성분이 잘 우러나도록 상온에서 15분간 유념한다.

4. 2차 덖음

200℃에서 10분간 두 번 덖기를 한다.

5. 2차 비비기

상온에서 10분간 유념한 후 150℃에서 마지막 덖기를 한다.

6. 건조

재래식 구들방에서 6시간 동안 건조한다.

7. 마무리 및 가향처리

마무리 가열 처리는 솥 온도 90℃에서 30분간 실시하여 차의 완성도를 높인다. 이 과정에서 차의 습기를 제거하고 움츠려 있는 찻잎을 고루 펴준다.

부루황차

황차는 일광위조와 실내위조를 거친 후 1,2차 발효를 거친 반발효차로 발효정도는 70-80% 정도다. 황차는 향기보다는 맛에 중점을 둔 제다법이다.

1. 찻잎 수확

1창2기나 1창3기의 부드러운 찻잎을 5월 중순부터 5월 하순 사이에 채취한다.

2. 일광위조 : 2시간

채취한 찻잎을 대나무 채반에 널어 2시간 동안 일광위조를 하여 심하게 시들이기를 하되 마르거나 자주색이 되지 않도록 2번 정도 뒤집기를 하며 찻잎이 고르게 위조되도록 한다.

3. 실내위조 : 1시간

일광위조가 마무리된 찻잎을 그대로 실내에서 정치한다. 일광위조에서 시들지 못한 줄기를 실내에서 1시간 더 두어 골고루 시들여 너무 두껍지 않게 쌓아 놓는다.

4. 비비기 : 2시간

비비기는 손으로 처음에는 천천히 후반에는 강하게 2시간 동안 한다. 비비기- 쌓아두기 과정을 반복하여 발효를 촉진시킨다. 차즙이 나오기 시작하면 강하게 압력을 가하여 비비기를 하며 찻잎이 마르기 전에 발효를 촉진시킨다.

5. 1차 발효 : 2시간

유념을 마치면 2시간 동안 쌓아두고 흩뜨리고를 반복해서 산소와 접촉하여 호기성 발효가 되도록 한다.

6. 덖음 : 5분

발효된 찻잎을 덖어서 산화효소에 의한 발효를 정지시키고 덜 발효된 잎을 익혀냄으로써 부드러운 차 맛이 나게 한다. 찻잎 3kg을 솥 온도 200℃에 5분간 덖는다.

7. 2차 발효 : 6시간

덖은 후 뜨거울 때 보자기에 싸서 꽉 묶어 보자기 안에서 열과 습기로 인해 한 번 더 강하게 6시간 정도 발효의 과정을 거친다.

8. 건조 : 6시간

6시간 후 찻잎 덩어리를 깨뜨려 구들방에서 6시간 정도 건조한다.

부루일쇄차

옛날 전통 제다법의 일쇄차는 일광위조 및 실외에서 비비기 과정을 거치고 햇볕에서 건조한다. 제다과정에서 살청과정이 없으므로 발효의 균일도가 다소 떨어지나 향기가 강하다. 오랜 숙성과정을 거치면 맛과 향기가 좋은 차가 된다.

1. 찻잎수확

오전에 1창2기-1창3기의 찻잎을 사용한다.

2. 일광위조

수확한 찻잎을 대나무 채반에 널어 2시간 동안 일광위조하여 세포가 수분을 잃어 비비기를 해도 끊어지지 않을 정도로 위조시킨다. 찻잎이 시들면 부드러운 방향이 나기 시작한다. 위조 중에 2번 정도 뒤집기를 한다.

3. 비비기

실외에서 찻잎이 부서지기 직전까지 2시간 동안 비비기를 한다. 다 시들어진 찻잎은 비비기에 의해 찻잎의 세포가 파괴되어 산화효소와 폴리페놀이 반응하여 발효가 진행된다. 비비기 과정에서 발효를 촉진하기 위해서는 손 비비기를 하여 쌓아두기를 반복한다.

4. 건조

햇볕을 이용하여 6시간 정도 건조를 한다. 햇볕의 양이 충분하지 않아 건조가 다 되지 못하면 온돌방에서 마무리 건조를 하기도 한다. 건조 후 실온에서 다년간 숙성시키면 맛과 향이 매우 향상된다.

부루떡차

1. 1창2기나 1창3기의 부드러운 찻잎을 5월 중순부터 5월 하순 사이에 채취한다.
2. 일광위조

찻잎을 햇볕에 널어 1시간 정도 잘 시들려준다. 잎이 마르지 않고 줄기까지 고루 시들이도록 중간에 1-2번 뒤집어준다. 준비된 찻잎을 햇볕에 널어 윤기가 없어질 때까지 위조시킨다. 골고루 시들려 만든 떡차는 감칠맛이 난다.

3. 실내위조

일광위조가 끝나면 실내에 들어와 3-5시간 동안 골고루 위조시킨 후 중간에 1-2번 뒤집어 준다.(뒤집기 20회)

4. 유념

잘 시들어진 찻잎은 대나무 채반 위에 놓고 양손으로 공을 굴리듯이 천천히 가볍게 유념하다가 점점 힘을 가하여 찻잎이 잘 말려질 수 있도록 30분 정도 유념한다. 발효가 너무 진행되어 갈색이 나면 좋은 향을 얻을 수 없으므로 푸른색과 노란 갈색이 잘 조화를 이루도록 유념의 속도를 조절한다.

5. 덖음

살청이 되고 찻잎에 열기를 주어 성형이 잘 되어야 하므로 솥에서 덖어낸다. 솥의 온도는 200℃에서 5분간 덖는다.

6. 성형(찍어내기)

찻잎이 식지 않도록 재빨리 해주는 것이 좋다. 찻잎 150g을 저울에 달아 떡차판 구멍 각각에 집어넣고 막은 후 윗판을 올리고 맷돌을 올려놓는다. 30분 이상 경과하여 모양이 난 차 덩어리를 꺼낸다. 떡차판은 다식판의 원리를 이용하여 나무판에 사각 구멍을 내어 제작한 것이다.

7. 건조

　찍어 낸 떡차를 널어 깨끗하고 환기가 용이한 그늘에서 뒤집어주며 말린다. 떡차 만들 때 건조과정이 가장 중요한데 이때가 발효정도와 맛과 향을 조절할 수 있는 과정 이므로 정성을 다 하여야 한다. 전통적인 온돌방을 이용 시 바닥온도 45-50℃에서 5-7 일간 건조시킨다. 육안으로 보아 건조가 다 된 것 같지만 속은 건조가 되지 않은 경우 가 있으니 숯불이나 전열기구의 약한 열에 의하여 타지 않게 뒤집어 구어 주며 건조를 마무리 한다. 그 외에 토기 위에서 굽는 방법이 있다.

　하늘빛이 만든 부루떡차는 찻잎을 절구에 찧어서 성형하는 방식이 아닌 찻잎을 유념한 후에 솥에 덖어 열기가 있을 때 성형을 한다. 이렇게 해서 만든 떡차는 당해 가을부터 먹어도 풍미에 손상이 없다. 또한 오랜 기간 동안 저장해도 향이 흩어지 지 않고 맛이 깊고 부드러워 오미를 갖춘 다양한 맛이 난다.

　좋은 차를 마시고 싶어 만들기 시작한 부루차는 부루 가족만의 향기가 있다. 물 질에 앞을 막고 사는 현대인의 삶과는 다른 길을 걷기 시작한 그들의 모습이 너무 도 자연스러워 마치 오래 묵은 민화의 한 페이지를 보는 듯하다. 앞으로도 부루네 가족은 상고시대의 불씨를 간직한 채 단군의 후예로 살아갈 것이다.

2011. 12. 2.

서귀다원에 심은 노년의 삶
- 서귀다원 허상종 대표 -

'늙어가는 대한민국... 빈곤한 고령화 대책'

며칠 전 뉴스에 회자되었던 내용이다. 고령 인구가 급증하면서 노후대책이 미래 한국사회의 재앙이라는 기사가 나오고 고령화에 대한 대비책을 서둘러야 한다고 소리 지르고 있다. 그러나 정작 고령화를 위한 대비는 가까운 일본의 경우에도 미치지 못 할 만큼 시급한 한국 사회문제로서 현재까지는 개인의 해결책에 비중을 더 둘 수밖에 없는 현실이다.

그러나 이러한 문제와는 상관없이 자신의 노후를 알뜰하게 설계하고 진행하는 제주도의 한 부부가 있다. 아침 새벽 여섯 시부터 열 시까지 일하고 오후에 네 시부터 여섯 시까지 일하는 허상종(81,서귀다원 대표) 안행자(77)부부는 40여 년 동안 일군 감귤밭을 정리하고 차밭을 운영한지 10여 년이 되었다. 칠순을 기념하여 일본의 가고시마에 여행 갔을 때 잘 정리된 차밭을 보고 노후생활을 위한 설계를 새로이 하기로 마음먹었다.

일본에서 돌아온 뒤 그동안 모아두었던 퇴직금과 감귤밭을 정리하고 난 자금으로 2만여 평에 녹차나무 품종을 심고 가꾸기 시작했다. 그때가 2005년이니 벌써 12년의 세월이 흘렀다. 1966년부터 시작해 39년 동안 농사를 지은 감귤밭은 과다 생산으로 인하여 더 이상의 수확을 기대할 수 없었다. 일본의 다원을 방문하고 야바노이부기종, 야가부다훗슨종, 아마토미도리종, 야부기타종 등 일본에서 개발된 차나무 품종을 식재하여 10년에 한 번씩 50cm를 남기고 모두 잘라 새순이 자라도록 하는 재배법을 선택했다.

서귀다원은 곡우 전에 한 번만 손수 채다하여 품질이 좋은 녹차를 생산하고 두물과 세물은 기계를 이용하여 수확한다. 나머지는 모두 거름으로 사용할 수 있도록 퇴비를 만들어 다시 차밭에 뿌린다. 자체 생산된 찻잎으로 퇴비를 만든 차별화된 재배법으로 토양의 유실을 방지하고 생물의 다양성을 유지하여 녹차의 안전성을 보장하는 유기농 인증을 받았다.

서귀다원의 허 대표는 감귤밭의 밭둔덕을 그대로 살려 바닷바람과 햇볕을 받아 품질이 뛰어나고 맛이 우수한 차를 생산하는 것을 목표로 하고 있다. 밭둔덕을 개간하면서 나온 화산석은 차밭길 사이에 쌓아 수분을 저장하였다가 가뭄을 타지 않도록 녹차밭의 온도와 습도를 조절한다. 화산석은 겨울에는 냉해를 예방하고 여름에는 가뭄을 해갈하는 천연 습도조절기 역할을 하고 있다. 또한 바람을 막아주고 차밭 사이의 경계를 지어 제주의 특성을 보여주는 아름다운 풍광을 제공하고 있다.

허 대표는 농대를 졸업한 영농학사다. 농사를 짓는 탄탄한 실력을 가지고 있지만 다원재배는 처음 하는 일이라 차의 성질과 날씨의 상관관계 및 제품의 수확시기를 일일이 체크하고 배우며 농사를 지었다. 매일매일 달력에 그날의 영농일지를 기록하고 참고하여 시행착오를 줄이고 다음 해 농사를 위해 대비했다. 기업의 홀대 속에 재배법을 가르쳐 주는 곳이 없어 영농일지를 직접 기록하는 습관이 생겼다. 총명불여둔필(聰明不如鈍筆 흐린 글씨가 기억력보다는 낫다)이라 했던가. 허 대표의 오래된 습관이 차를 재배하는 삶 속에서도 그대로 드러났다. 젊은 시절부터 써오던 영농일기가 불에 타 없어진 이후로 그해그해 달력에 하루도 빠지지 않고 써온 기록은 훗날 자손들이 차밭을 가꿀 때 도움이 되기를 바라는 마음에서다. 그가 영농일지를 쓰면서 매일 기도문처럼 외우는 것은 농사란 인간의 힘만으로 되는 것이 아니란 것이다. 그는 하늘의 도움과 주위 환경이 함께 공생할 때 차 농사가 원만히 이루어진다는 것을 알고 있다. 하여 허 대표는 '세계적 다원으로 재도약하자' '입소문으로 서귀다원의 가치를 담는다' '미래의 고객 창출- 유기농' '답은 현장에 있다'는 등의 글귀를 써 두며 차산업에 대한 애정과 꿈을 키웠다.

그들에게 남은 희망이 있다면 자신들이 더 이상 활동을 할 수 없을 때 자식들이 차 농사를 이어가길 바라는 것이다. 농부가 땅을 지키지 않으면 아무 것도 남는 것이 없다는 걸 알기에 그들은 땅에 자신의 인생을 묻으려 한다. 제주에서 나고 자라 제주에서 살아온 그들은 제주의 바람과 하늘 아래 노년의 세월을 심고 있다. 푸르고 싱싱하게 자란 녹차 잎이 노부부의 정성과 사랑을 품고 한라산을 향해 오늘도 새순을 펼치고 있다.

2016. 8. 25.

어머니의 차향을 이은 산녹차
- 산녹차 조연옥 대표 -

지리산 화개 작설 수제라

홀로 산녹차를 마시며

주소 불명의 편지를 쓴다

오늘 저녁은 이것뿐

무련, 그대를 생각하면

도무지 밥을 먹을 수 없다

오미의 지리산 녹차여

어느새 나의 단맛 쓴맛 신맛

짠맛 떫은맛이 된 그대여

어스름 산그늘에 몸을 가리고

그대 영혼의 맑은 피를 마신다

-이원규-

　지금부터 30여 년 전 차를 처음 접하고 지리산 화개를 물어보며 찾아가던 기억
이 지금도 새롭다. 경제적인 여유도 차맛도 제대로 알지 못하던 때 그저 우리나라

에서 차를 가장 맛있게 만든다는 조태연(1916-1992) 선생님의 명성만 듣고 터덜거리며 화개를 찾았다. 조태연가의 죽로차 하나를 구하기 위해 물어물어 찾아 간 화개. 그 때의 방문은 귀한 추억으로 차를 마시는 삶에 의미 있는 획으로 남아 있다.

내가 처음 지리산 차를 접했을 때의 풋풋한 싱그러움은 혀에 닿던 첫 입맛으로 뇌세포에 저장되어 있다. 쌉쌀하면서 향그럽고 강한 기운을 내는 풋내! 차의 첫 맛이었다. 그 이후 차를 고르거나 만들 땐 이 차맛을 기준으로 품평하는 버릇이 생겼다. 아마도 이러한 차맛을 내는 것은 지리산의 지리적 특성과 기후, 토양이 원인일 것이다. 차가 생산되는 전남 보성이나 화순, 장흥, 순천 등 차 산지를 둘러보면 모두 그 지역의 기후와 토질의 특성이 반영되어 차맛이 결정이 되기 때문이다. 지리산은 높은 고도에 한랭한 온도, 깊은 계곡의 습기, 거기에 경사가 급한 지형은 물빠짐이나 적당한 해가림을 할 수 있는 천혜의 조건으로 섬진강에서 불어오는 강바람과 어울려 지리산 차의 풍미를 만들어 낸다. 그래서 늘 옛 지리산 차의 그리움은 가슴 깊숙이 차의 향취를 불러온다.

우연한 모임에서 조태연 선생님의 막내딸인 조연옥(60) 대표가 만든 산녹차를 만났다. 첫 맛에서 지리산 특유의 향내가 코끝을 타고 오르는 듯 했다. 차맛에 취해 30여 년 전 당시의 일을 회상하며 화개장터 옆 골목을 타고 50여 미터를 오르니 산녹차 제다원 소운카페가 있었다. 차와 커피, 그 외의 음료를 동시에 판매하는 커피 전문점 같은 찻집이었다. 외관을 보니 여기도 커피의 바람은 피해 갈 수 없었다. 시골 구석구석까지 밀려들어온 커피는 차의 위력을 누그러뜨렸다. 녹차가 생산되는 현지에서 커피는 전통문화를 송두리째 흔들어 놓은 외래종 음료문화의 위세를 더 당당하게 했다. 주객이 전도되었다고나 할까. 이러한 세상의 여파를 피하지 못하고 함께 안고 가야하는 음료문화의 시장에서 조 대표는 조용하게 조태연가의 맥을 잇고 있었다.

조 대표는 작고하신 어머니 김복순(1919-1996) 여사를 많이도 닮았다. 큰 소리를 내지 않고 조용조용 말하는 모습이며 손님이 올 때마다 지극하게 대접하는 공손함이 어머니로부터 물려받은 가정교육의 줄기가 배어 나왔다. 동네 아주머니들과 수다를 떨지 않고 혼자서 차를 덖으시던 조 대표의 어머니는 마음가짐에 따라 차맛이 달라진다고 늘 귀띔해 주었다. 평소 생활자세가 차를 만드는 마음과 일치한다며 아버님과도 서로 존칭을 사용하고 작은 일을 중요하게 생각하였다. 작은 일을 소홀히 하면 큰일을 그르친다는 어머니의 가르침은 조 대표 삶의 가치가 되었다. 힘들고 어려운 차산업을 겪으면서 조 대표가 기억하는 것은 어머니가 주시던 차향이었다. 학교가 끝나고 집에 돌아오면 차를 내주시던 어머니의 옷깃에서 스치는 차향이 지금도 코끝에 살아난다. 특히 자신이 차를 덖을 때는 어머니의 차향이 올라오는 듯해 가슴이 아린다고 했다. 어머니를 가장 많이 닮은 조 대표는 어머니의 엄격하고도 섬세한 손매를 물려받았다. 어머니에 비해 부족하다고 겸손해 하는 말씨며 감각적인 안목으로 찻집을 꾸민 솜씨를 봐도 알 수 있다.

조 대표의 부모님은 일명 '조태연 · 김복순가'로 알려진 지리산의 전통 덖음 수제차 제다인이다. 일제강점기를 거치며 말살되다시피 한 지리산 차는 잭살이라 불리며 감기 몸살이 났을 때 약용으로 마시고 사찰의 일부 스님들이 겨우 명맥을 이어왔으나 조 대표 부모님의 노력으로 사찰뿐만 아니라 일반인들에게도 보급되기 시작했다. 어머니 김복순 여사는 함양에서 한약재를 다루시던 외할아버지가 차주머니를 만들어 약으로 사용하는 것을 보고 자란 터라 차가 약용으로 쓰인다는 것을 알고 있었다 한다. 그러나 12살에 외할아버지가 돌아가시자 일본인에게 수양딸로 들어가게 되어 일본으로 건너갔다. 일본의 녹차 공장에서 가장 힘들고 어려운 일을 하였으나 차를 만드는 기술을 가르쳐 주지 않아 배우지 못했다. 그래서 어렸을 적 어깨너머 덖음 방식으로 차를 만드는 것을 보았던 일을 상기하며 차를 만들어 보았다. 처음에는 실패를 하고 두 번째 차를 만들어 책임자에게 보이자 그때부터 신임을 얻고 진급을 하였다. 해방 후에 아버지를 만나 부산에서 생활하였으나 우리나라에 차가 없다는 것을 알고 차를 만들기 위해 1962년 하동으로 들어왔다.

전국에 차나무 생산지를 답사하고 화엄사쪽으로 결정을 하였으나 차 생산량이 적어 화개에 자생차나무 군락지를 발견하고 이곳에 정착했다. 어머니 김복순 여사가 차를 만들면 아버지는 차를 판매하고 보급하는 일에 힘썼다. 당시는 차를 하는 사람이 없어 판로도 어려웠지만 아버지가 차를 무상으로 나눠주다 보니 생산성이 없어 경제적 어려움도 매우 컸다.

조태연·김복순 가의 뒤를 이어 7남매 중 셋째 아들 조성호씨가 '조태연가 죽로차'를, 여섯째 아들 고 조성기씨가 '무향차'를, 막내딸 조연옥씨가 '산녹차'를 만들고 있다. 전통 덖음 방식으로 제다한 죽로차는 1918년 이능화의 〈조선불교통사〉 '김해 백월산에는 수로왕비 허씨가 인도에서 가져온 차씨라고 전하는 죽로차가 있다'고 기록되어 있다. 조 대표는 어머니 김복순 여사의 제다법을 익히고 더불어 오빠인 고 조성기씨의 고급 브랜드인 '무향차'의 특별지도를 받아 전통 덖음차인 죽로차의 제다법을 이어오고 있다. 산녹차는 어머니의 제다를 딸이 전수받은 것이어서 실질적인 수제차 계보는 '김복순가'가 되는 셈이다.

조 대표가 만든 차는 산녹차와 황차 두 종류이다. 우전으로 산녹차를 만들고 첫물로 황차를 만들어 판매한다. 조 대표의 차밭이 있으나 일손을 구하기 어려워 악양의 깊은 산골에서 채다한 찻잎을 그날그날 수매해 차를 만든다. 어머니의 제법대로 차를 덖기 위해 어머니의 행동과 마음 하나하나를 기억하고 되새겨 그 모습 그대로 차를 덖으려고 노력한다. 그러나 아무리 애를 써도 그 당시의 환경이나 자연 조건이 아니기 때문에 그 맛과 향을 되살리기 어렵다는 것이 조 대표의 말이다. 환경이 많이 변하기도 했지만 사실 근래에는 예전 지리산골에서 만든 차맛을 보기는 어렵다고 한다. 현재 지리산차를 만드는 제다인들 중 6,70년대의 차맛과 향취를 알고 그 풍미를 재현하려는 사람이 드물고, 차를 제대로 익히지 못하고 상업적인 목적에 치우친 탓이기도 하다. 어찌하든 요즘의 지리산차에 대해 아쉬워 하는 것은 누구나 공통적인 의견이다. 더구나 혼자서 차를 덖기 시작하면서는 힘이 부치기도 해 전통방법을 고수하기가 점차 힘들어진다고 했다. 외항선장이었던 남편 박준대 씨와 20여 년 전 하동으로 돌아와 차를 덖었으나 남편의 작고로 지금은 혼자 일을 맡아 하고 있어 어려움이 많다고 했다.

조 대표가 해마다 만든 첫 차는 칠불암의 부처님께 공양을 올린다. 하늘 아래 첫 동네에서 딴 차를 직접 만들어 부처님께 올리는 공양은 해마다 조 대표의 중요한 의례다. 더욱이 자식의 안부에 힘을 얻어 사는 일상이 계속 되다보니 부처님께 의지하는 마음이 더 깊어졌다. 부모님과 형제들, 삶의 기둥인 소중한 자식들, 그리고 지리산 일대의 허물없이 지내던 지인들, 모두가 조 대표를 지켜 준 소중한 인연들이다. 그들에 대한 보답으로 부처님께 차를 올리며 안위를 기원하고 살아가는 시간들 동안 소홀함 없이 살도록 부처님께 발원하는 헌다공양은 그래서 정갈한 의미를 더 한다.

하룻밤 묵어가라는 조 대표의 배려에도 불구하고 다시 밤길을 돌려 재촉한다. 돌아가는 밤길이 멀게 느껴지면 이 몸도 부처님께 의탁하리라 생각하면서….

2017.06.24.

화개 제1호 자연차
- 청석골 황인수 대표 -

입춘이 지나면 가장 먼저 움직이는 것이 매화의 태동이다. 섣달 추위에 아랑곳하지 않고 갑자기 핀다하여 기우(奇友)라 하고, 봄에 자신의 시절에 맞추어 꽃을 피워 고우(古友)라 한다. 또 엄한 추위에 가장 먼저 핀다하여 화괴(花魁), 일지춘(一枝春)라 불리기도 하고 문인묵객의 사랑을 받는 꽃이라 하여 호문목(好文木)이라 불리며 청우(淸友), 청객(淸客)의 대우를 받는다. 이러한 매화는 옛 선비들의 고아함의 화신이요, 정절의 상징으로서 화암 유박(1730-1787)의 〈화암수록〉에 1등급으로 분류되어 국화, 연꽃, 대나무, 소나무 등과 함께 꽃 중의 꽃으로 등극되기도 하였다. 조선시대의 학자 매월당 김시습(1435-1493)은 매화를 무척 사랑하여 매화에 관한 시가 수십 편 전한다. 그 중 한 수를 살펴보자.

심매(探梅)

크고 작은 가지 눈 속에 덮였는데　　　　　　大枝小枝雪千堆

따뜻한 기운 알아 차례로 피어나는구나　　　溫暖應知次第開

옥골정혼은 비록 말이 없으나　　　　　　　玉骨貞魂雖不語

남쪽 가지 봄뜻 따라 먼저 망울 맺는구나　　南條春意最先胚

　　　　　　　　　　　　　　　　　　　　- 〈매월당집〉 -

매해 삼월 섬진강가는 매화향기로 뒤덮인다. 강줄기를 따라 매화가 줄지어 피고 매화향은 푸른 하늘에 스멀스멀 피어오른다. 고혹적인 매화향은 마치 여인의 향수와 같은 매력을 주어 한번 그 향기에 취하면 해마다 다시 찾지 않고는 배겨날 수가 없다.

매화를 따라 섬진강을 건너니 청석골 차밭이 산 중턱에 펼쳐져 있다. 찻길을 물어물어 오른 곳은 하동에서 칠불을 오르기 전 왼편에 자리한 모암마을 가장 위쪽이었다. 마을을 오르는 길목마다 매화가 반겨주며 주인장이 맞는다. 청석골 황인수(58) 대표는 이 터에 4대째 거주하는 장손이다. 이 마을의 훈장님이었던 증조부와 부친은 집에서 차를 만들어 마셨다. 장남은 농사를 짓게 하려고 학교 공부를 시키지 않았던 그 시절에 조부와 부친을 도와 멍석에 차를 넣어놓고 다음날 비비는 잭살을 만들기 시작한 것이 초등학교 5학년 무렵이었으니 차를 만난 인연은 꽤나 깊은 세월이다. 그러다 잠시 타지에 나가 생활하다가 다시 고향 집터로 돌아와 차를 만들기 시작했다.

차산업이 막 일어나기 시작할 즈음 차재배농가는 비료와 농약을 써서 수확량을 늘리기에 바빴고 기계가 도입되면서 기계차가 세상에 나왔다. 차밭에 비료를 주기 시작하면 땅의 질소 성분이 차의 맛과 질을 떨어뜨린다. 그렇게 생산된 차는 티백으로 만들어 지면서 곡우와 우전차가 사라지기 시작했고 얼마되지 않아 차산업이 위기에 빠질 거란 예측이 가능하였다. 이러한 사태를 예방하고 차밭을 보전하기 위해

황 대표는 화개에서 가장 먼저 자연농법으로 차를 재배하기 시작했다. 그로부터 3년 뒤 농약 파동이 일어나 차산업이 위기에 몰리고 전국의 차밭이 그 여파로 불신임을 얻을 때 청석골 차밭은 자연농법으로 차밭을 살릴 수 있었고 차의 맛과 향을 지금까지 변함없이 유지할 수 있게 되었다. 그래서 25년 전부터 지어온 자연농법으로 제1호 유기농 차재배 가공식품으로 인정받아 친환경 인증을 받았다.

청석골 차밭은 지리산 해발 700m 일만이천 평의 구릉지에서 자란다. 토양이 비옥하고 깊으며 안개와 습도가 많고 일교차가 커서 차나무의 성장에 최고의 여건을 갖추었다. 5년에 한 번씩 귤과 조개껍데기를 800℃에서 구워 퇴비로 만들어 뿌려준다. 산 정상까지 골골이 12km 정도의 호스를 깔아 수분과 영양을 조절해 냉해를 피해갈 수 있었다. 유기농 액비는 10월에 1번 뿌려주고 고급차를 따고 난 뒤 전지를 해서 병충해를 예방한다. 하여 청석골의 차는 비료를 안 하고 자연농법으로 재배한 후 차를 덖으므로 차맛과 향이 고스란히 살아있다.

청석골 야생차는 손으로 채취하여 가마솥에서 주인장이 직접 덖는다. 황 대표가 차를 덖을 때 지키는 원칙은 침묵이다. 말을 하면 차가 제 기운을 온전히 머금지 못하고 산만해지기 때문이다. 말을 삼가고 차의 상태와 시간, 수분, 불의 기운을 파악하여 제다를 하는 것은 차의 온전한 성품을 유지하고 차의 완성도를 높이기 위함이다. 차는 아침 7시-9시 사이에 채취하고 20분 정도 햇볕에 수분을 날려 살청을 한 뒤 차를 덖는다. 차는 무엇보다도 첫 덖음이 무척 중요하다. 첫 덖음을 어떻게 하느냐에 따라 차의 맛과 향이 결정된다. 황 대표는 300-350℃ 사이에서 솥의 높이가 낮은 것에서는 차를 덖고 높은 솥에서는 180℃까지 낮춰 우전은 6번, 세작은 5번, 중작은 3번 정도의 유념과 건조를 반복하여 열처리 후 완성한다.

황 대표의 차가 지금까지 변하지 않고 맛을 유지하는 데는 솥의 비법이 숨어 있기도 하다. 30여 년 전부터 주물로 솥을 만들고 시험을 거쳐 무쇠솥을 가공 판매하는 동안 무쇠의 장점을 파악하고 그 성질에 맞춰서 차를 덖기 때문이다. 그가 가공한 무쇠솥은 찻잎이 절대 달라붙지 않는다. 대나무로 주물을 태워서 코팅작업을 거치기 때문에 주물 속의 이물질이 빠져 녹이 슬지 않고 솥의 질을 내기 쉬워 차가 타거나 눋지 않는다.

차산업을 하는 동안 황 대표는 우리나라 땅의 대부분이 죽어가고 있는 것을 가장 안타까워했다. 농약을 치면 그 잔류량이 7년 동안 남아 있고 지하수 600m까지 스며들어 식수까지 위협하는 현실은 차를 비롯한 모든 농업인들의 고민이 아닐 수 없다. 하여 그는 철저하게 자연농법으로 차를 재배하고 수확한다. 이러한 그의 노력은 입맛이 까다롭기로 소문난 스님들의 구미에 잘 맞아 그가 생산한 차소비층의 80%가 스님들이다. 스님들은 차를 맛보고 잘잘못을 가려 바로 직시해 준다. 스님들의 충고는 다음 해 차를 만들 때 수정하고 첨삭하여 더 좋은 차를 생산하는 자료가 된다.

황 대표가 전통적인 제다를 고수하는 이유는 욕을 먹지 않고 자신의 양심을 지키기 위해서다. 자신을 속이면 남을 속이게 되고 그러면 차의 성품을 잃고 본질을 놓치기 때문에 가장 먼저 차를 만드는 양심부터 살리는 것이 그가 전통제다를 지키는 까닭이다. 땅과 차는 가꾼 만큼 돌려준다. 손길이 닿는 만큼 보상을 해 주고 마음이 머문 만큼 충만한 기쁨으로 채워준다. 지리산 산자락 끝에 매화향이 흩날리고 있다. 새로이 피어날 찻잎을 기다리며~~

2017.3.25.

무심으로 만든 삼경차
- 삼복식품 오금자 대표 -

선묵당

검은 하늘 찬바람에 별은 빛나고
대숲은 별그림자에 안개되어 흐르네
뒷뜰 선묵천 흐르는 소리 들릴 듯 말 듯
한밤에 문득 이는 찻생각 못이겨
차솥에 물 끓이니 생기가 도네
어둠속에 찻주전자 손에서 손으로 이어져
시 짓고 그림 그리는 원력이 되었네.

-김용재-

사람이 태어나면 가장 먼저 갖게 되는 것은 이름이다. 한국 사람이 짓는 이름의 종류는 호적에 등록되어 공식적으로 사용하는 본명(本名)이 있고, 태어나기 전에 배냇이름이라 하여 부르는 태명(胎名)이 있으며, 어릴 때 부르는 아명(兒名)이 있다. 성인이 된 이후에는 이름 이외의 별칭으로 호(號)를 짓기도 한다. 별칭에는 종교적 의미를 지닌 법명(法名)과 크리스트교에서 세례 의식 때에 짓는 세례명(洗禮名), 작가들이 글을 쓸 때 발표하는 필명(筆名), 본명 외에 따로 지어 사용하는 예명(藝名) 등이 있다.

이러한 이름에는 가계의 혈통이 드러나기도 하며, 자식에 대한 부모의 바람이 담겨있기도 하는 등 그 사람의 삶과 가치, 정체성이 표시되기도 한다. 호랑이는 죽어서 가죽을 남기고, 사람은 죽어서 이름을 남긴다는 속담이 있듯이 한국 사람은 예로부터 이름에 특별한 의미를 부여해 왔다. 이름값을 못한다, 이름에 먹칠하다 등 이름에 그의 삶을 대비하듯이 이름을 떨치다, 이름을 날리다 등 그 사람의 일생과 인격을 이름에 비유하여 부르는 것은, 그만큼 이름을 통해서 그 사람의 존재 가치나 의의를 인정하는 것이다. 즉 자신의 뜻을 어디에 두고 마음이 어느 곳에 가 있는지를 나타내는 이른바 사회적 자아를 표상하는 별칭은 자아의 삶의 방식이나 철학을 보여주는 것이라 할 수 있다.

스님으로부터 법명을 받고 그 의미대로 삶의 철학을 실천하며 사는 부부가 있다. 허중(虛中)과 무생심(無生心). 삶의 어느 것에도 치우치지 않으며 집착을 여의고 중도를 지키는 허중과, 낢이 없으니 멸도 없는 무생의 마음으로 직접 삼경차를 만드는 무생심이 그들이다. 집착함이 없고 낢이 없는 마음으로 차를 만드는 김용재, 오금자(삼복식품 대표) 부부는 그들의 법명이 곧 그들의 삶이자 가치라고 여기며 산다. 있는 듯하나 없는 듯 집착하지 않고 그저 그렇게 여여하게 사는 자애로운 모습은 늘 겸손이 배어 있다. 가진 듯하나 쥐지 않고 아래를 살피며 사는 눈길은 보리의 마음으로 따뜻하다. 주변의 상황을 놓치지 않고 세심하게 살펴 자신들의 손길을 보내는 마음엔 언제나 믿음을 주는 실천이 먼저 행해진다. 이러한 마음으로 만들어서인지 삼경차는 디자인하우스에서 간행한 〈한국식품장인 명품을 만드는 밥상〉과, 김영사 〈차를 만드는 사람들〉에 바른 먹거리와 품질 좋은 차의 장인으로 소개되기도 했다.

친구 따라 강남 간다고 했던가, 오금자 대표는 친구를 따라 절에 갔다가 백양사 다정 스님이 주신 차를 마시고부터 차에 매료되어 남편과 함께 직접 차를 채취하고 만든 지가 벌써 40여 년이 훌쩍 지났다. 그들에게 있어서 차는 그들의 삶이라고 말한다. 화폐가치가 만연하는 세상에 흔들림 없이 잘 살 수 있는 것은 차와 마음공부의 힘 때문이라고 한다. 건강을 지키고 사색을 하며 살 수 있는 힘이 근간이 되어, 이를 실천하는 삶은 차에서 나온다고 했다. 그들에게 차는 알 수 없는 신비한 힘을 주는 정신적인 지주이다. 차의 색향미에 빠져 차를 만드는 수고로움을 즐거움으로 받아들이며 차의 성품을 닮아가는 부부는 보이지 않는 굳건한 믿음이 서로를 감싸고 있다.

오금자 대표가 '자연건강 의학모임'을 하면서 감잎, 뽕잎, 은행잎을 배합하여 민간에 내려오는 전래요법으로 차를 재현한 것이 삼경차다. 삼경차는 민간에 내려오는 건강차 비방 29가지를 1990년대 민초 이동섭 선생님으로부터 전수받아 생산하기 시작했다. 삼경차는 늦은 봄부터 여름까지 청정지역인 전남 화순군 깊은 산속에서 자생으로 자란 뽕잎, 감잎, 은행잎을 일일이 따서 깨끗이 씻은 후 직접 손으로 썰고, 황토방에서 발효시킨 후 가마솥에서 수차례 덖어 완성한다. 모든 과정은 수작업으로 이루어진다. 완성된 삼경차는 그대로 자연을 담아 차인의 건강을 지켜준다. 만드는 과정이 고되고 힘들어도 빈 마음과 낡이 없는 무생의 기운이 차에 스며, 마시는 이에게 우주의 에너지를 넣어준다.

삼경차의 원료인 뽕잎은 혈액응고를 도와주는 글루타민과 노인성 치매를 예방하는 세린, 세포노화를 막아주는 글루타치온이 함유되어 있고, 숙취에 좋은 알라닌과 아스파라긴산, 콜레스테롤을 낮추는 티로신이 주된 성분이다. 뽕잎에 들어 있는 루틴은 혈관을 강화시켜주고 혈당을 떨어뜨리는 성분이 있어 당뇨병을 예방한다. 그리고 뽕잎은 혈관 안에 들어 있는 지방덩어리인 고지혈증과 혈관벽의 동맥경화를 막아주고 치료하며 혈맥의 흐름을 좋게 하여 혈관을 튼튼하게 하고, 혈압을 안정시켜 준다. 또한 혈전을 용해시키고 몸속의 중금속을 흡착하여 몸 밖으로 배출시킨다.

감잎은 레몬의 20배에 해당하는 비타민C, 플라보노이드 배당체, 탄닌, 페놀, 쿠마린, 다당류, 인산, 칼슘, 인, 철분, 단백질 등이 감기, 괴혈병, 빈혈, 고혈압 및 동맥경화, 이뇨제, 당뇨병 등 저항력을 강화시키고, 몸에 부기를 빼주어 다이어트에 효과적이라는 보고가 있다.

은행잎은 징코라이드 A B C D, 진놀플라보노이드, 테르펜유도체 등이 들어 있어 노인성치매와 뇌혈관 및 말초혈관장애의 지료에 탁월한 약효가 있다. 또한 혈관을 확장하여 혈액순환을 좋게 하고, 가래나 천식 같은 폐질환의 항 알레르기 증상에도 효험이 있다. 이러한 약효성분을 가진 뽕잎, 감잎, 은행잎 세 가지를 합하여 만든 삼경차는 끓인물 1L에 5g 가량 넣어 3분 정도 우려서 마신다.

이 외에도 오 대표 부부는 그들이 야생으로 자라게 한 찻잎을 채취하여 소소차를 제품으로 출시했다. 소소차는 차나무 종자를 구해서 심은 후 10년이 지나 채다를 하여 상품으로 만들었다. 그들이 오천여 평에 심은 차나무는 한 번도 전지를 해 주거나 비료, 농약을 해 본적이 없다. 인동초 같은 잡풀이 함께 자라 차나무를 옭죄어도 그것도 자연 그대로 자랄 수 있도록 하고, 필요한 찻잎 외에는 수확하지 않는다. 찻잎을 딴다는 것이 죄를 짓는 것 같아 차나무에게 미안한 생각이 든다는 이들 부부의 말에는 차나무와 자신을 동일 시 하는 우주합일의 정신이 스며 있었다. 호흡을 관하고 명상을 하며 자연의 순리를 느끼면, 그대로 자신의 몸 안에서 그 기운을 느끼는 것과 같이, 그들이 만든 모든 차는 부부의 수행 기운이 가득 차 있다.

남편 김용재는 차를 좀 더 깊이 있게 공부하기 위해 목포대학교국제차문화학과에서 박사학위를 수여받고 현재는 같은 과에 출강하고 있으며, 목포대학교국제차문화 · 산업연구소 연구원으로 활동하고 있다. 삼경차를 만들며 차의 효능이 인체에 미치는 영향을 공부하고, 이를 체계화 하여 차를 배우는 후학들에게 지식을 나눠주며 빈 가운데 걷는 중도의 걸음으로 삶을 엮어간다.

이들 부부는 따로 삼경차에 대한 홍보를 하지 않는다. 그래도 차를 아는 지인들의 입소문을 꾸준히 타고 있다. 초록마을과 꽃피는 아침마을에 삼경차와 소소차를 납품하고 친환경재배(유기농산물)를 인증 받아 자연친화적인 먹거리 제공을 위해 오늘도 무생의 마음으로 호흡을 가다듬는다.

2017.08.25.

도리만천하하니 기쁘지 아니한가
- 목포대학교국제차문화학과 조기정 교수 -

회서호(懷西湖)

서호의 경치는 천하에 으뜸이라

현자 혹은 어리석은 사람 할 것 없이 누구나 찾아오네

각기 자기가 구하는 것을 발견하고 감상하나

항주의 전부를 아는 이 그 누구랴

〈상략〉

나 홀로 산수를 마음껏 즐기니

이 모두 하늘의 뜻이 아닌가?

〈중략〉

내 일찍이 벽에 써놓은 시를 읽으며

청량한 산 공기로 어지러운 그대 머리를 식히게나

그리고 지팡이 짚고 아무데고 맘대로 걷다가

그대 마음에 드는 곳에서 쉬어보게나

〈하략〉   - 소동파 -

소동파는 중국 북송 시대의 시인이자 문장가, 학자, 정치가로서 아버지 소순(蘇洵), 아우 소철(蘇轍)과 함께 당송팔대가의 한 사람이다. 그는 유교와 불교, 도교사상에 뿌리를 둔 현실참여주의자이면서 현실도피적인 사고방식을 동시에 지니고

있는 인간적 애정이 유난히 깊은 다정다감한 사람이었다. 그는 물질세계의 허무성과 무가치성을 간파하고 물질세계 바깥에서 그 자신이 자연으로 돌아가 자연의 일부가 되기를 원했다.

일찍이 동파의 삶을 동경하여 분주한 도심을 떠나 적벽 근처 산골에 삼소향실을 마련하고 혜원 닮은 벗을 불러 고담준론을 나누다 호계를 건너 파안대소하는 차인이 있다. 그는 발이 닿는 곳 어디서든 차시(茶時)가 되면 어김없이 차치(茶治)를 하고 차를 강의하는 학자다. 차문화산업계를 학문으로 정립하고 이를 바탕으로 차문화산업학의 위상을 높인 그의 차사랑은 어느덧 40여 년을 지나 중반에 이르렀다. 근무하는 곳곳마다 차와 더불어 생활하며 차문화의 범주를 넓히고 차의 세계에 빠지도록 유인하는 특유의 공감력을 갖고 있는 호남 차문화학계의 대부이자 마당발인 그의 삶은 감동의 일상이었다. 가는 곳마다 차인의 애환과 문제를 안아주고 해결해주는 포용력은 공자의 인(仁)을 넘어 서 있는 듯 지천명의 뜻을 알고 이순의 삶을 추구하는 학자이다.

그는 호남지역의 차학뿐만 아니라 중국과 차문화학을 교류하고 호환함으로써 국제차문화학컨텐츠를 활성화한 목포대학교 국제차문화과학과 조기정(62) 교수님이다. 중국어를 전공할 때 지도교수님이 주신 차의 매력에 빠지면서 차문화학계의 공신으로 자리한 조 교수님은 부모님을 비롯해 학생들과 지인들에게 차를 권하고 그들의 애환을 감싸주는 차치료 전문 상담사의 역할을 자처하며 살아왔다. 연구실을 차실로 개조하고 인간사 만사의 사람살이를 소중하게 여기며 주변의 모든 사람들과 차문화의 일상을 공유해 왔다. 목포대신문사, 학생생활연구소, 학생생활관장, 기획연구처장 등 주요 요직에서도 그의 차사랑은 감동의 삶이었고, 교육부의 대학 경영평가에서 최우수등급을 받도록 대학의 경영에도 일조를 기하는 등 차사랑에서 기인한 그의 활동위력은 대단했다. 특히 총장에게 차문화학계의 훌륭한 차인을 발굴해 명예박사학위를 수여하자는 기획안을 건의하여 제다분야의 공적이 특출한 한국제다 서양원 회장님에게 한국 차계 최초로 명예공학박사학위를 수여한 일은 세간의 커다란 관심을 받은 의미 있는 일화로 남아 있다.

조 교수님이 차를 아끼는 학자로서 본분을 다진 것은 차문화학 강의를 개설한 것이었다. 2003년 교양과목으로 '동서양의 차문화'라는 과목을 개설해 그간 비공식적으로 이룬 차문화의 보급을 학문적으로 공식화하였다. 2014년까지 약 3,000명의 수강생을 배출한 '동서양의 차문화'는 후에 핵심교양과목인 '차의 과학과 문화의 이해'로 발전하였다. 인문학(중어중문학과 조기정 교수), 자연과학(원예과학과 박용서 교수), 응용과학(식품공학과 마승진 교수) 등 3개 분야의 학자들이 참여해서 〈차의 과학과 문화〉라는 교재를 만들어 전국 최초의 교양과목으로 개설한 것은 차문화교육에 목말라하던 학생들의 학구열에 봉화를 피워 준 계기가 되었다.

이를 이어서 학부 교양과목으로 자리 잡은 차문화학을 2004년에는 대학원에 국제차문화과학과(석사과정)를 개설하여 차를 전문적으로 연구하고 지도할 인재를 키우는 학문으로 만들었다. 2011년에는 박사과정도 개설하여 국제차문화과학과가 탄생하였고 지난 13년 동안 석사과정에 매년 평균 5명 이상, 6년 동안 박사과정은 매년 평균 6명 이상 입학하는 결실을 얻어 유명유실한 차문화학의 상아탑을 쌓았다. 이러한 바탕에는 2004년 베이징(北京)대학, 옌타이(煙台)대학을 비롯하여 2017년 베이징대학까지 수 년에 걸친 중국 대학과의 교류가 원동력이 되어 중국 유학생의 수가 10명을 넘는 국제적인 차학문기관으로 성장 발전할 수 있었다.

2008년 목포대학교에서 열린 중국인문학회 추계학술대회에서는 백년사 주지인 여연스님과 한국차문화학회 창립의 필요성을 공감하고 2009년 5월 15일 광주김대중컨벤션센터에서 창립대회를 치르고 지금까지 학회지 〈韓國茶文化〉를 7권 발행하기도 했다. 학회의 발전과 학과의 성장에 따라 문하생이 많아지자(桃李滿天下) 이들의 진로를 고심하게 되었고, 이를 위해 2012년 '국제차문화·산업연구소'를 개소하고 10여 개의 기관 및 단체들과 양해각서를 체결하는 등 크고 작은 사업들을 수행했다. 2014년부터 중국 귀주성의 귀주대학과 매년 '한·중차문화·산업국제화발전전략심포지움'을 개최하고 금년 5월 제21회 하동야생차문화축제에서는 전국 최초로 하동차문화학교 프로그램을 개발운영하며 대외적으로 연구소의 연구성과를 집약하고 연구원들의 학문적 진로를 열어주기도 했다.

목포대학교 국제차문화 · 산업연구소는 이러한 활동을 근거로 그간 연구 발표한 성과를 모아 2014년부터 매년 연구총서 1권씩을 발행하고 있다. 그 첫 출발로 조 교수님의 논문 10여 편과 기고문 등을 엮어 연구총서 제1호 〈한 · 중 차문화 연구〉를 냈는데, 작고하신 운차 서양원 박사님 추모특집으로 꾸몄다. 2015년 연구총서 제2호는 정은희 박사의 〈한국과 영국의 차문화 연구〉와 의제 허백련 선생님 특집호로 꾸몄다. 연구총서 제3호는 매암차박물관의 장효은 박사가 2016년에 펴낸 〈한국 전통 발효차의 생산방식과 소비형태〉를 발행하는 등 지속적으로 수준 높은 연구자들의 업적을 총서로 펴낼 계획을 갖고 있다.

조 교수님이 차와 인연을 맺은 후에 차의 보급과 홍보를 넘어 교육에까지 뛰어든 것은 잦은 중국 방문을 통해 차가 중국인들의 생활 속에 깊이 자리하고 있음을 목도하고 중국 차문화의 대중화를 위한 연구 과제를 수행하려는 의지 때문이었다. 자매대학인 옌타이(煙台)대학에 교환교수로 1년 간 장기 체류하면서 보온물통에 의지하는 중국인들의 차생활을 몸소 체감하고, 꾸이린(桂林)의 광서사대(廣西師大)에 신설된 한국어과 교수로 초빙되었을 때 만난 유차(油茶)의 세계는 중국차문화의 이해를 넓혀 주는 계기가 되었다. 흑차인 육보차(六堡茶)와 화차인 계화차(桂花茶)로 유명한 계림지역에서 유차의 세계를 두루 섭렵하고 이후 문헌조사와 현지 방문 등을 통해 20여 종류의 소수민족차를 조사해서 〈중국 소수민족의 유차 연구〉(2006년), 〈한 · 중 · 일 차문화 비교〉(2007)를 발표한 것은 중국과 한국 차문화의 다양성을 학문적으로 고찰한 연구 성과였다.

이후 중국 차문화와의 인연은 학생들과 차문화 대장정이란 타이틀을 걸고 이어 갔다. 계림의 생태차 산지와 광서차엽연구소, 광저우의 팡춘(芳村) 차시장과 광저우차엽과학연구소, 타이완(臺灣)의 차산지와 차시장, 보이차와 고수차의 진실을 밝히기 위해 윈난성 시쐉빤나(西雙版納) 태족자치주(傣族自治州)의 주요 차산(茶山)들을 10일간 답사하는 일정은 중국 차문화에 대한 이론적 근거를 확인하는 실질적인 현장 답사였다. 그 외에도 중국의 여러 대학과 자매결연을 맺고 세미나를 개최하는 등 국제적인 차문화 활동은 폭넓게 지속되었다.

그러나 조 교수님은 이러한 일련의 활동 뒤에도 불구하고 우리 차산업의 현실에 대한 안타까움을 늘 염려해 왔다. 그래서 문학석박사학위만 가능했던 대학원과정을 이학석박사학위도 가능하도록 투트랙(two track)으로 바꿔 한국의 차문화와 차산업이 함께 발전할 수 있는 학문적 기틀을 마련했다. 이는 70년대 석유파동으로 차의 수출이 막힌 타이완 정부가 각종 명차경연대회를 통해 명차의 생산을 독려하고 타이완의 차산업과 차문화를 구했던 전적을 사례로 삼아 우리도 명차의 중요성을 절감하고 품평대회를 열어 침체에 빠진 한국 차문화산업을 살려야 한다는 학자의 안목에서 비롯된 기획이었다. 하여 보성과 하동에서 해마다 열리는 명차품평대회에 심사위원으로 참가하여 명차품평대회의 바람직한 품평방식과 문제점 등을 터득하고 기존의 품평방식을 보완하여 한국 차문화산업학의 발전을 위해 학문적인 조력을 아끼지 않았다.

퇴임을 몇 년 앞두고 조 교수님이 이룬 또 하나의 차문화 성과는 '동서비교차문화연구회'의 창립이었다. 정병만 회장님을 필두로 동서차문화를 비교 연구하여 창간호 〈비교차문화〉를 발행한 것은 존경하는 어르신을 위한 배려에서 비롯된 인간관계의 정점이었다. 90을 바라보는 노구에도 불구하고 차에 대한 열정과 비교차학에 대한 논리를 정립하려는 의지를 받들어 비교차회의 지향점을 제시하는 '동서비교차문화회'의 결성은 진정한 인간관계에서 우러난 학자로서의 예우라고 할 수

있다. 이러한 마음은 늘 고향에 계신 부모님을 염려하는 깊은 효심에서 우러난 것이리라. 웃어른을 모시는 지극한 마음은 하늘이 감동하지 아니할까...

조 교수님이 차와 함께 한 그간의 세월동안 개인적으로 가장 의미를 두는 일은 삼소향실을 마련하고 차인들과 소통한 시간들이다. 일을 추진하는 과정에서 생긴 마찰로 인해 사람에 대한 불신과 오해는 일상의 삶을 위협해 왔고 자신의 가치마저 혼란스럽게 흔들었다. 이래서는 안 된다고 판단하고 송나라의 동파(東坡) 소식(蘇軾)과 무등산 의제 허백련 선생의 삶을 따라 전남 화순 무등산 자락에 '차와 예술을 사랑하는 사람들이 모여 사는 마을'을 표방해 다예촌(茶藝村, tea art village)을 마련하였다. 스스로 은자임을 자처하며 '불편한 삶'과 '원시적인 삶'을 표방하고 틈틈이 뒷산에 올라 솔바람 소리와 새 소리를 벗 삼아 지게로 땔감을 가져와 구들에 불을 지펴 난방을 하고 산야에서 채취한 야채와 텃밭에서 가꾼 푸성귀로 밥상을 채웠다. 다예촌에 들어온 후 혼자 생활하는 시간이 많아지다 보니 몇몇 차인들이 모여 2008년 8월에 '화순작설차회'를 창립하고 철따라 장소를 옮겨가며 매월 차회를 가졌던 그 시절이 인생에서 가장 행복했었다고 회상한다. 이때 지은 차실 이름은 동진의 여산 동림사 혜원 고사에서 따 온 호계삼소와 추사와 초의의 아름다운 우정을 이어준 은은한 차실의 아칭(雅稱) 일로향실(一爐香室)을 합하여 삼소향실(三笑香室)로 정했다. 여산의 운무차는 작설차로 대신하고 호계삼소의 파안은 일로의 우정으로 피워 삼소향실의 진면목을 누리는 시절이었다고 추억한다.

돌아보면 차와 인연을 맺고 살아온 지난 반백의 세월. 조 교수님의 흰머리만큼이나 차의 연륜도 깊어지고 삶의 향내도 익어가는 작금에 올바른 차문화산업의 정착을 위해 한걸음씩 내디딘 발자국이 미래의 후학들에게 든든한 발판이 되기를 바라는 마음뿐이다. 삼소향실의 바람이 나뭇잎 햇살 사이로 푸르게 부서진다. 앞으로 보이는 호수의 잔물결에 가슴은 하늘로 터지고 산나무 숲속 뻐꾸기 짝하여 나는 삼소향실의 차 한 잔은 어느 사람살이 보다 깊은 향으로 코끝을 스친다.

2017.7.2.

현대예절교육의 장
- 혜명다례교육원 장문자 원장 -

늦은 나이에 차 공부를 하겠다고 몇몇이 교수님을 모시고 책을 보기 시작했다. 교수님의 강의가 끝나면 다 같이 식사를 하러가곤 했는데 식당에서 몇 차례 무의식적으로 교수님보다 먼저 음식에 손을 대곤하였다. 이를 본 교수님께서 조용히 지적을 해주시자 무척 부끄러운 마음에 가족들의 얼굴에 먹칠을 하는 것 같아 고개를 들 수 없었다. 그러다가도 한 번씩 배가 고프면 저절로 젓가락을 잡는 무례한 버릇이 불쑥불쑥 튀어나와 자유스러운 생활에서 오는 무례함이 몸에 배인 것 같아 마음이 석연치 않았다. 이런 수치스러운 시간이 스치면 어릴 적 할아버지와 아버지를 모시고 식사를 했던 기억이 떠올랐다. 워낙 엄격한 집안이어서 해가 떨어지기가 무섭게 할머니의 부름을 받아야 했다. 계집아이는 해가 지면 밖에서 돌아와 있어야 한다는 할머니의 불호령은 식사예절에서도 마찬가지였다. 언제나 할아버지, 아버지의 밥상이 먼저 들어와 있고 그 나머지 식구들의 밥상이 들어오면 할아버지 아버지께 "할아버지 진지잡수세요! 아버지 진지잡수세요"라는 인사말을 해야 했다. 그리고 할아버지와 아버지의 수저 드시는 소리가 나면 우리들이 차례로 식사를 했고 할아버지의 식사가 끝나면 숭늉을 대접에 담아 드린 다음 수저를 놓으실 때까지 기다려야 했다. 그래서 식사시간은 언제나 어른보다 먼저 일어나는 법이 절대로 없었다. 어른들이 진지를 드시면서 하시던 한마디가 그때는 잔소리였지만 그것이 밥상머리 교육이었다는 것을 깨닫는 지금, 기억 속에 아름다운 언어로 남아 있는 것은 "진지잡수세요"라는 인사말이었다. 그 말을 떠올릴 때면 격을 갖춘 어린 시절의 가풍이 그리 나쁘지만은 않았다는 자부심마저 느끼게 한다.

그러나 이러한 습관은 핵가족의 자유스러움으로 인해 저절로 퇴색되었고, 지금은 아예 잊혀진 예절이 되었다. 더구나 번거로운 예절에서 벗어난다는 방임은 가끔 위아래를 잊어버리는 무례로 표현되곤 했다. 이러한 일은 비단 나에게만 해당되는 것은 아닐 것이다. 현대를 사는 모든 이들의 공통된 현상이 아닐까? 예절이 없는 밥상머리 교육이 문제가 된 것도 하루 이틀의 얘기가 아니나, 문제는 이러한 예절을 그 누구도 지키고 실천하려는 의식이 없다는 것이다. 그저 편하면 된다는 식의 행동은 마음까지 무너지는 병적인 사회현상으로 부각되어 나타나고 있기 때문이다.

이러한 문제에 대한 인식을 통감하고 한 사람의 행동과 의식을 변화시키려고 노력하는 차예절 지도자 혜명다례원의 혜명당(慧茗堂) 장문자(74) 원장님은 차를 통한 예절을 현대인들에게 가르치는데 소명을 갖고 있다. 80년대 초, 석용운 스님, 김봉호 선생님, 서양원 사장님, 이강재 이사장님의 차강의를 들으면서 다도를 익혔고 차의 겸손함과 공손의 의미는 인생후반의 길을 바꿔놓았다. 그래서 현재까지 차가 주는 의미를 마음에 새기고 이 뜻을 후학에게 전수하는 일에 보람을 느끼고 있다. 장 원장님은 차를 우리는 손놀림, 차 한 잔을 잡는 손가짐, 차를 마시는 입가짐들이 하나하나 정성과 공경의 예절을 실천하는 문화의 꽃이라고 말한다. 차를 우리고 마시고 느끼는 행동은 모두 차의 품성과 덕성을 함유하고 있다고 한다. 직근성인 차의 곧은 성품은 바른 심성을 갖추는 것이요, 차가 지닌 향은 고운 마음씀의 빛깔과 같다고 하였다. 차를 우리는 예법은 자신과 타인을 기다리는 미학이며, 차를 음미하는 맛은 최고의 미각을 담았다고 했다. 예절이 갖추어지지 않은 차는 들뜸이고 마음이 다하지 않은 차는 행위만 있을 뿐이라는 장 원장님의 말씀은 차는 예를 실천하는 마음이라고 한다. 그래서 차를 통해 예절을 가르치고 실천하는 것을 삶의 가장 아름다운 일로 여기고 있다. 바르게 알지 못하는 흐트러진 마음은 잘못된 행동으로 표현되기 때문에 바른 예절은 사람살이의 근본이라고 한다. 사람살이의 근본은 사람노릇하는 자기관리에서 나오는 것인데 이는 예를 바로 알고 실천하는 데서 시작한다고 했다.

  예절은 저절로 배워지는 것이 아니고 평생 생활 속에서 끊임없는 노력을 기울여야 한다. 자기 안에서 자기를 관리하는 것이 수기(修己)라 하면, 남과 어울려 대인 관계의 평형을 이루기 위한 것이 치인(治人)이라할 수 있다. 수기는 신독(愼獨)에서 시작하고 치인은 안심(安心)에 그 뜻이 있다. 신독은 남이 보지 않는 곳에 혼자 있을 때에도 도리에 어긋나지 않도록 조심하여 말과 행동을 삼하는 것을 말한다. 〈중용〉에 '하늘이 명한 것을 성이라 이르고, 성을 따름을 도라 이르고, 도를 품절해 놓음을 교라 이른다. 도란 것은 잠시도 떠날 수 없는 것이니, 떠날 수 있으면 도가 아니다. 이러므로 군자는 그 보지 않는 바에도 계신하며 그 듣지 않는 바에도 공구하는 것이다. 은보다 드러남이 없으며 미보다 나타남이 없으니, 그러므로 군자는 그 홀로를 삼가는 것이다.(天命之謂性 率性之謂道 修道之謂敎 道也者 不可須有離也 可離非道也 是故君子 戒愼乎其所不睹 恐懼乎其所不聞 莫見乎隱 莫顯乎微 故君子 愼其獨也)'에서 유래하였다. 보이지 않는 곳과 들리지 않는 곳을 두려워해야 하는 것은, 숨겼다고 해서 보이지 않는 것이 아니며, 작은 것이라도 드러나지 않는 것이 아닌 까닭에 홀로 있을 때에도 삼가야 한다는 공자의 말은 철저한 자기 관리의 엄격함을 말하는 것이다. 따라서 옛 선조들은 수신의 첫 조건으로서 신독을 삼고 안과 밖에 투명한 군자의 기풍을 지켰던 것이다.

장 원장님은 차를 통해 자신을 잘 다스리는 신독의 마음이 생활 속에서 습관처럼 익숙해질 때 자연스러운 예절이 나온다고 한다. 특히 현대인들은 편리한 생활을 추구하다보니 예절은 불필요하고 거추장스러운 것으로 치부하는 경향이 있는데 이는 잘못된 생각이라고 일침을 가한다. 생활이 바빠질수록 전통 속에 지켜지는 우리의 가치관이 얼마나 사람살이를 존귀하게 하는 것인지 모른다는 것이다. 따라서 혜명의 가족들은 현대적인 성인식을 치르고, 관혼상제의 예법을 현대에 맞게 적용하여 대인관계의 규범을 최소한이나마 지키려고 노력하는 사람으로 만드는 것을 차예절 교육의 목표로 삼고 있다.

장 원장님의 의식은 어릴 적 차생활을 통해서 자연스럽게 익혀져왔다. 차가 생산되는 광양에 살다보니 덕석에 차를 만드는 어머님의 기억과 아버지를 위시한 가족 모두가 차를 마시는 가풍이 형성되었고 올케에게 배운 제다는 지금까지 차생활을 할 수 있는 바탕이 되었다. 이때 장 원장님이 마신 차는 등황색의 짙노란 발효차로 기억한다. 당시 차를 만드는 법은 다솔사의 스님에게 배운 증차에 덖음기법을 가미한 떡차를 우려서 마셨다고 한다.

그 후 선생님은 90년대 들어 차문화협회 다도대학을 이수하고 97년부터 현재의 교육장에서 차를 강의하고 있다. 당시 60의 적잖은 나이에 시작한 차교육은 지역의 차문화인들을 배출하는데 많은 공헌을 했고, 차를 강의하고 있던 중에도 교육에 대한 열의는 식지 않아서 2004년에는 원광대학교 차문화학과 전문가 과정을 수료했다. 성균관에서는 예절교육과 혼례공부, 바느질을 배워 후학들의 선봉에서 표본이 되어주었다.

사실 장 원장님의 가족은 모두가 차인이다. 부군 정병만(82) 선생님은 수많은 공직을 거쳐 차잡지의 편집인으로 활동 후 현재는 차학문에 대한 저술을 집필 중이다. 얼마 전에 펴낸 〈다시 보는 차문화〉는 차계 밖에서 바라본 다인의 시각으로 차문화의 현주소에 대한 담론을 싣고 있으며, 중국과 일본의 차문화와 우리나라 차문화의 비교론적 입장에서 우리차를 바라볼 수 있는 안목을 제시하였다. 또한 장흥에 재직 중일 당시 청태전의 복원에도 심혈을 기울여 지역특화산업으로 지정하는 성과를 올렸으며, 녹차의 재배관리에 관한 정책적 노력과 차의 기능화를 위한 산업 발달을 촉구하기도 하였다. 여가시간에는 홍차문화에도 일가견을 보여 혜명 교육장 지하에 홍차실을 마련하고 다양한 홍차의 맛에 시중한거(時中閑居)를 보내기도 한다. 딸 정은희(49) 씨는 성신여자대학교와 원광대학교에서 차에 관한 박사학위를 받고 원광대학교와 목포대학교에서 강의를 하며 어머니와 함께 차학을 연구하고 있다. 자부 이주현(49) 씨도 목포대 차문화학과에서 박사과정 중에 있어 가족이 모두 차를 즐기고 연구하는 차문화가족이다. 이러한 가족문화의 형성은 차에 관한 세대의 벽을 허물고 공감을 얻어 자유로운 의사소통과 학문적 교류 및 가족의 결속을 다지는 원동력이 되고 있다.

혜명은 장 원장님이 직접 지은 자호(自號)이다. 차인이라면 지혜로운 존경의 마음을 받을 수 있는 인격과 예절을 갖추어야 한다는 의미를 담았다고 한다. 사람이 사람다워지는 것, 그것은 차예절을 지킬 때 자연스럽게 우러나오는 수신에서 지혜가 빛을 낼 때 가장 아름다운 것이라고 한다. 세상이 조급해질수록 느긋한 여유와 차 한 잔에 담긴 손가짐의 예를 음미해보는 것은 어떨까. 차창에 밤하늘이 걸렸다.

2013.08.24.

차문화의 성지 초의선사탄생지
- 초의학술문화원 -

　곡우(穀雨) 무렵 차 덖기가 한창일 때는 고을마다 차향이 하늘을 감싼다. 차를 덖는 마을 어디를 가든 구수한 차향이 폐부를 뚫고 온몸에 퍼지면 세포 구석구석 마다 맑은 차향이 물감처럼 번진다. 코를 킁킁 거리며 차향을 찾아 여기저기 기웃 거리다 보면 매해 지역마다 다른 차향을 맡을 수 있다. 지역의 형세나 기후의 변화, 지세의 성질 등에 따라 차의 맛과 향이 다른 것은 참 신비로운 일이다. 그 중 올해 는 비 온 뒤 화창한 5월 끝자락 무안군 삼향면 초의 선사 생가 터를 찾았다. 초의선 사탄생지는 한국 다도의 성지로 전국에서 매년 5천여 명이 찾는 차문화의 산 교육 장이다.

　1998년 시작된 초의선사탄생지 현창사업은 조선후기 시(詩), 서(書), 화(畵)에 능 통한 선승(禪僧)이자 다성(茶聖)으로 널리 추앙받고 있는 초의 선사(草衣禪師)의 정신문화유산을 선양하기 위해 추진됐다.

　2003년도에 석용운 스님이 초의차문화(草衣茶文化) 복원사업을 시작해 다성사 (茶聖祠)와 명선관(茗禪館), 사무실, 일지암(一枝庵), 초의선원(草衣禪院)과 기념 관, 용호백로정(龍湖白鷺亭), 조선차역사박물관(朝鮮茶歷史博物館), 초의선사교육 관(草衣禪師敎育館)이 건립되었으며, 현재는 차문화체험장(茶文化體驗場)이 건립 되었다.

　초의선사탄생지는 초의 선사의 일생을 기념하고 선사의 다도관을 계승하고 발 전시켜 초의차를 복원할 뿐만 아니라, 차를 배우고자 하는 다인들에게 차를 가까이 에서 배우고 학습할 수 있는 장소를 제공하는 데 그 뜻이 있다. 차를 마시는 인구가 점차 늘어남에 따라 이를 위한 교육장의 필요성이 절실하게 다가왔다. 석용운 스님은 이러한 뜻을 받아들여 초의선사탄생지의 복원과 교육장으로서의 공간을 위해 생전 숙원사업의 일환으로 이를 진행하였다.

초의생가 대각문(大覺門)을 지나면 한 눈에 펼쳐지는 차밭이 싱그러움을 안겨준다. 푸르른 차밭에 차향을 따라 다성사(茶聖祠)를 향해 걸으면 사당을 감싸고 있는 봉수산이 객을 맞이한다. 옛날 봉화를 울리던 봉수산 정상에서 초의제 기간에는 헌다례(獻茶禮)를 지낸다. 봉수산의 품 아래 왼쪽에 초의 선사 동상이 석장을 짚고 서서 선정에 든 인자한 미소를 건넨다.

선사가 생전에 머물렀던 일지암(一枝庵)은 스님의 사상과 철학이 스며 있는 소박하고 단순한 공간의 절제미가 삶의 집착을 놓게 한다. 일지암 앞의 홍매는 눈이 녹으면 가장 먼저 봄을 알려주는 전령사를 자처하고 눈까지 호사스럽게 한다. 차밭을 곁에 끼고 용호백로정을 걷는 길 양옆에도 백매가 향취를 뿜내면 초의선사탄생지는 온통 매화향으로 가득 채워진다. 일지암은 한산의 시 '언제나 저 뱁새를 생각하노니 한 가지만 있어도 몸 편안하다네(常念鷦鷯鳥, 安身在一枝)'에서 따온 말로 뱁새가 둥지를 틀기 위해서 나무 한 가지로 만족하는, 무소유의 소박하고 욕심 없는 자연스러운 삶을 상징하는 이름이다. 선사는 스스로 한산의 시에서 깨달음을 얻어 그러한 대자유의 삶을 추구하며 일생을 일지암에서 살았다.

일지암을 뒤로 하고 108계단을 오르니 초의선사기념관(草衣禪師紀念館)과 명선관(茗禪館)이 중심을 잡고 있다. 명선관은 초의 선사와 추사의 금란지교를 기념하기 위해 붙인 이름으로 지금은 용운 스님이 주석하고 있다. 명선관의 또 다른 장소에는 초의문화관(草衣文化館)이 있어 차의 개념도 및 초의차를 만드는 과정에 대한 모형도를 전시하여 차의 제작과정을 통해 차문화를 쉽게 익힐 수 있도록 했다. 또한 다양한 떡차의 모형을 만들어 떡차문화의 이해를 돕고 있는데, 특히 안봉옥 선생님이 직접 만든 떡차 동다송, 다신전, 남차병서, 반야심경 등에는 초의선사의 뜻을 계승하고자 하는 정신이 한 글자 한 글자마다 새겨져 있다.

초의차문화관을 나와 기념관에 들어서면 초의선사의 일생에 대한 업적이 전시되어 있다. 초의선사의 시,서,화에 대한 사상과 철학을 알 수 있는 선사의 저서 및 유물이 전시되어 있어 선사의 생애를 한눈에 알아볼 수 있도록 했다.

선사의 일대기를 돌아보고 다시 이어지는 계단을 오르니 차에 대한 선사의 뜻을 기리는 사당이 세워져 있다. 다성사(茶聖祠)는 매월 보름마다 초의선사에게 헌다례를 행하며 초의 선사의 차의례에 대한 전승을 도모하는 중요한 문화행사를 잇고 있다. 이 헌다례를 통해 용운 스님은 초의차 문화를 고증하여 매년 초의 선사의 탄생문화제인 초의제(草衣祭)를 비롯해 초의 선사 탄신일에도 헌공을 드리는 의식을 진행하고 있다. 초의제는 한국의 차인들뿐만 아니라 한국의 전통문화를 경험하고 싶은 세계인들이 모이는 국제행사로서 우리의 울타리를 넘어 다양한 민족의 문화체험장으로 그 범위를 확대하고 있다.

다성사 옆에는 우리나라 최초의 다시(茶詩)를 쓴 신라시대 최치원(崔致遠)의 '사신다장(謝新茶狀)' 원문을 새긴 비석과 〈동다송〉, 〈다신전〉 원문을 새긴 석탑이 선사의 뜻을 널리 선양하고 있다.

다성사를 돌아 왼쪽으로 내려오면 금오초당(金鰲草堂)이 봉수산 입구에 터를 잡고 있다. 금오초당은 설잠 김시습이 살던 금오산의 초당을 말하는 것으로 김시습의 소박하고 간결한 차생활을 본받고자 하는 의미에서 건립되었다. 특히 금오초당의 특징은 조선시대 전기 차문화의 한 유형을 살펴볼 수 있는 유물을 재현했는데 그것은 지로(地爐)이다. 지로는 김시습이 가장 많이 애용한 다구(茶具)이며 당시 차문화의 한 유형으로 방안에 구들을 파고 그 안에 화로를 설치해 찻물을 끓이는 용도로 사용했던 기구이다. 지금 한국 차문화에서 지로는 사라지고 없지만 이를 재현함으로써 조선전기의 차생활을 살펴볼 수 있는 의미가 있다.

금오초당 옆에는 우리나라 건축의 미를 한껏 치솟게 하는 조선차역사박물관이 우뚝 서 있다. 조선차역사박물관의 처마는 한국 여인의 버선코처럼 하늘을 향해 치솟아 있으나 오만하지 않고 겸손하여 온후한 목조건축의 자연스러움이 묻어나 있다. 박물관 안으로 들어서면 VCR로 조선시대 차의 생산지와 특징을 화면으로 보여주고 있으며, 조선전기, 중기, 후기로 나누어 시대별 차문화를 설명하고 있다. 또 조선시대에 사용했던 다기를 전시하고 있어 당시의 차문화가 어떻게 진행되었는지 알 수 있는 역사적 가치를 부여하고 있다.

계단을 내려와 아래로 향하면 초의 선사의 교육철학을 잇는 교육관이 위용을 더하고 있다. 초의선사교육관(草衣禪師敎育館)은 용운 스님이 가장 심혈을 기울여 설계한 건물로 선사의 일생을 건축물 전체에 조각으로 새겨 넣어 선사의 업적을 기리고 있다. 초의선원의 전체 건물 평수는 선사의 입적 나이인 81세를 의미하는 81평이고, 외문(外門) 8쪽은 선사의 일생을 부처님의 팔상성도(八相成道)에 견주어 유성강림상-태몽, 운흥출가상-15세, 월출오도상, 염화지호상, 득도상-19세, 방외청교상, 청량법륜상, 자우열반상-81세로 나누어 조각하였다. 그 외에도 초의문 4쪽, 다산문 4쪽, 추사문 4쪽, 연화문 6쪽, 격자문 4쪽, 생애 사상 사건 6쪽, 소치문 3쪽, 동다송문 11쪽, 해거문 4쪽, 범해문 1쪽 등을 조각에 새겨 초의 선사와 관련된 차문화사의 의미를 고증하고 있다. 또 조각상 밑에는 고조선시대부터 현재까지 2000년 동안 발굴된 다구들을 조각하여 다구의 변천사를 보여주고 있고, 문살은 우리의 전통 문살을 수집해서 새로이 조각을 했다. 이는 들어서는 문을 통해 자연스럽게 초의 선사와 만나게 함으로써 선사의 사상과 업적을 직접 느끼게 하려는 스님의 교육

철학이 담긴 것이라 할 수 있다. 또한 교육관의 외관은 단층구조물이나 안에는 복층으로 되어 있는데 여기에는 인간세상과 극락세상을 연결시켜주는 불가의 사상이 담겨 있다. 이는 현실세계와 극락세계가 따로 있지 않고 하나로 통한다는 현실의 중요성을 인식하는 지혜의 상징으로 설계된 것이다. 이층으로 오르는 계단은 33천을 의미하는 33계단이 설치되어 있으며, 각 계단마다 선조들이 사용하던 구름문양을 새겨 등용문에 오르는 이상을 심어주고 있다. 교육관의 건물 높이는 다른 여타의 건물들보다 훨씬 높다. 건물 높이는 선사가 일지암을 중건한 나이인 39세를 의미하는 39자이고, 내부 기둥의 고주는 19자로 월출오도상과 같은 뜻을 내포하고 있다. 2층은 초의 선사가 차회를 열었던 다실을 상징하여 초의와 추사의 만남을 기리는 다구를 배치해 두어 건물의 구석구석마다 역사적 가치를 심어 놓았다.

교육관 맞은편에는 초의와 추사가 2년 동안 서울에서 동고동락하며 교유를 나누었던 용호백로정(龍湖白鷺亭)이 초의지(草衣池)에 건립되어 있다. 백로가 놀다가 하늘로 날아간 처마에는 구름이 한 점 쉬어 가고 있어 백로의 길을 안내하는 듯하였다. 손목을 스치는 바람과 함께 정자에 앉아 차 한 잔 마시노라면 초의와 추사의 정이 부럽지 않을 것 같았다. 차 한 잔에 시 한 수를 읊으며 지나는 산새소리를 노래 삼아 모든 집착과 욕망을 버리고 백로 따라 훨훨 날고 싶어지는 것은 비단 초의와 추사만의 시간은 아닐 것이다. 200년이 지난 지금 초의와 추사의 금란지교는 다시 피어날 수 있기 때문이다.

용호백로정에서 한숨 돌리고 아랫길로 내려오면 초의생가가 나온다. 초의생가는 복원이 되어 옛 모습을 찾았고 마당 한편에는 선사가 고향을 떠난 지 사십여 년만에 돌아와 읊은 시비가 세워져 있다.

멀리 고향을 떠난 지 사십여 년 만에
희여진 머리를 깨닫지 못하고 돌아왔네.
샛터 마을은 풀에 묻혀 집은 간 데 없고

옛 묘는 이끼만 끼어 발자국마다 수심에
차네.
마음은 죽었는데 한은 어느 곳으로부터
일어나는가
피가 말라 눈물조차 흐르지 않네.
이 외로운 중(僧) 다시 구름 따라 떠도나니
아서라, 수구(首邱)한다는 말 참으로 부끄럽구나.

시비에는 사십여 년 만에 돌아온 고향은 풀에 묻혀 간 데 없고 이끼만 수북이 쌓
인 무덤에 망한의 설움이 밀려와 가슴이 먹먹해진다고 했다. 희여진 머리를 이고
찾은 옛 집터에 다다르니 피조차 말라 눈물도 흐르지 않는데, 어차피 수운(水雲)에
맡긴 외로운 신세로서 수구(首邱)가 웬 말이겠는가? 하고 자탄하는 심회를 드러내
고 있다. 초의의 쓸쓸한 심사가 엿보이는 시구로 누구에게나 있을 법한 마음의 표
현이다. 결코 화려하지 않은 생가에는 승달차 회원들이 다구전시회를 열어 선사의
다도사상을 이어가는 후학으로서 살아있는 숨결을 지피고 있다.

탄생지를 돌아보니 어느덧 해가 봉수산을 넘어 가고 있었다. 옛 선인들의 아름
다운 우의를 새기며 돌아본 초의선사탄생지는 세월을 넘어 역사 속에서 향기롭게
피어나는 고인과의 아름다운 만남이었다. 옛 향기를 맡으며 초의 선사의 생애를 짚
어보는 것으로 글을 마무리하려 한다.

선사의 생애가 전하는 자료는 신헌이 편찬한 〈사호보제존자초의대종사의순탑
비명(賜號普濟尊者草衣大宗師意恂塔碑銘)〉, 이희풍이 찬술한 〈초의대사탑명(草
衣大師塔銘)〉, 구계화상이 저술한 〈동사열전(東師列傳)〉, 유경도인이 저술한 〈
초의대선사운(草衣大禪師韻)〉에서 선사의 행적을 살필 수 있다.

초의 선사는 1786년 조선 정조 10년 병오 4월 5일에 전남 무안군 삼향면에서 태

어났다. 자는 중부(中孚) 법명은 의순(意恂) 초의는 염화지호(拈花之號)다. 또 다른 호는 해옹(海翁), 자우(紫芋), 해사(海師), 초사(草師)라고도 했다.

선사는 15세가 되던 해 나주군 다도면 운흥사(雲興寺)의 벽봉 민성 스님에게 출가하였고, 19세에는 영암 월출산에 올라가 떠오르는 달을 보며 크게 깨우치고 그때부터 가슴에 맺힌 것이 풀리고 거리낌이 없었다 한다. 그 후 해남 대흥사의 완호(玩虎) 스님에게 구족계를 받고 초의(草衣)라는 법호를 받았다. 초의란 호는 초의선사가 준 차를 마신 박영보가 그의 저서 〈남차병서(南茶幷序)〉에 그 연유를 다음과 같이 소개하고 있다.

초의는 스님의 스승인 완호 스님이 지어준 이름이다. 이태백의 〈태백호승가서(太白虎僧歌序)〉에 '태백산 중봉에 호승이 있는데 풀잎으로 옷을 해 입었다. 한 번은 싸우는 범이 있었는데 지팡이로 이를 떼어 놓았다'고 했다.

초의의 호는 풀 옷을 해 입은 호승(胡僧)의 이야기로 〈태백호승가서〉에서 따와 스님의 꾸밈없고 질박한 성정에 견주어 완호 스님의 '의(衣)'자 항렬을 이어 지어준 것이다. 이는 또한 인생의 집착을 버리고 대 자유에 이르는 경계를 의미하는 뜻이기도 하다.

초의 선사의 법은 서산 청허(西山淸虛) 스님과 편양 언기(鞭羊彦機) 스님의 맥을 이어 대흥사에 13대 종사로서 그 법맥을 계승하고 있다.

선사는 24세(1809) 때 강진에 유배 중인 다산 정약용과의 만남을 통해 유서(儒書)와 시학(詩學)을 배우고 선경(禪境)에 들어 운유(雲遊)의 멋도 즐겼다. 25세인 1812년에는 다산과 그의 제자 윤동과 함께 백운동에 들어가 놀면서 백운 12승을 보고 시를 지어 그림을 그렸는데 이것이 〈백운첩〉이다. 백운동은 다산의 제자 이시헌의 후손들이 지키고 있으며 강진군 성전면 월출산 옥관봉 아래 위치한 전통 별서(別墅)로서 소쇄원, 명옥헌, 다산초당 등 호남 전통 원림의 원형이 그대로 보존된

몇 안 되는 곳 중 하나이다.

선사는 30세(1815) 되던 해 서울에 올라가 두릉(杜陵)에 사는 다산의 아들 유산 정학연(酉山 丁學淵), 운포 정학유(耘浦 丁學游)와 자하 신위(紫霞 申緯), 해거 홍현주(海居 洪顯周) 등과 두어 해 같이 지냈다. 이때 추사 김정희(秋史 金正喜)와 그의 동생 산천 김명희(山泉 金明喜), 금미 김상희(琴糜 金相喜) 등과도 망년지교(忘年之交)를 맺어 유학자들과의 교유를 이룬다.

초의 선사와 추사 김정희는 수많은 서신과 시문을 지어 교류를 나누었는데 그 가운데 추사가 초의에게 전한 편지글에는 두 사람의 막역한 사이를 알 수 있는 글이 전한다.

풀 옷 입고 나무열매 먹으며 또 한 해를 지나고 보니 자갑(雌甲) 역시 오십이 꽉 찼소그려. 사(師)는 응당 주름살지지 않는 방법이 있겠지만, 나 같은 유전(流轉)의 신세는 이는 성글어 쑤시개를 못 이기고 머리털은 빗을 넘치니 못하여 오늘은 어제와도 달라만 가니 족히 한탄스러울 뿐이라오. 한 번 갈린 뒤로 소식을 둘이 다 잊었으니 두륜산(頭輪山) 마루턱이 야마도리(夜摩忉利)보다 더하여 성문이 제접 할 곳이 아니란 말인가. 향포(香蒲)의 공양은 해 바뀐 뒤에 다시 어떠한지요. 속인은 쓰라림을 안고 궁산(窮山)에 묻혀 있으니 온갖 생각이 더욱 사위어가는 데 다만 노친께서 그 사이 은서(恩敍)를 입사와 느꺼움을 얺고 경사를 밟게 되었으니 천지 이 세상에 어떻게 보답해야 할지 모르겠사외다. 사(師)는 비록 세상 밖에 자취를 감추고 숲 사이에 그림자를 숨겼다 할지라도 산이건 바다이건 슬픈 생각은 이치상 정이 마찬가지일 터이니 한 번 와서 분부(奔赴)의 의(義)를 다하고 싶지 않으신지요. 모름지기 도모해 주었으면 하오. 마침 들으니 저편(邸便)이 매우 안전하다 하기에 대략 두어 글자를 부치는 것이며, 또한 돌아오는 이편에 답을 부쳐주길 바라오. 철선(鐵船)은 무양한지요. 각장의 편지를 못하니 돌려서 보는 것도 역시 좋을거요. 모두는 뒤로 미루고 불선

草衣木食。又經一臘。雌甲亦滿五十。師當有不皺者在。顧此流轉。齒不勝刺。髮未盈梳。今日之日。不如昨日之日亦足浩歎。一別之後。消息兩忘。頭輪山頂。甚於夜摩忉利。

非聲聞所可梯接歟。香蒲供養。年後更如何。俗人抱痛窮山。萬念尤灰。惟老親間蒙恩叙。

感戴蹈慶。不知塵刹何以報答也。雖遁跡世外。戢影林間。山哀浦思。理當同情。不欲一來

以効奔赴之義耶。須圖之也。適聞邸便甚安。畧付數字。亦望寄答於此回也。鐵船無恙耶。

無以各幅。輪照亦佳。留不宣。〈阮堂全集, 與草衣 中 四〉

김정희는 풀 옷에 나무만 먹고 사는 초의를 향해 자신의 신세를 한탄하고, 유배지에서의 고단한 생활을 푸념조로 털어놓으며 야마천과 도리천보다 더 멀어서 못오느냐고 성화를 한다. 추사는 초의에게 비록 산에 살지만 사람의 정이야 마찬가지 아니겠느냐고 반문하며 어서 빨리 달려와 친구 간의 의리를 지켜줄 것을 청원하고 있는 내용으로 초의와 추사의 모운춘수(暮雲春樹)를 알 수 있다.

선사는 38세(1823)에 〈대둔사지(大芚寺志)〉 간행사업을 도와 호의(縞衣), 수룡(袖龍), 기어(騎魚) 스님과 사지편찬을 주도하였고 다산은 이 〈대둔사지〉를 필사하였다.

이듬해 39세(1824)에는 일생동안 은거하며 선사의 사상과 철학을 집대성한 일지암(一枝庵)을 중건하고 차문화를 중흥시켰다. 초의 선사는 여기에서 선(禪)의 논지를 세워 〈초의선과(草衣禪課)〉와 〈선문사변만어(禪門四辯漫語)〉를 저술하고 차 문화를 부흥시켰다.

45(1830)에는 〈다신전(茶神傳)〉을 저술하여 차의 이론을 정리하였으며, 46세(1831)에는 그동안 화운한 시문을 모아 〈초의시고(草衣詩藁)〉를 엮고, 50세(1835)에는 진도사람 허유에게 그림을 가르치기도 했다.

52세(1837)년에는 한국의 다경이라 할 수 있는 〈동다송(東茶頌)〉을 저술하여 해거도인 홍현주에게 바쳤다. 〈동다송〉은 우리나라 차의 우수성을 알린 31송의 시구로 차의 기원과 차나무의 생김새, 차의 효능과 제다법 등을 주(註)를 달아 자세한 설명을 붙여 차를 이해하기 쉽게 저술한 우리나라 최초의 차전문다서이다. 지금까지 발굴된 〈동다송〉은 모두 4종류로써, 신헌구가 필사한 〈다예관본(茶藝館本)〉, 석오 윤치영이 필사한 〈석오본(石梧本)〉, 대흥사의 법진스님이 필사한 〈법진본(法眞本)〉, 송광사 금명 스님이 필사한 〈금명본(錦溟本)〉이 있다.

선사가 55세(1840)년에는 헌종으로부터 대각등계보제존자초의대선사(大覺登階普濟尊者草衣大禪師)라는 사호를 받았다. 이어 이듬해 1841년에는 두륜산에 대광명전(大光明殿)과 보련각(寶蓮閣)을 새로 짓고 서산 대사를 비롯한 12대 종사와 12대 강사, 역대조사와 고승대덕의 진영을 모시고 제사를 모시도록 했다.

이때 추사는 제주도에 유배를 가서 소치 편에 일로향실(一爐香室)이라는 다실의 현판과, 무량수각(無量壽閣), 반야심경(般若心經)의 경문을 써서 보내주었다. 그러던 추사는 초의 선사가 71세(1856)년 되던 해에 세상을 달리하자 완당김공제문(阮堂金公祭文)을 지어 올리고 일지암에서 깊은 선정에 들어 산문 밖 출입을 삼갔다.

선사는 81세(1865)년 법랍 65세로 고종 3년 8월 2일 입적하였다. 선사가 남긴 저서로는 〈일지암시고(一枝庵詩藁)〉, 〈일지암문집(一枝庵文集)〉, 〈초의집(草衣集)〉, 〈선문사변만어(禪門四辯漫語)〉, 〈초의선과(草衣禪課)〉, 〈동다송(東茶頌)〉, 〈다신전(茶神傳)〉, 〈진묵조사유적고(震黙祖師遺蹟攷)〉, 〈문자반야집(文字般若集)〉 등이 전하고 있다.

2010.07.10.

구산선문의 선차가 흐르는 쌍봉사
- 쌍봉사 시공 스님 -

북창에서 자다 깨어 일어나니

은하수는 기울고 먼동이 밝아온다.

뭇산은 높고 골짜기 깊으니

외딴 암자는 조용하고 한가하기만 하다.

밝은 달빛은 누대에 찾아들고

산들산들 바람은 난간에 스민다.

가라앉은 기운은 나무에 덮여 있고

차가운 이슬은 대나무를 흐르네.

지나간 나날은 내 뜻에 어그러졌으니

이런 일 대하려니 오히려 괴로운 얼굴.

남들이야 내 심사를 헤아리리오

세상사 혐의를 벗어날 길 없네.

어찌 미리 막질 못했었나

서리를 밟으니 오한이 몸에 인다.

동녘은 훤히 밝아오고

새벽안개는 먼 산에서 밀려온다.

-한가위 새벽에(八月十五一曉坐) 정묘년 쌍봉사에서(丁卯 在雙峰), 초의-

한가한 오후, 사찰을 둘러보기 위해 찾은 곳은 화순의 쌍봉사. 때마침 차를 만드는 시기여서 차향이 계곡을 타고 흘렀다. 구수한 차향이 코끝을 간지럽힌다.

신라 구산선문(九山禪門) 중의 일문인 쌍봉사는 통일신라 839년 이전에 창건되어 혜철 선사가 여름을 지냈고 사자산문(獅子山門)의 개조인 철감 선사(澈鑑禪師) 도윤(798-868)이 48대 경문왕(景文王) 8년(868)에 주석하며 선법을 펼친 한국 선종 사찰이다. 도윤 선사는 사찰 앞뒤의 봉우리를 따서 자신의 호를 쌍봉이라 하고 사명을 쌍봉사라 하였다. 도윤 선사는 신라에 불교가 전래된 후 사자선문을 개창하고 825년 당나라로 유학을 가, 남전 보원 선사(748-834)의 문하에서 수학하고 돌아와 쌍봉사에서 법을 펼쳤다.

도윤 선사의 진영이 모셔져 있는 쌍봉사 호성전에 조주 선사(778-897)의 영정도 함께 모셔진 까닭이 차와 관련된 것은 아닐까. 도윤 선사가 조주 선사와 법형제인 까닭에 당에서 돌아올 때 선뿐만이 아니라 차도 같이 들여와 이곳 쌍봉사에서 차를 마셨을 것은 자명한 일이고 차씨를 퍼트렸을 터이기 때문이다. 더구나 도윤은 당에서 30여 년을 머물렀기에 당의 다풍을 그대로 익혔을 것이고 우리나라 선사들이 도윤의 다법을 배웠을 것으로 짐작되는 것이다. 이때 도윤이 당에서 가져온 차씨는 쌍봉사를 비롯하여 대원사 인근에 퍼져 야생 차밭이 조성되었을 것이다. 현재 화순 남면의 다산(茶山)마을, 다지리(茶智里), 북면 다곡리(茶谷里) 등 차와 관련된 지명이 많은 것은 이곳이 다른 지역보다도 차가 많이 생산되었기 때문이다. 또 쌍봉사는 차를 만들 때 부르는 노래인 다요(茶謠)도 전해져 내려와 다사(茶事)가 일반 백성들 사이에 널리 행해진 노동의 하나였음을 보여준다. 현재에도 화순읍 남산과 알매산을 비롯해 능주 만세동, 동복 독상리 등 도처에 야생 녹차 밭이 존재하는 이유는 이러한 연원에서 기인한다고 할 수 있다.

화순의 차가 전하는 문헌으로는 고려말 목은 이색(1328-1396)이 춘양 개천사의 행제 선사가 보내준 '영아차(靈芽茶)를 먹고 나서 양 겨드랑이에 맑은 바람이 인다(淸風生兩腋)'고 쓴 시가 있으며, 진각 국사 혜심(1178-1234)을 비롯한 학포 양팽손

(1488-1545)과 조광조(1482-1519), 초의 선사(1786-1866년)가 쌍봉사에 머물며 차심(茶心)을 키운 전적들을 찾아볼 수 있다. 위 시는 초의 선사가 1807년인 정묘년(純祖 7년) 한가위 새벽에 쌍봉사의 가을날 회포(秋日書懷)를 적은 시로 <일지암시고> 권 1에 나온다.

특히 조선후기 여류 문인인 빙허각 이씨(1759-1824)의 <규합총서>는 우리나라 최초의 가정백과전서로 알려져 있는데, 팔도 특산물을 소개하는 '동국팔도소산'이라는 항목에 조선에서 가장 유명한 최고의 차를 능주 작설차로 기록하고 있다. 규방문학의 백미라 할 수 있는 빙허각 이씨의 <규합총서>에 전하는 백성들의 차생활 이야기는 우리나라 그 어느 차인이 소개한 차이야기보다 귀중한 증언이 아닐 수 없다. 빙허각 이씨가 소개한 차이야기를 좀더 하자면 그는 차를 이용한 여러 가지 생활의 지혜도 소개하고 있다. 다식 만드는 법, 황차를 이용하여 천연 염색하는 법을 비롯하여 차로 병을 예방하고 묵은 차를 살라 파리를 없애는 방충제 기능까지 생활 속에서 차를 이용한 효율적인 활용법을 소개하였다. 뿐만 아니라 백성들에게 널리 알려진 풍속들도 소개하였는데, 붉은 주사로 단오에 차(茶)자를 쓴 차부적을 지니고 다니면 뱀을 쫓을 수 있다고 했으며, 입춘 날 입춘대길과 같이 신다루(神茶壘)를 문지방에 붙이면 병을 막을 수 있다는 새로운 사실도 소개하고 있어 차에 대한 풍부한 학식과 덕망 있는 다론을 엿볼 수 있다.

쌍봉사는 대웅전이 특이한 사찰로도 유명하다. 정유재란 때 전소된 것을 병자호란 이전 인조 때 중건했으나 최근 1984년 촛불로 인한 실화로 소진되었다. 그후 1986년 새로이 복원하여 현재의 모습을 갖추고 있으나 옛 모습 그대로는 아니다. 소실 이전에는 3층 팔작지붕이었으나 현재는 사모목탑지붕 형식으로 바꾸고 상륜부도 보완하여 중건했다.

대웅전 안의 전남유형문화재 251호인 목조삼존불좌상은 1984년 대웅전에 불이 났을 때도 소실되지 않고 보존되었다. 이 삼존불을 친견할 수 있게 된 것은 한 농부의 마음과 용기 덕분이었다. 1984년 대웅전이 화재를 만나 불길에 휩싸였을 때 마을 농부가 삼존불을 한 분씩 등에 업고 나와 무사히 보존될 수 있었던 것이다. 2년 후 대웅전을 복원할 때 부처님과 제자들도 새 옷을 입 듯 개금과 채색을 하여 지금의 불좌상이 현존하게 되었다. 쌍봉사 극락전도 대웅전 화재로 피해를 입을 뻔했으나 돌계단 옆의 수령이 수백 년 된 단풍나무가 불길을 막아 지켜졌다.

화순 쌍봉사에는 우리나라에서 가장 아름다운 철감 선사의 탑과 탑비가 있다. 철감 선사의 탑은 국보 57호로 지정되었고, 탑비는 보물 170호이다. 탑과 탑비 중에서 가장 화려하고 정교한 조각이 새겨져 있어 탑을 연구하는 학자나 불교미술을 전공하는 연구가들이 빠지지 않고 찾는 곳이다.

또 화순의 쌍봉사를 말하자면 학포 양팽손을 빼놓을 수 없다.

〈연지도蓮芝圖, 양팽손, 담채화淡彩畫, 23.7×36.5cm, 화순군 도곡면 월곡리 학포의 종가宗家 소장.〉

학포 양팽손은 조선 후기의 윤두서(1668-1715)와 말기 허련(1809-1892)과 함께 호남의 대표적인 문인화가로서 호남 화단의 선구자로 지칭된다. 학포는 당쟁에 연루되어 사대부로서의 정치적 활동이 막히자 능주로 내려와 서화를 그리며 평생을 보냈는데, 그중 차와 관련된 책가도(冊架圖, 책을 비롯하여 선비와 관련된 문방구와 각종 기물 및 과물을 도합하여 구성한 그림. 사랑방이나 서재 또는 어린아이의 방을 장식하는 병풍 그림으로 많이 쓰인다)를 그려 당시 차생활의 일면을 기록으로 남기기도 했다. 그가 그린 연지도는 〈호남의 전통회화〉의 도록에는 '양팽손의 기명절지도(器皿折技圖)'라는 제목이 붙어 있는데 1914년 학포의 13대 손인 쌍봉리 출신 양재경이 추사 김정희의 본가에 소장되어 있는 그림을 후상으로 사들인 후, 학포의 묘소에 가지고 가서 분향 배례하고 월곡리 학포 종가에 봉안하여 소장하게 된 내력이 전한다. 연지도에는 학포 양팽손의 외손인 이이장(1708-1764)이 1761년에 쓴 제발이 첨부되어 있는데 다기(茶器)와 함께 각기 연꽃과 영지가 그려진 2폭의 그림이다.

이 연지도의 다기에 쓰여진 화제는

흥이 나면 방호方壺)에 와서 흰 사슴을 타고	興來方壺乘白鹿
다시 함곡관函谷關에 이르러 시름을 없애니	旋到函聊可消愁
오직 옥(玉)의 뜸이 있으니 마음이 편안하다	惟有玉浮心逸

라고 쓰여 있다.

양팽손보다 6년 연상으로 1510년 생원시에 같이 등과한 조광조는 그와 평생 뜻을 같이한 지인인데, 조광조는 학포 양팽손에 대해 '더불어 이야기하면 마치 지초나 난초의 향기가 사람에서 풍기는 것 같고 기상은 비 개인 뒤의 가을 하늘이요, 얕은 구름이 막 걷힌 뒤의 밝은 달과 같아 인욕을 초월한 사람'이라고 했다. 학포는 조광조의 유배 당시 곁에서 함께 있으며 조광조가 타계하자 그의 시신을 수습하기도 하였을 만큼 가까이 지냈다. 이들은 서로 만나 차를 마시며 세상사를 떠나 자연을 벗 삼고 인생의 덧없음을 담소하였을 것이다.

쌍봉사의 내력을 둘러보는 동안 특별히 말할 것이 없다는 스님은 순박하고 조용한 미소를 띠며 차실로 안내했다. 문 밖 잔디를 품어 안은 하늘이 청명하기 그지없었다. 비가 갠 후라 더 맑고 깨끗해 보였다. 아무리 잘 찍은 사진이 이보다 더 선명할 수 있을까. 마음도 깨끗하게 씻기운 듯 했다. 스님은 조용히 차를 따랐다. 아무

말 없이 차를 권하는 그 모습이 수행자의 기풍다웠다. 차향이 코끝을 스치며 주위를 맴돌았다. 천년의 세월차가 이런 맛일까. 약간은 싱거운 듯 조심스럽게 내려앉은 차의 무게가 불의 조화일까. 맑은 하늘빛이 찻잔에 돈다. 비 개인 상큼함 만큼이나 차맛이 청명하다.

스님은 차를 마시는 사람이 절에 와서 먼저 해야 할 일이 무엇인가 하고 물으신다. 비단 차를 마시는 사람뿐만 아니라 모든 사람들이 가장 먼저 해야 할 일은 아상을 내려놓는 것이라 한다. 경전을 공부하고 기도를 했다고 해서 아상이 다 내려진 것은 아니라 한다. 오히려 더 큰 상만 쌓이는 사람들을 볼 때 안타까운 마음이 든단다. 진정한 공부는 나를 버리는 연습인데 공부했다는 상이 가득한 것은 이미 공부를 떠난 것이라고 조용히 말을 내려놓는다.

스님은 이어서 자기가 자신을 사유할 수 있어야 진정한 사람으로 거듭날 수 있다고 했다. 자기가 자신을 사유할 수 있어야 한다… 깊은 말이다. 우리는 얼마나 자신의 삶에 대하여 사유해 보았을까. 인간관계에서 자신을 얼마나 인지하고 있는지 뒤돌아보았던가. 나이가 들어감에 따라 아상을 고치기는커녕 자신의 잣대가 더 커지는 것을 우려해 본 적이 있는가. 늘 경계해야 할 일 중의 하나가 자신의 잣대가 커지는 것이다. 대부분의 사람들은 자신의 잣대가 커지는 것을 자랑스러워한다. 그만큼 연륜이나 경력이 쌓였기 때문이라고 생각한다. 그러나 사철 푸른 소나무와 잣나무도 사계절 변화하는 시간을 헤아릴 줄 안다. 봄이면 새싹을 틔우고 여름이면 무성하게 자라서 가을이면 묵은 잎은 떨구어 버리고 봄에 나온 새잎이 열매를 맺도록 자리를 내어준다. 마냥 푸른 잎들도 들고 나는 것을 알진데 사람이야 그에 미치지 못하겠는가 말이다. 얼마 전 파리 지하철 공모전에서 1등으로 당선된 시는 그러한 인간의 모습을 잘 표현하고 있기에 소개해 본다. 시의 전문은 이렇다.

사막

그 사막에서 그는
너무도 외로워
때로는 뒷걸음으로 걸었다.
자기 앞에 찍힌 발자국을 보려고

- 오르텅스 블루-

　물론 이 시의 작자는 외로움을 달래보려고 뒷걸음을 쳤다지만 어떤 형태로든 자신의 모습을 바라보는 입장이 많은 감동을 던져주고 있다. 과연 우리는 뒤를 돌아 자신의 모습을 살펴보았는지 헤아려 볼 일이다.

　스님은 이어서 아만은 본질을 바라볼 수 있는 준비가 되어 있지 않은 것이라고 했다. 진리를 가리고 있는 상이 개입하면 진리가 작용을 못하고 이심전심의 염화시중이 되지 못한다고 했다. 따라서 차를 마시며 사유할 수 있는 것은 매우 중요한 일이라고 했다. 차를 우리고 마시는 시간은 진리를 받아들일 수 있는 마음의 공간이 생기도록 준비하는 것이라 한다. 육근의 경계에 의해서 지어진 온갖 망상들이 차에 의하여 정화되고 씻기면서 자연스럽게 아상이 벗겨지면 자신의 모습을 볼 수 있는 사유의 힘이 생긴다는 것이다. 그것이 차가 주는 힘이라고 스님은 말했다. 누군가가 한 말이 기억난다. 차를 모르는 사람은 참 불쌍한 사람이라고… 그 사람은 아마도 차를 통해 정신적으로 많은 것을 얻지 않았을까. 삶이 지칠 때 위로를 받았을 것이고, 고요와 평화도 맛보았을 것이며, 자비와 비움의 마음도 배웠을 것이다. 그렇기에 차를 아는 것이 행복이었고 차를 모르는 사람들에 대한 연민 같은 마음이 생겼을 지도 모른다. 차가 주는 진정한 삶의 가치는 자신을 사유해야 한다는 스님의 말에서 찾아야 하지 않을까? 대웅전 위로 푸른 하늘이 눈부시고 마음이 구름을 따른다. 도윤과 조주가 한마디 건넨다. 끽다거!　　　　　　　　　　2014. 06. 04.

40년 세월을 심은 한국정원
- 죽설헌 박태후 화백 -

귀거래사

(상략)

물오른 나무들은 꽃을 피우려 하고	木欣欣以向榮
샘물은 퐁퐁 솟아 졸졸 흘러내리네	泉涓涓而始流
모두가 철을 만나 신명이 났건마는	善萬物之得時
나의 삶 점점 더 저물어 감 느끼네	感吾生之行休

(중략)

언덕에 올라가서 길게 휘파람 불고	登東皐以舒嘯
맑은 시냇가에 앉아 시도 지어보네	臨淸流而賦詩
자연을 따르다 죽으면 그만인 것을	聊乘化以歸盡
천명을 누렸거늘 더 무엇 의심하리	樂夫天命復奚疑

- 도연명 -

중국의 임어당은 도연명이 쓴 귀거래사를 두고 그는 인생에서 도망치는 것이 아니라, '청명한 아침에 홀로 거닐고, 때로는 지팡이를 한 옆에 세워 놓고 밭매기도 하리라'고 자연의 섭리에 몸을 맡기는 유유자적한 생활을 칭송하였다. 임어당은 관직에 나아가 세상에 영합하기보다는 고향에 돌아가 은자의 삶을 선택한 도연명이 현명한 판단을 하였다고 보았던 것이다.

작금에 들어서 임어당이 칭송한 도연명과 같이 진정으로 자연을 사랑하고 자연을 삶으로 받아들여 한 길을 걷는 이가 얼마나 있을까 싶다. 유행처럼 전원주택을 구입하고 귀농하는 사람들이 한결같이 3-5년을 넘기지 못하고 다시 도시로 돌아오는 경우는 대부분 자연에 대한 애정이나 경험 없이 무조건 돈으로 자연을 소유하려는 욕심에서 나온 잘못된 사고의 결과라고 할 수 있다. 자연은 돈으로 소유할 수 있는 것이 아니다. 한순간 소유했다 하더라도 장차 시간과 애정을 가지고 공력을 들일 때 비로소 원하는 자연의 한 귀퉁이를 얻을 수 있을 뿐이다. 그런데 잠시의 소유욕을 충족하고자 하는 이들에게 자연은 그렇게 호락호락 자신을 내어주겠는가 말이다. 자연은 자신을 얼마나 좋아하고 싫어하는지를 단박에 알아본다. 사람이 자신과 한 몸이 될 수 있는지 없는지부터 알아채는 자연 앞에 인간의 가식과 허위는 그대로 드러나 마른 나뭇잎처럼 시들어 뒹군다. 진솔한 마음과 자세로 품에 안길 때 자연은 서서히 그를 품어 안고 이끌어 준다. 한발 한발, 한손 한손부터 시작하는 겸허함과 사심 없는 빈 마음으로 자연 앞에 다가설 때 자연은 서서히 자신의 본 모습을 보여주기 시작해 종국에는 모든 것을 주어버리는 순수함으로 회귀한다.

이러한 자연의 원리를 근본부터 이해하고 나무와 함께 40여 년의 시간을 살아온 화가가 있어 그를 만나기로 했다. 그는 처음에는 나무가 좋아 나무와 살았고 중년이 지나면서부터 자연을 화폭에 담는 화가의 길을 걷고 있는 시원 박태후(59, 호남대학교 조경학과 출강)다. 그가 살고 있는 죽설헌을 찾아 간 것은 11월이 다 끝나갈 무렵인 초겨울을 앞두고였다. 그간 그의 전시회를 보고 화풍을 감상하기도 하고 풍문으로 근황을 익히 들었던 터였다.

죽설헌은 시원이 40여 년의 세월로 조성한 만여 평의 한국 정원 자연림이었다. 들어서는 초입부터 오죽의 잎살들이 부딪히며 반겨주었다. 죽설헌에 좁은 미로를 내 아름다운 운치를 풍미할 수 있는 기와 담길은 처음 원림을 조성할 때부터 고안한 아이디어로 40년 세월의 무게가 차곡차곡 쌓여 있었다. 기와를 쌓아 좁은 오솔길을 만들어 한국적인 멋을 살린 기와 담길은 어디에서도 찾아 볼 수 없는 죽설헌

만의 건축미였다. 그는 이 기와들이 근대 한국 기와의 역사를 알 수 있는 증거물이라고 했다. 그동안 만들어졌다가 사라진 기와의 문양이나 조각, 소재, 형태 등 다양한 기와의 역사가 이 담장길에 숨어 있기 때문이다.

죽설헌을 걷는 동안 귀를 즐겁게 한 것은 숲 속의 새들이었다. 이름을 알 수도 없고 처음 들어 본 소리들로 숲을 가득 매운 새들의 노래는 청량한 소프라노였다. 우리나라에서 단위 면적 당 새들이 가장 많이 산다는 죽설헌은 새들의 천국이었다. 특히 숲을 덮고 있는 자생종 송악(일명 아이비라고 하는데 이것은 외국종이다)은 한 겨울 새들의 먹이를 제공하는 먹거리의 원천이 된다고 했다. 그렇기 때문에 죽설헌은 강릉의 오죽헌이나 여타의 식물원들보다 단위면적 당 살고 있는 새들의 개체 수가 가장 높다고 한다. 더구나 금천의 구릉에 숲이 있는 곳은 오직 죽설헌 뿐이어서 사막의 오아시스처럼 새들이 날다가 쉬어가고 모여살 수 있는 아지트로서 그 역할을 충실하게 담당하고 있는 것이다.

그곳의 나무들은 대부분이 우리나라 자생 토종들로서 가장 한국적인 원림으로 조경되었다. 시원은 한국의 토종 단풍나무를 구하기 위해 백양사 단풍나무에 접을 붙여 묘종을 심기 시작했고 동백은 대홍사에서, 산벗나무와 추자나무는 불회사에서 종자를 심었는데 죽설헌의 나무들은 대부분 우리나라 전통 토종 수목이 식재되어 있다. 이는 외국종이 범람하는 가운데 우리나라의 자생 품종을 가꾸고 보전하는 측면에서도 간과할 수는 없는 소중한 보고였다.

근래에 들어 인위적으로 조성된 식물원이나 수목원들은 대부분 국적을 무시한 외국종이 주를 이루어 한국 전통 자연 정원의 원형을 잃어가는 사례를 곳곳에서 발견할 수 있다. 이들은 지역이 방대하고 규모가 크지만 자연적인 환경과 조건, 나무의 특성을 도외시한 채 조성되어 한국적인 정원의 특징을 찾아보기 어렵다. 특히 인간의 시각적인 감성을 충족시키는 데 초점을 맞추다보니 식물의 특성이나 한국적인 환경조건이 배제된 채, 식물들의 성질과 자연스러운 아름다움을 살려내지 못하는 인위적인 조경이 되어버렸다. 그래서 식물들이 제 본성대로 살지 못하고 과도

한 스트레스를 받아 몸살을 앓는다. 자연은 자연 그대로 조경되어진 모습이 가장 아름다운 것이고 한국적인 것이라고 말하는 시원의 표정에는 단호한 아쉬움이 묻어나왔다.

시원이 이처럼 원림을 조경하게 된 배경에는 가정의 환경적인 요인이 크게 작용하였다. 아버님이 돌아가신 후 일반 고등학교에 진학할 수 없을 정도로 가난한 환경 때문에 납부금을 대신 해결해 주는 원예고등학교로 진학할 수밖에 없었다. 학교에서 전정을 하고 씨를 뿌리고, 원예를 다루면 납부금으로 대체해 주는 학교제도 덕분에 나무와 가까이 있게 된 상황들이 지금의 정원을 조경하는 토대가 되었다. 그후 공무원 생활을 하면서 생계를 꾸려나갔고 어느 정도 가정이 안정되자 이번엔 그림을 배우기 시작했다. 조선대학교 대학원에서 순수미술 한국화 석사학위를 받고, 1977년 연진회가 결성되자 칠현 허의득 선생님 문하에 들어가면서 그림으로 생을 살아야겠다고 마음을 먹었다. 칠현선생님께 그림과 차를 배우며 낮에는 직장을 다니고 밤에는 하루에 300여 장의 화선지에 연습하는 치열한 싸움으로 삶을 이루었다. 이때 쉬면서 마시던 차는 10여 년이 지나서야 맛을 알게 되었고 그 후에는 차를 직접 덖어 마시기 시작했다. 그래서 내조를 잘하기로 소문이 자자한 사모님의 차 덖는 솜씨는 주변에서 알아주는 일품이라 하였다.

송악이 야트막한 구릉을 덮고 그 위에 뿌리를 내려 하늘 향해 솟아 있는 나무들은 주인의 품성만큼이나 차분하고 조용했다. 누가 오고 가는지 그저 빈 마음으로 맞이하고 보내는 촉촉한 산빛은 오랜 세월을 묵힌 묵은내가 고즈넉하게 다가왔다. 손수 벽돌 한 장을 직접 쌓고 기둥을 세워 지은 죽설헌은 넓직한 유리창이 바깥 숲을 거실 안으로 그대로 들어앉혔다. 거실 가득 담긴 숲은 비스듬한 나뭇결 사이로 비치는 저녁 햇살과 떨어져 쌓인 낙엽들의 푹신한 촉감이 늦가을 오후의 여유를 갈빛 파스텔톤으로 안겨주었다.

숲에서 내뿜는 나무들의 숨결은 공기를 한층 차분하게 가라앉혔고 차가운 듯 포근한 느낌으로 마시는 차 한 잔은 다른 세상과 구분 짓는 또 다른 다실의 연출이었다. 시원에게 있어 차는 대화의 연결고리다. 그림을 그리고 원림을 가꾸다 보니 많은 사람이 찾아오고 이들과 세상의 끈을 잇는 것은 자연스럽게 차가 자리매김해 주었다. 마셔도 마셔도 질리지 않고 물리지 않는 차는 그대로 하나의 개체로서 역할을 다해 주었다. 누가 언제 와도 반갑게 맞이하는 차 한 잔이 담박하게 손님 앞에 인사 드린다. 주변의 산속에서 채취한 야생 찻잎, 뽕잎, 느릅, 겨우살이 등등 나무와 어우러져 살아온 살림살이를 그대로 내어놓는 찻자리는 언제나 소박하고 꾸밈이 없다. 화장기 없는 여인의 속살 같은 청아함이 그 안에 우러난다. 여기에 말캉말캉하게 익은 홍시의 주홍빛 먹살을 한 입 베어 물면 이보다 더한 다식이 어디 있겠는가!

늦가을 오후의 고즈넉한 차향이 숲으로 날아간다.

죽설헌을 모티브로 한 시원의 작품들은 이곳에 모여드는 새들과 숲을 배경 삼아 담묵필체로 그려졌다. 올망졸망 앉아 있는 참새들의 모습은 커다란 숲의 보호 아래 자유로이 노니는 어린아이와 같은 천진함이 묻어있다. 놀다가 언제든지 경계경보가 울리면 후다닥 품속으로 들어가 쉴 수 있는 커다란 숲이 전체를 감싸는 듬직한 부성으로 흐르고, 화사하게 매화를 피워내는 모성의 아름다움이 화면을 가득 채운다.

시원은 앞으로 하고 싶은 꿈이 있다. 세계 아트페어에 참석해 한국적인 담묵의 아름다움을 선보이고 싶어 한다. 여백의 미를 표현할 수 있는 담묵의 농도는 시원이 담고 싶은 삶의 농도와 같지 않을까. 치열하게 살아온 지난 삶의 시간들을 짙고 연한 필체로 담담하게 그려낼 수 있는 여유는 삶을 질곡만한 농도로 표현되지 않을까. 자신에게 치열한 사람은 그만이 아는, 그러나 모두의 가슴을 아우를 수 있는 깊은 열정이 숨어 있다. 하지만 그 열정은 뜨겁지 않다. 식어서 사라져 버린 열이 아니라 모두를 사랑으로 감쌀 수 있는 자애와 연민의 부드러운 마음으로 전환되어 있다. 그 에너지는 식은 것도 아니며 사라지는 것도 아닌 언제나 살아 있는 항상성을 간직하고 있다. 그 진한 담묵의 농도는 맑은 물처럼도 검은 먹빛으로도 그 색을 다할 수 있을 것이다. 그의 꿈이 그 안에서 빛나기를 기원해 본다.

2013. 11. 29.

선차의 숨결이 살아 있는 다솔사
- 다솔사 동초 스님 -

죽로선실(竹露禪室)

천지가 온화하여 즐거운 경계 가운데	天地溫和樂境裡
주객이 함께 몰입하여 서로 공경하며	主客共沒相敬露
담연히 맑고 고요한 한 잔 차를 마시니	湛然淸寂一椀茶
중정과 선다도가 이와 같아라	如是中正禪茶道

- 봉일암 다도관 -

해거름이 다 될 무렵에 들어선 다솔사는 한적함 그 자체였다. 천 년의 세월이 산을 넘어 고즈넉히 노을에 물들어 가고 있었다. 비 갠 뒤 처마 끝에 밀려온 초연함은 허공 속에 그대로 흩어지고 창문을 비끼운 저녁놀이 부처의 발끝에 멈추었다. 법당 뒤 켠에는 사리탑을 에워 탑돌이 하는 노보살의 염원이 손끝을 타고 하늘로 승천하는 듯하였다. 어둠이 서서히 해거름을 밀어내고 스멀스멀 전각에 밀려오니 인적도 사라지고 산그늘마저 대지 위에 묻혀버렸다. 하루를 걷어낸 산사의 저녁이 똑또르르 목탁소리에 미처 살피지 못한 뭇 생명들의 참회로 맘결을 풀어낸다. 침묵에 싸인 고요가 삶에 지친 무게를 덜어 아스름히 위로의 손길을 보낸다. 그냥 이대로 부처의 발아래 묻혀버릴까. 이제는 나를 찾아 헤매는 어리석음에서 벗어나볼까. 본질이 무엇이관데 이토록 처절하게 나를 도려내야 하는 것일까. 비워진 그대로 영속될 수는 없는 것인지 다시 고개를 들어 부처의 미소에 답 없는 답을 청한다.

다솔사는 여러 해 전부터 들러보리라 마음먹었으나 좀체 찾지 못해 아쉬웠다. 경내에 들어서자 동초 주지스님은 다담 중이었고, 공양간에서 방금 쪄 내온 옥수수는 시장기를 면하기에 충분했다. 다식을 권하는 스님은 봉일암에서 홀로 30여 년을 정진한 수행자의 굳건한 선기(禪氣)가 흘렀다. 선방에서 홀로 수행한 면면이 강인한 의지가 자연스레 배어났다. 나중에 들으니 참선 중 상기병이 생겨 중국무술의 10대 명사인 진정대사로부터 '진가식태극권'을 사사받고 태극권 수행에 주력했다고 한다. 지금도 스님에게 수련을 배우고자 하는 신도들이 주말이면 다솔사에 모여 권법을 배우고 있다. 동초 스님은 72년 태백산 만경대 유일사에서 출가한 후 동산 스님의 문하인 범어사 지효 스님을 은사로 공부했다. 지효 스님을 시봉할 때 효당 스님 밑에서 선혜 스님과 함께 차를 배웠고, 그 후 봉일암에서 수행정진을 하며 다솔사를 지켜왔다.

어떻게 왔는지 내심 궁금한 마음을 감추지 못하고 말을 건네는 지연 스님의 권유에 따라 봉일암으로 향했다. 스님이 주석하고 있는 죽로선실(竹露禪室)은 법당에서 10여 분 거리. 법당 뒤 산길을 따라 오르다보니 나무 숲 사이로 내리는 저녁놀이 어스름 산들을 비추고 있었다. 눈이 있는 사람은 볼 것이요, 귀가 있는 사람은 들을 것이라 하니, 코가 있는 사람은 이 아름다운 산길의 풋풋한 향내를 어찌 놓칠 수 있을까. 코끝을 타고 흐르는 풀내가 어깨를 지나 가슴으로 파고들어 온몸의 세포를 자극한다. 묵은 세포가 씻겨 내리고 청정하고 맑은 숲의 기운이 발끝까지 스며든다. 한 폭 한 폭 띄는 발걸음에 폭석 폭석한 솔향이 밟히고 비 온 뒤 쌩긋하게 살아난 초록이 제 빛을 한껏 머금는다.

정갈하게 정리된 봉일암은 스님의 성품과 닮았다. 오래된 것을 갈고 닦아 정갈하게 다듬은 도량에는 세월이 내려앉은 무게마저도 청정했다. 선방을 둘러보고 다실로 들어서자 스님의 차취(茶趣)가 감돌았다. 오래된 난로와 커다란 청동주전자의 크기가 이 방을 찾는 사람의 수를 헤아리게 했다. 많은 다인들이 오고가며 남겼을 시구와 불구들이 벽 곳곳에 남겨져 있고, 묵어서 좋은 스님의 다구들이 차분하게 자리를 잡았다.

스님은 가장 먼저 말차를 한 잔 권했다. 그런데 스님의 격불하는 솜씨가 달랐다. 손놀림이 여느 말차를 격불하는 움직임이 아니라 무엇인가 표상을 그리며 움직이는 손놀림이었다. 태극권법 말차라 한다. 태극권을 경체로 싸서 격불하면 온몸과 우주가 하나의 동체를 이루어 천지의 이치가 조화로운 말차가 된다는 것이다. 말차 한 잔에 온 우주의 기를 담아 건넨다. 담연하고 맑은 진초록의 빛깔이 선명하게 눈에 들어온다. 부드럽고 맑은

물맛이 차향을 어우러지게 하고 정갈하게 다듬어준다. 스님의 독특한 격불법으로 우려낸 차 한 잔이 나와 우주를 하나로 감싸는 조화로움이란 것이 이런 것일까. 스님은 말한다.

"다도란 도를 깨달아서 수용하는 것이죠. 도란 밖으로 허덕이는 마음을 안으로 잡아주고 높고 낮음을 가리지 않고 평등

하게 대할 때 이루어집니다. 보살 중생에게 무엇인가 따뜻하게 전해주려는 마음으로 생활하는 것이 평상심이요, 정신적으로 한 생각 흐트러짐 없이 한 잔의 차를 내는 마음이 차의 근본입니다. 차는 내는 사람의 기운이 투영되기 때문에 기운을 순화시켜서 차를 내고 격불해야 합니다. 사람에 따라 다를 수도 있지만 청적(淸寂)한 수행력이 따르지 않으면 그 차는 격한 물질에 다를 뿐이죠. 마음을 하나로 해서 차를 내고 마시는 사람도 그런 마음으로 차를 마셔야 선과 차와 우주가 하나로 이루어지는 선차의 경계에 이를 수 있습니다."

순일한 마음과 정신이 한 생각일 때 선다일여의 경계를 체득할 수 있다는 스님은 항상 자신을 바라보는 순간을 놓치지 말 것을 당부했다. 자신을 잃어버리는 순간 마음은 밖으로 향하고 흐트러져 근본을 벗어난다고 한다. 지금 여기 이 순간 존재할 뿐, 그 어디에도 자신은 없다. 자신을 관조할 때 본연의 모습이 보이고, 안을 볼 수 있으면 그 감관을 조절하는 힘이 생긴다. 예를 들어 부처의 호흡을 살펴보자. 부처의 호흡이 전혀 숨을 쉬지 않는 것처럼 고요한 것은 그에게서 서두름과 모든 욕망이 사라지고 어느 쪽으로도 기울지 않는 내적인 힘이 충만하기 때문이다. 모든 욕망이 사라지고 자비로 변한 부처의 호흡은 자신을 살피는 내적인 힘에 의해서만 가능하다. 내적 힘이 강해지면 불필요한 허물을 벗어버리고 본원의 자리에 들어 여여(如如)한 본성만이 존재한다. 부처의 호흡은 부처가 누구인지 아는 데 있다. 자신이 누구인지 보고 느껴서 아는 마음에서 찾을 수 있는 것이다. 자신에 대한 접근 방법이 다른 부처의 호흡은 오늘 우리에게 절실하게 필요한 수행일지 모른다. 빠르게만 외쳐대던 현대사회는 결국 갈 길을 잃고 삶의 본질에서 벗어나 있다. 이러한 가치관 부재의 시대에 부처의 호흡으로 사회현상을 분석하고 각자의 내면을 향해 해답을 찾는 것이 중요하지 않을까. 우문무답일지 현문유답일지 모르나 반드시 짚고 넘어가야 할 일인 것만은 분명하다.

반면 우리가 자신을 주시해 보면 근심에 쌓여 있을 때 호흡은 가빠진다. 분노할 때 숨은 격렬해지고 에너지는 열을 받아 뜨거워 거칠어진다. 물질을 탐하고 감각에 이끌리며 명예와 권력에 집착하여 가치관의 혼란을 야기한다. 자신의 내면을 바라보는 힘이 강하지 못한 상태에서는 자신이 누구인지 근본을 모르기 때문에 늘 대상을 통해 자신을 인식하려고 한다. 자신에게 부재된 정신적 욕구를 외부의 대상에서 찾으려는 어리석음이 끊임없이 반복되는 것이다. 그러나 조용히 자신을 관조하면 숨은 가라앉게 되고 호흡도 느려진다. 자신이 지금 어디로 가고 있는지 방향을 찾을 수 있으며 무엇에 휩쓸리고 있는지 알아차리게 된다. 물질이나 대상에 대한 인식이 옅어지며 자신의 내적 흐름을 살피는 의식이 열리게 된다. 에너지는 청정하게 식어 내리고 거친 숨결은 고요하게 정화된다. 자신의 내면을 보는 순간 본성을 찾을 수 있고 거기에서 선과 차가 하나로 이루어지는 경계를 만나게 된다.

선차의 의미는 바로 이런 데서 찾을 수 있다. 선과 차가 물질의 개념을 초월한 정신적 의미로 다가오는 것은 내면에서 받아들이는 마음이다. 실체를 받아들이는 것은 마음의 문제이지 물질의 문제가 아니기 때문이다. 밖의 경계로부터 벗어나 내면이 자유로워질 때 차의 근본으로 들어갈 수 있는 것은 모든 욕망이 사라졌기 때문이다. 욕심을 버리고 근심을 버리고 마음의 평온과 안정을 찾아 청적한 고요가 찾아오는 그 자리가 바로 선차(禪茶)의 자리요, 중정(中正)의 묘리이다. 안과 밖의 고요, 하나의 실상(實相)에 접근할 때 선은 차에 녹아 있고 차는 선에 융합된다. 근본적인 자기 정체성을 찾았을 때 차와 선은 그 자리에서 사라지고 없다. 무착바라밀(無着婆羅密). 공(空)이다.

죽로선실의 차향이 온몸을 비워낸다. 육체의 실상이 사라진 듯한 공함. 태극권법의 기를 감싼 차 한 잔에 하늘의 별이 내려앉는다. 노동의 겨드랑이에서 날개가 돋아난다 했던가? 어느새 하늘을 날고 있었다.

날이 어두워지자 사찰 주변의 자생차밭을 둘러보지 못한 아쉬움이 계단마다 총총히 찍히고 내려오는 발등 위로 떨어진다. 짧은 시간 긴 여운. 뒹구르르 낙엽 따라 등 뒤에 가을이 다가온다. 다솔의 차향을 안은 채……

2014. 7. 30.

다산 정약용의 유배지 답사
- 조선대학교국제차문화학과 -

　겨울 한파가 몰아치던 새해 벽두, 새벽부터 날리던 눈발이 조금씩 잦아들기 시작 할 무렵 다산 정약용(1762-1836)의 흔적을 찾아 발을 옮겼다. 과거를 거슬러 옛 선인의 역사를 되짚어 보는 것은 내일을 사는 오늘의 다짐이었다. 자칫 방향을 잃고 길을 일탈하기 쉬운 세상 앞에 선다는 것은 언제나 마음의 신호를 점검해야 하는 것과 같은 느낌이다. 다산 정약용과 황상(1788-1870)의 글을 보면서 지금 내 발 끝은 어디로 향하고 있는지 사람다움은 잊지 않고 있는지 확인해 보고 싶었다.

　그 중 먼저 선택한 곳이 황상이 살았던 일속산방(一粟山房)이다. 일속산방을 가기 전 다산과 황상이 들렀다는 정수사를 참배하고 당전제 둑길을 따라 걷기를 30여 분쯤 산기슭 안쪽에 팻말이 하나 보였다. 황상이 스승 다산의 가르침에 따라 지은 일속산방의 터가 강진군 대구면 항동마을 북서쪽에 남아 있으나 지금은 덩그러니 팻말만 서 있을 뿐 집터의 흔적은 찾을 수 없었다. 잡목 사이 평평한 자리에 있었던 일속산방은 사방 한 칸짜리 오두막 정도 되어보였다. 좁쌀만큼 작다는 뜻의 일속산방은 치원 황상이 63년간 학문을 연마하고 글벗들을 맞이했던 서재 이름이다.

　다산의 유배 당시 황상은 15살에 다산과 사제의 연을 맺고 평생 스승의 뜻을 따른 충직한 제자였다. 황상은 다산의 18년 유배기간 동안 스승의 삼근계(三勤戒)를 받아 몸과 마음에 새기고 부지런히 공부하며 끝까지 스승을 모신 제자였다. 황상이 다산에게 자신은 둔하고(鈍)하고, 막혔고(滯), 어버근(戛)한데 공부할 수 있겠느냐고 묻자 다산은 재빠른 천재보다 미욱한 둔재의 노력이 훨씬 무섭다고 깨우쳐 주었다. '뚫으려면 어떻게 해야 하는가? 부지런히 해야 한다. 틔우려면 어떻게 해야 하는가? 부지런히 해야 한다. 연마하는 것은 어떻게 해야 하는가? 부지런히 해야 한다'라고 일러주었다. 황상은 스승의 가르침 삼근계를 평생토록 실천하며 산 우직하고 듬직한 제자였다.

황상은 또 다산에게 숨어사는 선비의 거처를 묻기도 했다. 다산은 〈제황상유인첩題黃裳幽人帖〉이라는 글을 써 주었다. 이 글은 주거 공간의 위치와 내부 구성, 주변과 외곽에 이르는 환경조건까지 세심하게 설명을 하고 있으며, 일상과 가계 운영에 대해서도 청사진을 제시했다. 황상은 스승의 뜻을 따라 부지런히 논과 밭을 경작하고 가축을 기르고 누에를 치며 과학영농을 도입해 자식들에게 가정 일을 함께 하는 진정한 실학자로 살았다.

또한 황상은 자신을 다진(茶塵, 다산의 티끌)이라고 겸손해 하며 평생 관직에 나아가지 않았다. 추사 김정희(1786-1856)에게 시 짓는 재주가 으뜸이라는 극찬을 받고 자신만의 독특한 문학세계로 후학들로부터 시사(詩師)로 불리기도 한 큰 학자이기도 했다.

황상은 다산에게 열복과 청복을 배웠다. 조정 벼슬아치들이 누리는 열복 또한 좋지만 과실을 심고 채소를 가꾸며 도리를 지켜 안분 자족하는 유인의 삶이 청복이라 여기며 황상은 은자의 이상적인 삶을 살았다. 황상은 스승에게 배운 대로 일속산방을 경영하게 된 이야기를 시 〈암야菴夜〉에 이렇게 적었다.

어렸을 적 티끌세상 싫어했는데	兒時厭世塵
스승이 산속생활에 대해 말하였네	夫子道山趣
바위 사이 작은 집만으로	數椽巖間屋
내 뜻과 그리움을 펴기에 족하지	足以敍志慕
천석은 해맑아 친할만하고	泉石清可狎
노을과 산 기운은 성품을 길러주네	霞嵐養性具
베고 뚫어 긴 근원을 열고	斬鑿開長源
끌고 당겨 채마밭에 물을 대고	牽引灌園圃
친척에게 꽃을 구하네	乞花添宗族

1849년 4월 황상이 초의의
일지암을 다녀간 뒤 그해 겨울
〈초의행병소서 草衣行幷少序
〉를 보내자 초의는 〈일속암
가 一粟庵歌〉를 지어 화답했
다. 그 글 속에 일속산방에 대
한 자세한 사연이 나온다.

'청해 남쪽, 여러 봉우리가
빽빽이 푸르게 하늘로 솟은 곳
에 백적동 가야골이 있다. 몹
시 해맑고 그윽하고 드넓은
데도, 후미지다 하여 사는 백
성이 드물다. 치원자가 이 말
을 듣고 유연히 가서 높은 벼

랑 아래에다 띠집을 얽고 찬 시내 곁 밭에 씨를 뿌렸다. 구름을 갈고 달을 낚시질하
며 이슬에 젖어 잠들고 바람을 맞으며 밥을 먹었다. 이처럼 힘써 일한지가 30년인
데 일찍이 하루도 시서를 폐한 적이 없었다. 능히 삼여의 여가에 힘을 쏟으니 의연
히 절로 태곳적 일민이라 하겠다. 나이가 들어 늙고 기운이 쇠하자 다시 뒤편 골짜
기의 물길이 끊어진 곳에 집 한 채를 지어 편안히 몸을 기르며 삶을 마칠 장소로 삼
았다. 이곳이 이른바 일속산방이다. 나를 찾아와 옛이야기를 나누고 돌아간 후 기
유년(1849) 겨울에 〈초의행〉 한 편을 부쳐왔기에 그 운자를 써서 〈일속암가〉를
지어 답례하였다.

그후 다산이 해배되어(1818) 고향에 가서 생활하는 18년 동안 그리던 스승을 만나
고자 하는 간절한 심정으로, 황산은 다산의 결혼 60주년이 되는 회혼식(1846)에 참
석하기 위해 천리 길을 걸었다. 병중에 있는 스승을 뵙고 내려오다가 며칠 후 선생의

부음을 받고 다시 가서 제자의 예의를 다 했다. 그 후 10년 뒤(1854) 스승의 제삿날 다시 찾아가 기일에 참석하니 다산의 큰 아들 정학연(1783-1859)은 감사의 표시로 〈일속산방으로 돌아가는 처사 황치원을 전송하는 서문 送黃處士巵園歸一粟山房序〉을 써 주면서 두 집안은 자자손손 영원토록 형제처럼 살아가자고 약조 했다.

돌아가신 아버님께서 강진에 귀양 사신 것이 무릇 18년이다. 학업을 청한 자는 수십 명이었다. 혹은 7-8년 만에 돌아가고 혹은 3-4년 만에 물러났다. 곁에서 과문과 팔고문을 익힌 자가 있었고, 시와 고문을 섭렵한 자도 있었다. 그러나 막판에는 창을 들고 방으로 뛰어 들어와 욕하고 헐뜯으며 등 돌린 자도 있었다. 문하는 거의 흩어져 사라졌다. 하지만 유독 황군 제불(帝黻)만은 어렵게 지내시던 초년부터 귀양에서 풀려나 돌아오시던 그날까지 시종일관 법도를 넘어섬 없이 자세에 조금의 차이가 없었다.

배움은 효성과 우애, 충성과 신의를 바탕으로 삼았다. 어버이를 섬김은 옛날의 효자 증자(曾子)[1]와 민자건(閔子騫)[2]과 같게 되기를 기약했고 아우와 우애롭기는 복식(卜式)[3]과 음경(陰慶)[4]을 기준으로 삼았다. 벗과의 사귐은 거경(巨卿)[5]과 원백(元伯)[6]을 본받았다. 그런 까닭에 시골에서는 모두들 그를 모범으로 삼았다. (중략) 나무를 심고 원포를 가꾸며 스스로 넉넉하게 지내는 것에 이르기까지 또한 돌아가신 아버님께 가르침을 받은 바 있다. 깊은 산속에 집을 얽고 경서를 읽는 여가에 시를 지어 즐거움으로 삼았으며 늙음이 장차 이르는 것도 알지 못하였다. 매번

---

1) 증자(曾子), 춘추시대의 유학자. 〈효경〉의 저자라고 전해짐.
2) 민자건(閔子騫), 노나라 사람으로 공자는 그의 덕행과 효성을 칭찬하였다.
3) 복식(卜式), 한나라 재상. 농사를 짓다가 조정에 발탁되었다.
4) 음경(陰慶), 후한 사람. 우애로 이름 높았다.
5) 거경(巨卿), 후한(後漢) 사람 범식(范式)의 자, 신의. 약속을 지키는 성실한 인품을 비유하는 말이다.
6) 원백(元伯), 장소의 자. 장소는 죽은 뒤 절친한 벗인 범식의 꿈에 나타나 조문 올 것을 청했다.

아버님께서 돌아가신 기일에는 옷을 단정히 하고 북쪽을 향하여 곡을 했다. 나이가 일흔에 이르러서도 절 올리는 것을 멈추지 않았다.

천릿길에 발을 감싸고 아버님 산소를 찾아온 것이 세 차례나 된다. 그 굳센 행실과 도타운 윤리가 어찌 혼탁한 세속에서 쉬 얻을 수 있는 것이겠는가? 세상을 물러나 번민 없이 사슴과 맷돼지와 더불어 즐겨 노닐었으니 장차 초목과 함께 썩고 말 터이니 어찌 슬프지 않겠는가?

황상이 추구했던 선비로서의 사상과 지조, 스승의 뜻을 따라 충직하게 학문을 하는 학행일치, 자연에서 청복을 얻으려는 생태적 삶은 오늘날 우리들이 추구해야 할 태도가 아닐까.

걸음을 옮겨 다산이 아암 혜장(1772-1811)과 만나 담론을 펼친 백련사(白蓮社)를 찾았다. 다산이 아암의 얘기를 일찍이 전해 듣고 백련사로 찾아가 아무 말 없이 아암과 차를 마신 일화는 너무도 잘 알려진 이야기다. 다산은 강진으로 유배되어 사의재(四宜齋)에서 지낸지 5년 째 되던 1805년 어느 봄, 우울한 마음을 달래고자 우연히 백련사에 들렀다가 그곳에서 해남 대흥사의 아암을 만나 1811년 가을 그가 죽을 때까지 6년 반 동안 친교를 나누었다. 30세의 젊은 나이에 대흥사 제12대 강사를 지낸 아암은 다산을 알아보지 못하고 한나절 대화를 나누었다. 그리고 다산은 같이 동행한 노인과 함께 암자에서 하룻밤을 지내려고 길을 가는데, 이내 다산임을 눈치 챈 아암이 달려와 배움을 청하고 둘은 하룻밤을 세우며 담론을 나누었다. 그 날 밤 다산과 아암은 주역을 논했는데 아암은 다산 앞에서 자기의 실력을 앞세우다가 다산의 곤초육수(坤初六數)에 대한 날카로운 질문을 이기지 못하고 무릎을 꿇었다. 이때 다산은 아암의 성품이 의외로 급하고 거친 것을 보고 노자의 가르침 중 '부드럽기를 어린 아이 같이 하라'는 구절을 따서 '아암'이란 아호를 지어 주었다.

그 뒤로 아암은 다산을 스승으로 극진히 모시며 정성을 다하였고 그 해 겨울에 다산이 백련사의 암자인 보은산방(報恩山房)으로 거처를 옮기도록 도와주었다. 다

산과 아암은 이곳 보은산방에서 주역에 대하여 자주 논하고 시를 쓰면서 둘 사이의
정을 더욱 돈독하게 했다. 다산은 아암과의 정분을 다음과 같이 읊었다. 다산의 시
〈산행잡구〉 20수 중 제15수, 1806년 3월에 지은 시다.

삼경에 비가 내려 나뭇잎 때리더니
숲을 뚫고 횃불이 하나 왔다오.
혜장과는 참으로 연분이 있는 지
절간 문을 밤 깊도록 열어 놓았다네.

아암이 머물렀던 백련사는 만덕산(萬德山)에 있어 만덕사(萬德寺)라 불렸다. 만
덕사는 통일신라시대 말기인 839년(문성왕 1)에 무염(801-888) 스님이 창건하였고
그 후 폐허가 되어 터만 남아 있던 것을 원묘 국사 요세(1163-1245)가 중창 하였다.
사찰 이름을 만덕사로 부르다가 백련사로 바꾸어 부르게 되었는데 그것은 고려 후
기인 1211년(희종 7년) 원묘 국사 요세가 주도한 불교개혁운동인 백련결사가 만덕
사에서 이루어졌기 때문이다.

요세는 보조 지눌(1158-1210)과 함께 송광사에 머물다가 1208년 천태종의 묘의
(妙義)를 얻고, 강진에 살고 있던 최표 등의 권유로 만덕산에 있는 만덕사로 들어가
자리를 잡았다. 그의 제자 원영으로 하여금 1211년(희종 7)에 시작하여 21년 만인
1232년(고종 19)에 가람 80칸을 중창하고 절이 완공되자 요세는 보현도량(普賢道
場)을 개설하고 실천 중심의 수행인들을 모아 결사를 맺었다. 이것이 송광사를 중심
으로 한 수선사결사(修禪社結社)와 쌍벽을 이루었던 백련사결사(白蓮社結社)다.

지눌의 수선사가 돈오점수(頓悟漸修), 정혜쌍수(淨慧雙修)를 수행의 요체로 삼
았다면, 요세의 백련사는 참회하여 죄를 멸하는 참회멸죄(懺悔滅罪)와 정토에 태
어날 것을 바라는 정토구생(淨土求生)을 추구하는 결사를 맺었다. 염불선을 수행
방편으로 삼아 그 후 120년 간 8명의 국사를 배출하였고 고려시대에 이르러 최고

의 중흥기를 맞았다. 고려시대 혜일 선사가 만덕사를 찾아 만세루 너머 강진만에
떠 있는 돛단배를 보며 읊었다는 시가 전한다.

> 백련이라 이름난 절 아름답고, 만덕산은 맑기만 한데
> 문은 고요히 솔 그림자로 닫혀 있어, 객이 오면 풍경 소리만 듣네
> 돛단배 바다 위로 지나고, 새들은 꽃 사이를 날며 우짖으니
> 오래 않으면 되돌아갈 길조차 잊을 만큼, 인간세상의 흔적은 하나도 없네

백련사의 대웅보전과 만경루의 현판은 18세기 동국진체(東國眞體)의 완성자인
원교 이광사(1705-1777)가 완도 근처 신지도에서 16년 간 유배생활을 하던 중 백
련사에 들러 남겼다고 한다.

백련사에는 주차장부터 절 입구까지 약 3천 여 그루의 키 큰 동백나무들이 거대
한 숲을 이루고 있다. 천연기념물 151호로 지정된 이 동백숲은 12월 말부터 피기
시작하여 이듬해 4월 초순까지 절정을 이룬다. 다산이 다산초당과 백련사를 오가
며 심기 시작했다고 하는데 지금은 그 빼어난 멋이 백련사를 더욱 더 아름답게 해
주고 있다.

이 동백숲을 지나 다산초당으로 가는 길을 오르면 야생차밭이 나온다. 이 야생
차밭에서 만든 차로 다산과 아암은 밤새도록 차담을 나누었을 것이다. 보은산방으
로 자리를 옮긴 다산은 아암이 보낸 차를 마시며 주역을 공부하고 다산은 차맛에
빠져 차가 떨어지면 혜장에게 차를 보내 달라고 조르는 〈걸명소〉를 써서 보내곤
했다. 〈걸명소 을축동 증아암선사乞茗疏 乙丑冬(1805년) 贈兒菴禪師〉를 보자.

나그네가 요즈음 차를 탐음하고	旅人近作茶饕
책속에 오묘함 열어준	書中妙辟
육우의 다경 세 편을 전통하고	全通陸羽之三篇

겸하여 약으로 충당한다오	兼充藥餌
병을 다스리자니 한밥 잡힌 누에로	病裡雄蠶
마침내 노동 칠완을 다 들이키고	遂竭盧仝之七椀
비록 수척하고 정신이 잠기나	雖浸精瘠氣
기무경의 말을 잊지 않은지라	不忘綦毋煚(慮)之言
옹체를 해소하고 흉터를 지우자하니	而消壅破癥
끝내는 이찬황의 버릇이 생겼오	終有李贊皇之癖
아침에 꽃이 갓 필 때	泊乎朝華始起
구름이 개인 하늘에 선연히 떠갈 때	浮雲皛皛於晴天
낮잠에서 막 깨어날 때	午睡初醒
明月이 점차 산 개울에서 멀어갈 때	明月離離乎碧澗
솥에 물을 부으면 작은 구슬은 설산에 나르고	細珠飛雪山
등불은 자순차 향기에 나부끼느니	燈瓢紫筍之香
새 샘물 활력 있는 불은	活火新泉
야원에 백토시의 맛을 바치고	野席薦白包之味
붉은 옥호 피어난 사발에	花瓷紅玉
번영하는 유화는 비록 노국공에 못미치나	繁華雖遜於潞公
돌솥에 푸른 연기	石鼎青煙
담박 질소하여 한자에는 가까우리	澹素庶乏於韓子
해안 어안은	蟹眼魚眼
옛사람들 즐겨 완미했거니	昔人之玩好
다만 심궁의 용단 봉병은	徒深龍團鳳餠
나라 안 곳집의 반급할 진장품은 이미 빈 그릇이라	內府之珍頒已罄
이 사람 섶나무조차 못할 질고로 하여	玆有采薪之疾
애오라지 차 비는 정분을 신앙함이라	聊伸乞茗之情

저으기 들으니 인생고해는 부처님의 진량중	竊聞苦海津梁
가장 소중함이 단나의 보시라 하고	最重檀那之施
명산에 잠긴 경혈과 고액은	名山膏液潛輸
서초차가 으뜸이라 하거늘	潛輸瑞草之魁
마땅히 갈망 희구함에	宜念渴希
아끼지 마시고 파도 같은 은혜 베풀기 염원합니다	毋慳波惠

　다산과 아암의 만남을 생각하며 숲길을 걸으니 어느새 다산초당에 도착했다. 다산이 초당으로 거처를 옮겼을 때 아암이 젊은 중 하나를 보내어 다산의 밥과 차시중을 들게 했던 시, 〈다산화사(茶山花史)〉 20수 중 제3수, 1808년가 전한다.

　대밭속의 부엌살림, 중(僧)
에게 의지하니
　가엾은 그 중 수염이며 머리
털 날마다 길어지네.
　이제 와선 불가 계율 모조리
팽개친 채 싱싱한 물고기 잡아
다가 국까지 끓인다오.

　1808년 봄 다산은 외가인 해남윤씨 윤단과 그의 아들 윤규로(尹圭魯)의 산정인 다산초당으로 자리를 옮기고 제자들에게 강학을 지도했다. 원래 윤단은 그의 손자들을 가르치기 위해 다산을 초빙하고 초당을 내주었던 것인데 다산은 이들의 도움으로 다소 여유 있는 유배기를 보낼 수 있었다고 한다. 다산초당(茶山草堂)은 초당 뒤편에 있는 야생차밭에 있는 작은 오두막을 가리키는 말로 추사 김정희의 글씨를 집자(集字)하여 현판을 만들었고, 지금은 윤단의 후손들이 개보수하여 기와를 얹었다.

다산초당에는 다산이 아끼던 다산 4경이 있다. 초당 뒤편 바위에 새겨진 정석(丁石), 그 아래 차르 달여 마시던 약천(藥泉), 솔방울로 차를 끓였다던 다조(茶竈), 연지석가산(蓮池石假山)이 당시 다산의 산중생활을 말없이 전해주고 있다. 다산 제1경인 정석은 초당 뒤쪽 언덕에 있는 정약용의 글씨가 새겨진 바위다. 아무런 수식 없이 자신의 성씨인 정(丁)자만 따서 새겨 넣은 것으로, 다산의 군더더기 없는 성품을 보여주는 것으로 평가받고 있다. 2경은 약천으로 초당 바로 뒤쪽에 자리하고 있다. 돌이 촉촉이 젖어있던 것을 보고 다산이 파내니 그 틈에서 물이 솟아나왔는데, 가뭄에도 좀처럼 마르지 않았다고 한다. 이 물을 마시면 담을 삭이고 묵은 병을 낫게 한다 하여 약천(藥泉)이라 부른다. 초당 앞마당에 자리 잡고 있는 큰 바위는 제3경에 해당한다. 이 바위는 다산이 이곳에 오기 전부터 있었던 것으로 차를 달이는 부뚜막으로 쓰였던 것이다. 다산은 이곳에서 약천의 물을 퍼다 솔방울로 숯불을 피워 찻물을 만들었을 것이다. 마지막으로 초당에서 동암으로 가는 길에 있는 작은 연못 가운데에는 돌을 쌓아 놓은 산이 있는데, 이것이 제4경 연지석가산이다. 원래 있던 연못을 크게 넓히고 직접 바닷가의 돌을 주워 조그마한 산을 만든 것으로 다산의 흔적으로만 남아 있을 뿐이다.

다산초당에는 초당건물을 제외하고 3채의 건물이 더 있다. 먼저 초당에 닿으면 왼편에 가장 먼저 만나게 되는 건물 서암을 만날 수 있다. 이곳은 윤종기 등 18명의 제자가 기거하던 곳으로 차와 벗하며 밤늦도록 학문을 탐구한다는 뜻으로 다성각(茶星閣)이라고도 불렀다. 1808년에 지어져 잡초 속에 흔적만 남아있던 것을 1975년 강진군에서 다시 세웠다. 서암에서 초당을 지나 더 깊이 들어가면 나오는 건물은 동암이다. 동암은 솔바람이 부는 누각이라는 의미의 아주 낭만적인 이름, 송풍루(松風樓)를 갖고 있다. 이곳은 정약용이 2천여 권의 책을 갖추고 기거하며 손님을 맞았던 곳으로 일종의 사랑방 겸 서재였다. 정약용이 초당에 머무는 동안 대부분의 시간을 이곳에서 머물렀으며 <목민심서>도 이곳에서 완성하였다. 다산은 이곳에서 실학을 집대성하였고 현재까지 전하는 〈정다산전서〉 등 방대한 실학체계의 대부분을 구상하고 집필하였다.

　다산초당을 내려와 서둘러 사의재(四宜齋)로 향했다. 여행 첫 순서에 사의재부터 탐방을 하려 했으나 시간을 단축하고자 순서를 바꾸니 끝 순서가 되었다. 사의재는 다산 정약용이 강진에 유배 와서 처음 묵은 곳이다. 다산은 주막 할머니와 그 외동딸의 보살핌을 받으며 1801년 겨울부터 1805년 겨울까지 이곳에 머물렀다. 다산은 '네 가지를 올바로 하는 이가 거처하는 집'이라는 뜻의 사의재(四宜齋)를 당호로 걸었다. 다산은 생각과 용모와 언어와 행동, 이 네 가지를 바로 하도록 자신을 경계하였다. '생각을 맑게 하되 더욱 맑게, 용모를 단정히 하되 더욱 단정히, 말(언어)을 적게 하되 더욱 적게, 행동을 무겁게 하되 더욱 무겁게' 할 것을 당호로 삼고 스스로 자신의 언행을 경책하였다. 사려 깊은 주막 할머니의 '어찌 그냥 헛되이 사시려 하는가? 제자라도 가르쳐야 하지 않겠는가?'라는 얘기에 자신이 스스로 편찬한 〈아학편〉을 주교재로 교육을 베풀고 〈경세유표〉와 〈애절양〉 등을 이곳에서 집필하였다. 현판의 글씨 사의재는 다산 선생의 친필을 집자한 것으로 다산의 흔적을 찾는 마지막 기점에서 오늘 우리가 실천해야할 행동 지침을 발견한 듯하였다. 예절과 도의와 신의가 무너져 가는 현대에 사의를 마음에 새겨 실천한다면 점점 잃어가는 우리의 정신을 찾고 삶의 중심을 잡을 수 있는 좌표가 되지 않을까 생각해본다. 오늘 나는 생각을 맑혔는가? 오늘 내 용모는 단정했는가? 오늘 나는 얼마나 침묵을 지키려 하였는가? 오늘 나의 행동은 얼마나 신중했는가? 수신을 먼저 다스리는 것이 치국에 이를 수 있는 길임을 다산은 유배의 첫 가르침으로 제시해 주었다.

2013. 01. 28.

달빛마음 녹색향연의 전당
- 달빛초당 김필곤 시인 -

차 끓이고 차 마심도

나무도 한 백년 쯤 침묵으로 살아야만
땅 기운 하늘 기운을 받을 대로 좋이 받아
저토록 눈부신 열매를 허공에다 다는보다.

물소리도 긴 겨울을 침묵으로 흘러야만
진묵선사 도 깨치듯 홀연히 깨달아서
그토록 드넓은 바다로 하나 되어 가나 보다

차 끓이고 차 마심도 침묵으로 다져야만
생각에는 거짓 없고 마음에는 맑은 고요
이토록 고담한 멋깔의 다도세계가 열리나 보다

-김필곤-

아직 때 이른 여름 기온이 서서히 채비를 시작하는 섬진강가는 짙푸른 초록터널이 감싸고 햇빛에 부서지는 물빛조각은 나이와 비례하는 세월의 폭일까. 산다는 것이 무엇인지 지리도록 헤매이다가 하루하루 살아 있음에 감사하는 마음은 성급한 발걸음을 잼잼거렸기 때문일까. 지나친 욕심은 과욕이라 하던가. 지금의 현실에 자족하기까지 마음을 비우고 내려놓는 일은 삶이 욕심대로 살아지지 않는다는 것을 뼛속까지 앓고 난 후였다. 그러다가도 간혹 스멀스멀 이상과 현실 사이의 괴리를 느끼지만 예전에 비해 내려놓는 시간이 짧아지는 것은 순리에 순응하기 위한 몸부림의 결과인지도 모르겠다. 이러다가 자칫 무개념에 안주하지 않을까 염려 아닌 기우도 해보지만 지금의 삶에 대한 회한은 그저 고맙고 감사한 마음뿐 삶이 아름다운 이유라고 에두른다.

여기 저기 뵈지 않는 곳에 은거 자족하며 삶을 가꾸는 많은 은자들이 세상을 향해 조용히 던지는 침묵과 감사의 기도는 모든 이들을 정화하고도 남는 파장을 가지고 있다. 세상과 조우하기 보다는 자신을 바라보며 내면의 성장을 위해 부단히 노력하는 야인들의 삶은 얼마나 단순한 향기인가.

지리산 문덕면에 조용히 달빛마음으로 차향을 머금는 달빛초당 당주 김필곤(시인, 71)은 그러한 은적과 여유로운 마음으로 산골언덕배기에 초당을 짓고 녹색의 향연을 연주하며 산다. 산기슭마다 차밭을 가꾸고 상추, 아욱, 쑥갓 등 채마밭을 일구는 시인은 자연이 주는 혜택을 보너스로 얻은 연금이라 말한다. 초당 곳곳에 세워진 탑들과 석간수는 복에 겨운 선물이며 홀로 즐기는 야외무대는 자신만의 공연장이라고 한다. 달빛이 내리는 밤엔 삼신산에 찻자리를 펴고 곁을 지키는 아내와 둘이서 직접 만든 차를 마신다. 물소리로 씻은 산을 벗 삼아 솔바람 두르는 계곡을 끼고 마시는 차 한 잔은 오롯이 즐기는 이의 몫으로 내린다. 화개로 돌아온 후 사는 일 눈물까지도 소중해 고마운 저녁 청화백자 한 잔에 차 따르고 시심을 읊는 시인의 삶은 더불어 얻은 자연인 그 자체였다.

시인은 화개에서 태어나 부산에서 불교신문 논설위원을 지냈으며 부산불교 문인협회 이사를 역임하며 계간 〈茶心〉을 창간하고 동다문화 연구소를 운영하기도 했다. 중앙일보 신춘문예로 등단한 후 시집과 시조집 10여권을 출간하고 다서(茶書)를 쓰며 달빛 아래 차를 따르는 동반의 길을 걷고 있다. 지금은 화개 문덕산 달빛초당에서 한나절은 시를 쓰고 한 나절은 차를 따며 그냥 그렇게 살고 있다고 말하는 시인은 달빛에 취한 이태백의 시를 제일 좋아한다. 그래서 늘 그의 시를 읊는 그는 섬진강 달빛차회에 초대되기도 했다.

문덕산에 들어온 후 언제나 그렇듯 세상사는 일은 귀를 막고 오로지 책과 차를 벗 삼아 하루를 푸르게 녹색의 향연장으로 가꾸는 것이다. 지리산 석간수를 한 사발 떠서 차를 우리고 녹색의 푸르름을 일구며 시 한 수에 마음이 빛나는 시인은 자연과 농사를 품에 안고 즐긴다. 생계를 위해 귀농하거나 시골에서 농사를 짓고 살아가는 다른 사람들과 달리 시인은 자연이 주는 생명들의 놀이를 즐기며 자신의 것으로 온전히 받아들인다. 지리산 하늘 아래 숨 쉬는 맑음을 사랑하고 계곡을 타고 흐르는 물소리에 반주를 맞춰 자신의 노래를 부르는 시인은 시간의 의미가 무엇을 말하는지 알기에 하루하루를 비우며 산다. 그는 삶의 질서를 녹색의 정원에서 뿌리고 속세를 떠난 영혼을 가장 자신답게 가꾸며 살고 있다. 자연 앞에 말보다 침묵을 익히며 행복한 나이를 사는 시인은 어제가 되는 오늘을 열심히 산다. 그는 말한다. 구만 리 하늘을 꿈처럼 짚으며 흰구름 보내는 일을 문덕산 돌틈에 던지고 섬진강 아득한 물길로 흐르는 무심을 생각하며 사노라고...

달빛초당에서 우리는 시인의 차 한 잔은 세월의 때가 묻은 그만의 작은 살림이다. 짝이 맞지 않는 다구와 스텐 물빠짐 쟁반은 형식과 격식을 떠나 그가 살아온 세월이다. 애초에 그에겐 외적인 형식은 없었다. 손에 잡히는 대로 있는 그대로 주어진 조건 속에서 사는 법을 터득한 자신의 인생길이다. 그보다 더 소중한 위인들의 가치와 철학을 자신의 지혜로 터득하는 깊은 학문은 시인의 삶을 엮어주는 염주이다.

시간이 시리도록 아파한 세월 밑에 자신의 언어로 삶을 사는 시인은 지금까지 그래왔던 것처럼 앞으로도 책속의 자신을 만나며 문덕산 언덕배기에서 차를 따르고 시를 쓸 것이다. 텔레비전과 신문이 없어도 명예와 재산이 없어도 입맛 좋은 녹색의 향연을 먹으며 그의 낮잠은 달고 깊은 휴식을 취할 것이다. 하늘과 조우하는 날도 그는 반겨 맞는다. 고개 들어 푸른빛에 눈을 맡기고 가슴을 열어 하늘을 마시는 오늘의 하루가 그의 삶이기 때문이다.

섬진강 물결에 황금빛 잔 비늘이 진다. 섬진강의 또 다른 매력은 강을 거슬러 오르는 노을이 물빛에 부서지는 금빛 파장의 눈부심이다. 누가 그 형언할 수 없는 그 물깔과 빛깔을 만들었을까. 자연 앞에 말이 없어지는 이유이다.

山居日記 -가진 것 좀더 가볍게 -

文德山 흐르는 시냇물
무얼 가지고 흐르는가

끌고 온 물과 물소리
그 자리에 놔 둔 채로

구만 리 투명한 하늘만
마음하고 가잖는가.

文德山 겨울 나무
落葉歸根 착한 모습

싸락눈 싸륵싸륵
은혜인 양 받고 서서

가진 것 좀 더 가볍게
덜어 놓고 살잖은가.

2016.04.03.

런던 한국문화원에서 펼친 찻자리
- 효암산방 홍경희 대표 -

"Sitting in a traditional Korean house, with doors and windows open to the early morning sunshine, the taste of the first cup of tea, made with water that is far below boiling point, on a palate freshly awakened, is so intense, so unexpectedly rich and varied, so indescribably fragrant, that from that day on the only question can be: 'When shall I be able to go back and drink that tea again?'"

- 『The Korean Way of Tea』 -

〈The Korean Way of Tea〉 〈Korean Tea Classics〉

효암산방 홍경희(58)씨는 한국의 전통차와 한국의 다도를 외국인들에게 소개하기 위하여 영문판 한국의 다서 〈한국의 다도 The Korean Way of Tea〉, 〈한국의 전통차 Korean Tea Classics〉를 펴냈다. 그는 우리나라에서 처음으로 외국인을 대상으로 한국의 차문화를 소개하는 영문판 책을 펴내고 주로 외국인들과 유학생들에게 한국의 차문화를 가르치고 있다. 〈Korean Tea Classics〉에는 이목의 〈다부〉와 초의 선사의 〈다신전〉, 〈동다송〉을 영문으로 번역해 편집했으며, 〈The Korean Way of Tea〉는 한국의 차를 소개하고 녹차의 제조법과 차 우리기, 한국의 다시, 차의 효능, 중국차의 역사적 개요, 한국차의 역사 등을 영문으로 펴냈다. 2007년 초판 이후 지금까지 4쇄를 거듭하며 꾸준히 외국인들에게 읽혀지고 있다. 그간 외국인을 위한 영문판 다서가 없어 한국 차문화를 알리고 홍보하는데 국지적 한계가 있었으나 그의 저술을 통해 이러한 문제가 해결되는 단초가 되었다. 이 책을 보고 한국의 차를 직접 구하러 오는 외국인도 있고, 한국의 전통 차문화에 관심을 갖고 차문화를 배우려는 사람이 늘어난 것도 홍경희씨 덕분이다.

이 여세에 몰아 한여름 무더위가 기승을 부리던 지난 7월 16일. 영국 런던 한국 문화원에서는 홍경희 씨의 한국 전통 차문화 세리머니가 펼쳐졌다. 영국의 중심 도시인 런던에서 열린 이번 전통 찻자리는 한국을 그리워하는 한인들과 영국인들에게 동방의 호박향이 나는 한국 문화를 선보일 수 있었다. 머나먼 이국에서 한국 사대부의 차생활을 시연함으로써 한국 차문화의 전통성을 보여주는 계기가 된 것이다. 이국땅에서 홍경희 씨의 품새 있는 한복과 전통차 우리기 세리머니는 한국문화에 대한 관심과 호기심으로 이어졌고 한국 전통문화의 위상을 올리는 민간 외교 역할을 톡톡히 했다.

런던에서 한국의 전통차를 알리는 시연을 하게 된 것은 지난 23년 간 우정을 나눈 영국 수사이자 서강대 교수인 안선재(73. 본명 브러더스앤서니)씨 덕분이었다. 안 수사는 80년 김수환 추기경의 초청을 받고 한국에 온 이후 한국 문화에 매료되어 한국으로 귀화한 영국인이다. 그는 서강대에 재직하며 시인 천상병, 고은, 서정주, 김광규, 마종기, 소설가 이문열의 작품 등 30여 권의 시와 소설을 번역했고, 홍경희 씨와는 차를 함께 배우며 다정을 다졌다.

홍경희 씨는 1993년 천상병 시인의 장례식에서 안 수사를 만난 것이 인연이 되어 외국인들과 차를 마시며 친분을 쌓고 자연스럽게 한국의 차문화를 알리는 민간 외교관이 되었다. 두 사람은 차를 통해 맺어진 인연인 만큼 반야로차도문화원에서 함께 제다를 배우고 23년의 다정을 돈독히 했다. 이들은 올 봄 주한 영국대사 찰스 존 헤이 부부가 두 딸과 함께 효암산방에서 차체험을 지도하였으며, 왕립아시아학회 한국지부회원, 한국전쟁 전문가 캐스린 웨더비스 존스홉킨스대 교수, 주한 독일대사 부인 등이 이곳을 방문할 때도 함께 제다 체험을 안내했다. 이 외에도 미국 펜실베니아 대학생들이 1주일 동안 효암산방에 머물며 차체험을 했고, 내년에는 미국 펜실베니아대학에서 차문화를 강의할 예정이기도 하다. 그는 현재 매주 금요일이면 부산 인제대학교 국제교육원에서 외국 유학생들을 대상으로 차문화와 예절에 대한 강의를 한다. 한국차를 모르는 유학생들에게 차문화와 예절을 가르치며 한국의 의식과 의례에 대한 인식을 심어주고 타문화에 대한 이질감을 좁혀주어 한국 문화를 거부감 없이 수용하고 이해하도록 돕고 있다.

홍경희 씨가 차를 처음 접한 것은 중학교 시절 금산사 도영 스님과 도법 스님을 모시고 차를 만들 때부터였다. 그 때 스님이 주시는 음료가 차인 줄 모르고 마셨다가 나중에야 차인 것을 알고 그 매력에 빠져 직접 제다를 하고 차생활을 시작했다. 그 후 반야로에서 효당 스님의 제다법도 공부를 하고 지인들과 차를 만들고 나누어 마시고 있다.

홍경희 씨는 서울에서 고교 국어교사 정년을 10년 정도 남기고 2009년 8월 우연히 화엄사에 들렀다가 2011년 이곳 구례군 마산면 황전리에 조그마한 토굴을 짓고 제2의 생활 터전을 잡았다. 그는 주변 야생차밭을 일구고 채다를 하고 차를 만들어 마시는 삶에 더없이 만족해 한다. 그는 차 한 잔을 마시자며 토굴로 안내했다. 그의 찻상은 고향 친구 안시성이 만들어준 옹기 다기가 펼쳐져 있다. 자연 그대로 숨을 쉬고 있는 옹기 다기는 차맛을 본연의 품성대로 낸다. 인위적이지 않고 자연스러운 색감이며 손놀림의 형태들이 홍경희 씨의 삶과 서로 닮아 있다. 올해 만든 햇차라며 차 한 잔을 내주는 손길에 아무런 격식도 의식도 없다. 그저 있는 그대로 손 가는 대로 내주는 차 한 잔일뿐이다. 차는 맛있게 만들어서 맛나게 우려 마시면 된다는 효당 스님의 가르침을 몸에 익힌 그는 차의 형식이나 격식을 떠나 자연스러우면 된다고 한다. 아무 것도 드러낼 것이 없다며 손사래 치는 그의 태도는 세상에 무관심하고 싶다는 듯 아니면 그 어떤 것도 보여지고 싶지 않은 부지렁일 뿐이라는 매임 없는 태도였다. 자신의 공도 사도 관심이 없는 듯한 마음을 헤집고 싶지 않았다. 그저 차나 한 잔 마실 뿐이다.

그의 효암산방 주변은 온통 차밭이다. 되도록이면 야생으로 자라도록 많은 손을 주지 않고 자연에 맡긴다. 한편에 동백이 빨간 열매를 맺고 태양에 빛을 발하고 있다. 뜨거운 여름이 지나고 가을이 초입에 든 날이지만 여전히 볕은 따갑게 내리쬔다. 가을이 볕 속에 익어간다.

앞으로 홍경희 씨는 발효차에 대한 영문 다서를 낼 계획을 갖고 있다. 그래서 구례에 내려올 때마다 이곳의 발효차 제다법에 대하여 연구를 하였고 지금은 자신의 터전을 발판 삼아 차근차근 발효차에 대해 공부하고 있다. 잭살이라 불리는 지리산의 차는 처마에 주렁주렁 매달아 놓고 감기나 몸살이 났을 때 푹 삶아 마시던 우리의 민간요법이기도 하다. 처마에 매달린 차는 저절로 자연 발효되어 차의 독성이 사라지고 약성이 강해져서 지리산 일대의 민촌에서 마시던 약용음료였다. 잭살은 중국의 발효차와는 다른 우리의 맛과 향을 지닌 전통차이다. 지리산 잭살발효차의 성분과 효능, 그리고 제다법을 연구하여 영문판으로 책을 낼 계획을 갖고 있는 그는 지리산의 자연과 섞여 털털털 차향을 풍긴다.

2015.09.17.

전통매듭공예와의 만남
- 안영숙 매듭 공예가 -

유난히도 많이 내렸던 비가 그치고 매미는 온종일 사력을 다해 자신의 존재를 외친다. 6-7년이라는 긴 세월을 땅속 어둠 가운데 살다가 하늘의 공기를 마시고 숨을 쉬며 인간과 함께 하는 시간은 불과 1주일 남짓. 1주일을 살기 위해 수년 동안 자신의 존재를 감추고 사는 매미의 삶은 우리에게 무엇을 던져주고 있을까.

매미가 자신의 종착점을 알리는 시기쯤이면 가을이 서서히 익어간다. 창 밖에 비치는 햇살은 한 꺼풀 숨을 죽이고 하늘에서 받은 기운을 땅에서 영그는 과실과 열매들에게 내어준다. 그래서 가을은 좋다. 가진 것을 나누어 주고 내어 주는, 결코 교만하지 않은 겸손이 넉넉하게 스며드는 잔잔함이 가을 햇살에 묻어있기 때문이다.

넉넉함을 나누는 것은 가을만이 아니다. 남이 알든 모르든 자신의 길을 찾아 묵묵히 가고 있는 인간의 삶 역시 나눔이 전제된 것이다. 표지판에 나눔이라는 글자를 공고하지 않아도 인간의 마음속에는 더불어 함께 하고픈 이타적 사랑이 공존하고 있다. 그것이 어떤 형태로 나타나든지 간에 말이다.

어느 날 지인과 함께 차 한 잔에 마음을 실어주는 매듭공예 장인을 만난 것은 우리의 전승문화를 나누어 주는 또 하나의 삶의 모습이었다. 현재에 살고 있지만 그의 손끝에선 과거의 아름다운 생활이 재현되었다.

그는 28년 전 매듭을 시작한 안영숙(58) 매듭 공예가이다. 열 평 남짓한 공방은 각종 매듭기구들과 염색한 실타래들, 그리고 그가 만든 작품들이 흰머리를 곱게 빗어 중년의 여유를 풍기는 공예장의 모습과 같이 가지런히 놓여 있었다. 색색이 물들어진 매듭실은 어느새 그에 맞는 매듭작품으로 다시 탄생되어 한국 공예의 멋을 표현하게 될지 장인의 손끝만 기다리고 있었다.

그가 처음 취미 삼아 시작한 매듭은 기계적인 작품에 불과했다. 그러나 서울시 무형문화재 13호 김은영 매듭장의 작품을 보고 무엇인가 강한 메시지를 느끼고 처음부터 다시 시작했다. 그래서 안 매듭 공예가는 그 전에 했던 작업을 모두 버리고 기초부터 배우겠다는 자세로 김은영 선생을 찾아가 처음부터 매듭공부를 다시 시작했다. 자신이 혼자서 매듭을 했던 20여년의 세월을 몽땅 버리기로 하고, 2002년 서울에서 매주 한 번씩 김은영 선생에게 묵묵히 기본을 배운 뒤 차근차근 매듭공예를 이수하고 작품을 만들기 시작했다.

비단실을 염색하고 해사하기, 끈목 짜기, 술 비비기, 각종 술 만들기, 금사감기, 매듭 맺기 과정을 오롯이 혼자서 해냈다. 매듭이란 자신과의 싸움이다. 시간과 노력, 그리고 올올이 정성이 들어가야 하는 작업은 흰 비단실을 각각의 천연염색에 담가 말리고, 끈을 짜서 맺는 과정이 쉽지만은 않다. 옛날엔 염색장, 해사장, 끈목장, 매듭장으로 세분화되었던 일들이 이제는 혼자서 해야 하기 때문에 한 번 작업을 하고 나면 몸살이 난다. 또 염색한 비단실을 굵기에 따라 8사, 10사 등으로 합사해서 다시 실틀에 끈목을 짜는 일은 숙련되지 않으면 하기가 어려워 당시엔 하루 종일 짜도 실 한 타래를 완성하지 못했다는 고충을 들려줬다.

일반인들이 좀처럼 쉽게 가지 않는 길을 가고 있는 안 매듭 공예가는 우리의 전승공예에 대해 남다른 시각을 갖고 있었다. 한복을 즐겨 입는 사람들의 장신구 정도나 박물관과 민속공예전시관에서 보는 것이 매듭의 전부인 일반인들에게 안 매듭 공예가의 외길은 분명 의미 있는 삶의 모습이었다. 우리의 전통 매듭이란 의복과 악기, 각종 생활용구 등에 두루 장식되어 물건의 격을 갖추고 장식의 아름다움을 종결하는 우리 미의 상징물이다. 매듭은 단순한 부속물이 아니라 아름다움을 완성하는 장식 중의 하나이기 때문이다. 전통 장신구의 마지막을 정리하는 매듭은 장신구가 가지고 있는 품격과 속성을 갈무리하는 역할을 한다. 거울 손잡이의 끝부분에 매달려 거울을 한층 멋스럽게 보이게 하고, 부채 끝에선 사대부의 호기를 흔들어주기도 한다. 또 여인네의 한복 앞자락에서는 정숙한 절제미를 강조하며 단조로운 이미지에 화사하고 생동감 넘치는 고귀한 분위기를 창조하는 전통복식미를 자아내기도 한다. 균형과 질서, 절제미가 담겨 있는 매듭은 넘치지 않는 고요와 순리에 순종하는 우리네 여인들의 삶과도 닮아 있다. 외로운 외길을 가는 안 매듭장의 인생에도 어김없는 한국여인의 전통적인 숨결이 녹아 있는 것은 매듭과 함께 한 지난 세월값은 아닐런지…

우리나라의 전통매듭은 삼국시대에 중국을 통해서 들어왔다. 재료로는 명주실, 닥나무실, 삼베실, 털실 등 여러 가닥의 실을 염색해서 꼬고 합사하여 끈목을 만들고 그것을 각종 형태로 맺어 그 끝에 술을 달아 복식, 의구의 장식으로 사용한다. 매듭은 끈의 색감이나 굵기, 맺는 방법에 따라 형태가 다양하며 지방에 따라 그 이름도 다르다. 끈이나

매듭의 하단에 다는 것을 술이라 하는데 각종 악기, 불교도구 등의 장식용으로 쓰였다. 술 또한 쓰임새에 따라 딸기술, 봉술, 호패술, 선추 등으로 다양하다. 또 매듭의 이름은 생쪽, 나비, 잠자리, 국화

등 우리가 쉽게 보고 사용하는 온갖 물건, 꽃, 곤충에서 따와 우리의 생활 속에서 만들어진 자연물이다.

안 매듭 공예가가 만든 작품 중 대표적인 것은 2002년 제 27회 대한민국전승공예대전에서 입상한 〈횃대유소〉다. 횃대유소는 대나무 옷걸이 양 끝을 매듭으로 장식해서 늘어뜨린 것으로 전통 규방이나 사랑방 벽면의 멋을 장식하는 작품이다. 이밖에도 프랑스 파리에서 열린 KOREA CULTURE 국제공예작가전과 2005년 한국공예문화진흥원초대전에 참가한 작품 〈비취삼봉술노리개와 호톱딸기술〉, 〈수묵담문 영남1쌍〉 등이 있다. 그는 다음 달 국립고궁박물관에서열리는 제10회 김은영매듭연구회특별전- 궁연과 매듭에는 〈진주선〉과 〈선낭〉을 선보일 예정이다.

앞으로 하고 싶은 작품이 있다면 〈인로왕번〉의 유소를 만들어 보고 싶다고 한다. 이는 물론 스승인 김은영 선생의 지도하에서 말이다. 그가 가장 염려하고 있는 것은 스승의 업에 누가 되지 않는 제자가 되는 것이다. 부모 없는 자식이 없듯 스승 없이 제자가 있을 수 없기 때문이다. 그는 오늘도 스승의 길을 조용히 따라 가는 매듭 공예가로 살아가는 것을 소원하고 있다. 그것이 우리의 공예를 전승하는 기본이라고 여기기 때문이다. 드러내지 않으면서 전승의 맥을 이어가려는 한국의 장인을 보는 즐거움은 과거가 오늘에 재현되는 손끝이 있었기에 가능했다.

문 밖을 나서니 가을이 발아래 와 있다. 차갑지만 춥지 않은 부드러운 가을바람이 소매 끝 손등을 타고 지난다. 바람 사이 풀 한포기가 가을을 앞에 몸을 가누고 있다.

2011.08.11.

차문화, 비교문화로 본다
- 〈동서비교차문화연구회〉 발족에 대하여 -

　어느 날부터인가 한국 차문화의 패턴이 변화되기 시작했다. 전통녹차 문화에서 중국의 보이차가 차인들을 현혹하기 시작했고, 그 뒤를 이어서 홍차문화가 빠르게 한국의 차문화 흐름을 이끌어 가고 있다. 처음엔 이를 어떻게 받아들여야 할지 대략 난감이었다. 우리 것을 찾자고 시작한 문화의 흐름이 중국이나 영국 등 외래의 차문화를 거부감 없이 선호하고 상인들의 상술에 휘말려 들어가는 경향이 유행처럼 퍼지면서 일부 무분별하게 국적 없는 차문화를 주도하는 주체성 없는 차인들의 의식에 강한 문제를 제기하기도 했었다.

허나 본질은 차에서 파생한 문화라는 원론을 찾기 시작했고, 이제는 다양한 외국의 이질적인 차문화를 거부감 없이 받아들여 우리 차문화의 카테고리 안에 자리 매김해야 한다는 인식으로 변화하고 있다. 우리는 빠른 속도로 변화하는 차문화의 다양성을 우리 차문화 안에서 어떻게 수용해야 하고 전개시켜야 하는 지에 대해서 한 번쯤 고민해 봐야할 때가 온 것이다. 그러기 위해서 우리의 차문화가 이문화(異文化)와 어떠한 관계에 있으며, 그 문화적 배경은 무엇인가를 살펴보자는 것이 연구회 발족의 취지였다.

그러나 이러한 문제는 어디까지나 우리의 차문화를 바라보기 위한 문화적 콘텐츠의 일환으로 접근하려 한다. 자칫 주객이 전도되는 우를 범할 수 있기 때문이다. 따라서 다양한 외국의 차문화를 이해하고 수용하려면 우리 차문화에 대한 명확한 인식과 정체성을 견지하고 발전시킬 수 있는 근본적인 힘이 바탕이 되어야 함을 전제로 한다. 그 위에 이질문화와의 비교를 통하여 한국의 차문화를 계승 발전시킬 수 있고 각국의 차문화를 이해하고 융섭하는 문화영역이 확충되고 형성되어야 한다.

이러한 관점에 주목하고 관심을 기울인 노학자가 있다. 해외 각국의 다양한 차문화를 이해하고 융섭하는데 노령의 나이를 잊고 학문적 접근을 시도한 정병만 (82. 전 한국차학회 상임이사) 회장님의 오랜 뜻이 전해져 〈동서비교차문화연구회〉를 결성하게 되었다. 취지에 동감한 조기정(목포대학교 국제차문화학과) 교수의 적극적인 참여와 뜻을 같이 하는 소장 학자와 동호인들이 모여 지난 6월 20일 광주 혜명전통다례교육원(원장, 장문자)에서 정병만 씨를 초대 회장으로 추대하고 〈동서비교차문화연구회東西比較茶文化硏究會〉를 발족하였다. 연구회는 전통 동양 차문화를 연구하는 아시아 차문화권과 외국의 차문화를 연구하는 홍차문화권으로 나누어 연구자들의 학문적 성과를 발표하기로 했다. 이에 더불어 현장 답사를 통한 차문화의 이해와 홍보를 같이 진행하기로 하고 창립총회를 마무리 지었다.

정병만 회장님은 비교문화의 개념을 설명하는 기조에서 세계 각국의 모든 집단은 자기중심적으로 문화를 인식하려 하기 때문에, 비교는 이문화를 이해하고 상대적 가치를 융화하여 갈등을 정화시키는 팩트가 되는 것이라고 했다. 따라서 이문화의 유사점과 상이점을 다각적으로 분석함으로써 자문화와 이문화 간의 편견을 해소하고 문화적 이해를 넓히는 것이 우선되어야 한다고 했다. 아울러 비교를 위해서는 우리 차문화에 대한 자기 성찰이 선행되어야 하고 대등한 상호주의에 입각하여 서로 상이한 문화가 갖는 가치를 존중하고 인정하는 패러다임이 전제되어야 한다는 것이다. 우리 문화와 이문화 간의 이원주의(二元主義) 상대주의(相對主義)적 시차를 극복함으로써 명실공히 우리 차문화가 세계인의 문화와 더불어 공존하는 계기가 될 것이라고 했다. 외국에서는 이미 오래 전부터 여러 분야에 걸쳐 비교문화연구가 새로운 아이템으로 받아들여져 활성화 되고 있다. 우리 차계에서도 그동안 몇몇 연구가들에 의해서 단편적이고 간헐적으로 비교분석이 시도된 경우는 있으나 비교문화적 범주에서 접근하지 못한 아쉬움이 남아 있다고 했다. 하여 금번 〈동서비교차문화연구회〉의 발족을 계기로 보다 새롭고 미래지향적인 우리 차문화 발전의 전기가 되기를 희망한다고 인사를 갈음했다.

이어서 비교문화연구의 형식과 요령에 대하여 나승만(목포대학교 국어국문학과 비교민속학회) 교수의 연찬이 있었다. 나승만 교수는 문화를 비교 연구하는 데는 따로 형식이 존재하지 않는다고 했다. 다만 비교문화연구를 위해서 몇 가지 준비할 사항을 당부했다. 그 첫 번째는 언어적 훈련과 지식이 있어야 한다는 것이다. 비교연구를 위해서는 각국의 원문에 충실한 자료를 확보하고 이를 해독하는 능력과 실력이 뒷받침 되어야 하며, 세계를 인식할 수 있는 지식이 풍부해야 한다고 했다. 세계의 차문화를 비교 연구할 경우에 차에 대한 이해는 기본이고 원재료에 따른 가공방법과 그 사회체계에 얽힌 역사적 배경과 관계의 움직임, 문화, 경제적 에너지, 이를 변형 생성시키는 요소 등을 잘 파악하고 있어야 함을 피력했다. 두 번째는 비교하는 학자의 인격적인 성향도 매우 중요하다고 했다. 우월적인 의도나 우열의 강조, 자기 우월적인 태도는 바람직하지 않으며 소통을 목적으로 하는 비교연구가 될 때 진정한 학문으로서의 가치를 발현할 수 있다고 했다. 〈동서비교차문화연구회〉가 지향해야 할 점은 창조적이고 생산적인 비교의 대상과 어떻게 소통하고 긍정적으로 발전시킬 것인가에 대한 해답을 찾는 것이 우선되어야 함을 강조했다. 다양한 차문화를 경험하고 자각하여 제 3의 영역을 만들어 나가는 것도 중요하다고 했다. 음악, 미술, 영화 등 문화의 다양성을 생산 표현하는 상상력과 창의력이 뒷받침되어야 하며 이를 경제적 문화적으로 생산 가치를 연결시킬 수 있는 사회적 인식이 가능해야 한다고 했다.

마지막으로 정병만 회장은 우리는 지금 다문화시대이자 이질문화와의 혼성시대에 살고 있지만 이제는 이문화를 이해와 수용의 눈으로 보아야 한다고 했다. 전통만이 절대선(絶對善)이 아닌 이질 차문화와의 대등한 상호선(相互善)의 위치에 놓음으로써 글로벌시대에 상응하는 화(和)와 애(愛)의 소프트한 문화로 변화, 발전시킬 수 있다고 했다. 그러기 위해서는 먼저 우리 차인 모두의 인식 변화가 절실할 뿐 아니라 비교문화 차원의 학문적인 연구 시스템이 갖추어져야 한다고 말하며 연찬을 마쳤다.

금번 연구회의 발족은 새로운 장르에 도전하는 신선한 시도인 만큼 미개척 분야의 도전이라 할 수 있다. 회원 여러분들의 연구에 여러 가지 어려움도 있으리라 예상되나 선구자의 마음으로 연구에 임한다면 꾸준히 발전할 수 있을 것으로 본다.

2014.06.24.

세상 이야기를 들어주는 이불재
- 소설가 정찬주의 다실에서 -

> 차의 성품(茶性)은 두 말할 것도 없이 맑고 향기로운 것이다. 조광조가 학포를 가리켜 '맑고 향기로운 사람'이라고 평한 것을 보면 학포야말로 차를 닮은 인격의 선비였을 것 같다. 진정한 다인이란 차를 잘 마시는 사람이 아니라 차의 성품을 닮은 사람을 두고 하는 말이 아닐까.
>
> -정찬주의 다인기행 중에서-

솔숲에 부는 맑은 바람 같은 사람이 떠오를 때가 있다. 그 사람의 이미지만 생각해도 정화되는 느낌, 맑은 반조를 하게 만드는 사람. 그런 사람을 만나면 내 삶에도 향기가 인다. 사람의 향기는 그 사람이 어떻게 살아왔는가에 따라 달라진다. 즉 삶의 모습에 따라 사람의 향기는 각기 다르게 풍긴다. 삶이 맑으면 솔향과 같은 청한한 바람이 일고, 삶이 탁하면 무겁고 어두워 어딘지 거리를 두고 싶은 기운이 흐른다. 솔바람이 이는 삶의 향기. 그 향을 찾아 떠난 가을 초입의 여행이 길을 안내해 주었다.

매번 쌍봉사를 지나면서 바로 곁에 이웃한 이불재의 주인을 만나고 싶었다. 차를 알고 차를 마시는 근래 보기 드문 다인다운 다인 소설가 정찬주(63) 작가였다. 그의 책 〈다인기행〉을 읽으면서 속속들이 들여다 본 다인들의 차생활과 그들의 정신을 살핀 작가의 필력에 우리나라의 차문화를 다시 살펴보는 계기가 되었다. 단순히 차를 마시는 사람의 행적을 쫓는 것만이 아니라 그의 배경이 되는 사찰문화까지 소개하고 있어 책을 읽는 사람들에게 상식 이상의 것들을 안겨준 책이었다. 그 외에도 다산의 강진 유배시절 이야기를 담은 〈다산의 사랑〉도 차를 소재로 한 소설이다. 강진 유배 시절 다산을 뒤에서 소리 없이 보필해준 홍임 모와의 숨은 사랑 이야기를, 차를 소재로 하여 은근히 풀어낸 작가의 센스가 돋보인 작품이었다. 근래에 펴낸 〈천강에 비친 달〉에도 차의 얘기는 빠지지 않고 등장한다. 함허 득통 선사의 다시와 그를 따르는 신미 대사가 차를 소재로 법을 전하는 장면들은 차가 얼마나 부드러운 매개체 역할을 하는지 알 수 있다. 정 작가의 소설은 대부분이 학술적 성향을 바탕으로 하고 있으면서 반드시 차를 주요한 소재로 활용하여 이야기를 풀어나간다. 이야기의 단계마다 차를 등장시켜 사건을 풀어가는 전개과정이 작가의 포인트라 할 수 있다.

그는 부인 박명숙(60) 씨와 함께 14년 전 내면의 성장을 위해 자연을 벗 삼고저 고향 근처인 쌍봉사 옆에 이불재를 짓고 자리를 잡았다. 처음 낙향을 한다고 하자 지인은 가까운 남양주를 권하기도 했으나 왠지 사이비 낙향 같은 느낌을 주어 청산 깊숙이 내려가기로 맘 먹고 지금의 이불재에 둥지를 틀었단다. 그가 고향으로 내려 온 것은 꼭 글을 잘 쓰기 위한 것만은 아니었다. 자연을 벗 삼고 스승 삼아서 순리를 따르고자함이었다.

그래서 당호를 귀를 씻는다는 뜻의 이불재라 짓고 자연스러운 삶을 사는 은유의 공간으로 삼았다. 자연적인 것이란 인위적인 것을 하지 않는다는 의미이다. 억지로 하려하지 않고 있는 그대로 주어진 현실에 적합한 일을 하는 것, 그것이 그가 추구하는 은유의 삶이다. 불편하면 불편한 대로 좋고, 고립되면 고립된 대로 좋고, 그런 대로 그런 대로 좋은 삶을 살고파서였다.

처음 이불재에 살 때는 자신의 귀를 씻는다는 의미로 세상의 번잡한 일들로부터 벗어나고 싶은 마음이었으나 세월이 흐르자 세상 사람들의 이야기를 들어주는 자비의 힐링 공간으로 바뀌었다고 한다. 한 사람 한 사람이 이불재에 와서 자신들의 이야기를 털어 놓는 와중에 자연 치유되는 힐링센터가 되었다고나 할까. 이곳에 내려와 사람들의 이야기를 들어주다 보니 어느새 그들의 마음을 치유해 주는 치료사가 된 듯한 기분이라고 한다. 다름 아닌 관세음의 현현일까. 남의 이야기를 들어주고 그들의 가슴에 맺힌 응어리들이 치유되어 힘을 주는 곳. 그곳이 이불재 주인장 정찬주의 공간이다.

그는 말한다. 사람들은 모두가 내상(內傷)이라는 것을 가지고 있다고. 그러한 내상은 고요한 수면 위에 잔잔히 떠 있지만 그 아래에는 거친 해류로 흐르고 있다. 대부분의 사람들은 그러한 내상에 대해 스스로 외면하고 있거나 잊고 산다. 그러다가 문제에 부딪히면 숨어 있던 해류가 올라와 거칠고 어두운 감정으로 드러나게 되는데, 그러한 내상이 이불재에서 마시는 차 한 잔에 치유된다니 작가 자신도 보람을 느낀다고 했다.

정 작가는 부인 무량광 보살이 만든 다기에 차를 우린다. 물레가 아닌 손으로 빚은 자연스러운 손맛이 우러나는 다기는 여느 곳에서 볼 수 없는 소박함과 순수함이 흘렀다. 때 묻지 않고 인위적이지 않게 만들어진 모습 그대로의 편안함이 있었다. 거기에 따라 주는 차 한 잔이 투박한 듯하나 진솔한 맛이 배어 인상적이었다.

그는 차를 수행이라 생각하고 마신다. 차를 마시는 예법에서부터 차를 대하는 태도까지 수행 아닌 것이 없다는 말이다. 차를 주는 사람의 성의와 진심을 이해하고 이를 받아 마시는 사람의 정성어린 마음이 합해졌을 때 가장 아름다운 차를 마실 수 있다고 한다. 진정한 다인이라면 차를 수행으로 마실 때 차의 본성을 살릴 수 있다. 〈다부〉의 저자 한재 이목은 유학자였지만 차를 마실 때는 유불을 초월하여 수행으로서 차를 마셔야 한다고 주장했던 것처럼 현대의 차인들도 모두를 아우르는 넉넉함이 필요하다고 했다. 현대의 차인들이 차에 집착하고 분별하는 마음을 내는 것은 올바른 차생활이 아니라고 일침을 가한다. 차를 분별과 시비의 대상으로 삼으니 죽은 차가 된다는 그의 말은 바른 차인이라면 예의를 알고 염치를 알며 감사하는 마음과 고마움이 스며있는 자세를 갖추려는 자정운동이 필요하다고 했다. 그가 말하는 차의 수행이란 차 한 잔에 감사의 마음과 고마움을 느끼고 아는 것이었다.

그에게 차가 수행이란 것을 일깨워 준 사람은 바로 그의 스승 법정 스님이었다. 법정 스님은 불가의 참선 수행을 현대인들에게 접목시켜 생활화한 선지식이다. 송광사에서 종교를 초월한 현대인들을 대상으로 참선수련회를 전국 최초로 개최하는 등 한국불교의 현대화를 위해 선지식이다. 또한 그의 저서는 지금까지 모든 사람들에게 삶의 지침이 되는 가르침으로 독자들에게 읽혀지고 있다. 법정 스님은 언제나 '너만의 꽃을 피워라. 네 인생의 주인공이 되어 살아라'고 가르치셨다 한다. 자기의 성품을 꽃피우고 있는 사람이 선(禪)하는 사람이라는 스승의 가르침은 삶을 경책하는 최고의 경전이었다. 그래서 그는 자칫 나태해 지기 쉬운 은거생활에 경계를 삼기 위해 호미를 사다 걸어 놓고 '농부는 밭농사를 짓고 나는 글을 지어야 한다'는 다짐으로 자기 질서를 무너뜨리지 않으려 노력한다. 그러한 스승을 은사로 모셨으니 얼마나 복된 사람인가. 그 스승에 그 제자란 말이 있듯이 그 역시 스승의 가풍을 이어 맑은 삶을 사는 진정한 제자의 몫을 하고 있었다. 가풍이란 가까이 있어서 법을 잇는 것만이 아니라 멀리 있어도 스승의 가르침을 받들어 실천하는 삶이 아닐까. 법정 스님의 맑고 향기로운 긍정에너지가 제자에게 이어진 삶이었다.

긍정 에너지란 그 사람의 성향을 나타내는 기운이다. 이것은 습관적인 삶과 이어져 있는데 명상을 하면 자신의 습관에너지를 인지하게 된다. 우리의 삶은 습관에너지가 모여 하나의 인격을 형성한다. 호흡을 가다듬고 자신의 몸과 마음의 느낌을 살펴보면 나의 존재는 혼자만의 구성이 아님을 느낄 수 있다. 가까이는 부모와 형제들 멀리는 이 우주에 존재하는 모든 인연 있는 사람들과의 관계 속에서 내가 형성되어 있다는 것을 알게 된다. 그런데 이러한 인연들이 주는 습관적 에너지가 나에게 전이되어 성품을 형성하게 되고 그 성품은 자신의 삶을 결정하기도 한다는 것을 깨달을 수 있다. 긍정에너지는 모든 사람들에게 이익을 주고, 부정 에너지는 자신과 주변 사람들의 삶까지도 무너지게 한다. 대표적인 긍정의 습관에너지는 부모와 스승의 가르침이다. 부모의 에너지는 자식들의 삶에게 전이되어 그들의 인격과 가치관을 형성한다. 또 스승의 바른 삶은 후학들의 삶의 지표가 되며 길라잡이가 된다. 스승의 바른 삶은 긍정의 습관에너지로 변하여 모든 사람들에게 긍정적 영향을 미치게 된다. 맑고 향기로운 삶의 습관에너지가 후학들에게 정신적 가르침으로 이어지고 있는 것은 세상을 맑히는 스승의 긍정 습관에너지 때문이다.

자기 질서를 무너뜨리지 않는 법정 스님의 가르침을 당신의 삶 안에서 실천했다. 스님의 가르침은 불가에서 내려오는 선을 자기화하여 긍정적 습관에너지로 실천하는 것이었고, 그러한 스님의 습관적 에너지는 철저한 자기관리에서 이루어졌다. 독거생활의 나태함을 잃지 않기 위해서 철저한 자신의 시간 관리는 법정이 법정다울 수 있는 긍정의 습관에너지를 형성하였고, 후학들과 많은 이들에게 맑고 향기로운 에너지로 전이되었다. 이불재에 들어섰을 때 맑은 기운이 흐르는 것은 스승의 긍정에너지를 실천하는 작가의 고양된 향기였을 것이다. 스승의 가르침을 삶의 지표로 삼아 맑고 청아하게 사는 작가의 향기는 참으로 맑았다.

이것이 스승의 가르침을 따르는 수행의 차생활이 아닐까. 많은 다인들을 만나지만 차를 수행으로 삼는다는 사람들은 그리 흔치 않다. 몇 몇의 스님들조차도 차는 접대용 아니면 단순한 음료의 수준으로 대하는 경우가 있다. 더구나 일반 재가자들 중에서 차를 수행으로 마신다는 사람은 극히 드물다. 차를 통해 사람의 도리를 알고 경우를 알며 지혜를 터득하는 수행의 한 가지로 여기는 것은 지극한 자기 정화의 노력이 없으면 얻기 어려운 일이다. 늘 자신의 삶을 회고하고 반추하며 정화의 기회로 삼을 때 차는 진정한 성품을 드러낸다.

잠시 찻잔을 들고 눈을 감아보자. 자신의 입 안에서 머금고 있는 차맛을 느껴보라. 코를 타고 오르는 향, 입안을 감싸는 부드러운 물의 감촉, 차맛에 몰입하며 잊혀지는 자신의 몸, 공간, 시간 모두를 내려놓아 보라. 그 안에는 텅 빈 무념의 고요만 머물러 있을 것이다. 그 고요를 잠시 주시해 보면 내 마음 안에서 일어나는 온갖 감정의 소용돌이가 하나씩 하나씩 올라온다. 기쁨과 슬픔, 행복과 불안, 성냄과 욕망에 이끌려 가는 자신의 내면이 서서히 떠오른다. 그 감정들을 고요히 응시한다. 떠오르는 어떠한 감정도 회피하거나 도망치려 하지 말고 그대로 인정하고 바라본다. 그렇게 한참을 보고 있으면 그러한 감정들의 뿌리가 보이고, 그 뿌리를 보고나면 그러한 감정들이 서서히 사라지는 것을 알아챌 수 있다. 그리고 사라지는 그 감정들도 그대로 바라보라. 다시 조용히 호흡을 가다듬고 천천히 눈을 뜨면 그 감정들로부터 자유로워진 자신이 거기에 서 있다. 한결 밝아지고 가벼워진 내면의 모습에 충만한 감정이 차 있는 자신을 발견할 것이다. 다시 차 한 잔을 조용히 음미하며 마셔본다. 처음과는 다른 차맛에 또 한 번 놀라게 될 것이다. 그 때는 이미 차가 단순한 물맛이 아니라 육체와 물질의 경계를 넘어선 그 어떤 다른 맛으로 존재한다. 차가 수행임을 알아차리는 순간이다.

이러한 수행의 마음으로 차를 마시면 오랜 시간이 흐른 뒤 변화된 자신을 발견할 수 있다. 수행은 하루아침에 이루어지지 않는다. 오랜 시간 자신과의 싸움에서 한 걸음씩 내딛으며 부정의 습관적 에너지를 긍정의 습관적 에너지로 전환시켜야 한다. 그러려면 부단히 자신과의 싸움에 승부를 걸어야 한다. 그 싸움에서 물러나면 다시 부정의 습관에너지에게 자리를 내어주는 것이 되고, 참고 이기며 자신을 긍정의 에너지로 이끌고 가면 자신도 모르는 사이 변화된다. 이것이 수행의 힘이요 차의 바탕이다. 차를 통한 수행. 사람마다 방향과 색깔은 각기 다르겠지만 결과는 한길을 추구함에 있어서 같다고 할 수 있지 않을까.

정찬주 작가를 만나고 오는 길은 바른 수행자를 만나고 오는 청량함으로 가득했다. 그의 정갈한 차생활과 깊은 통찰로 바라보는 인생의 안목이 맑은 바람으로 불어왔다. 언제나 스승의 가르침을 따라 가고 옴의 집착이나 매임 없이 흔적 없는 달그림자처럼 살고 있는 그의 삶이 바로 솔바람이었다. 저녁 어스름 저 멀리 쌍봉사의 범종이 울린다. 만물을 제도하는 자비의 종소리가 골짜기마다 스며든다. 뎅~~ 뎅~~뎅~~

214.11.04.

차문화사의 한 점
- 운산도요 장봉룡 대표 -

자연 속의 청정고을~

무심코 지나치는 작은 들풀 하나에도 우주의 생명이 깃들어있습니다.

고난 속에 자라며 행복과 행운을 가져다주는 네잎클로버, 거친 길목에서도 꿋꿋하게

자라는 질경이, 단단한 아스팔트를 뚫고 하늘로 솟아오르는 방동사니 등등...

들풀들의 모습에서 삶의 희망을 봅니다. ……………

따뜻한 햇살 한줌, 시원한 바람 한 자락 ……………

여러분의 빛깔에 어울리는 고운 추억을

한올 한올 엮어 가시기를 바랍니다.

- 운산 장봉룡 -

한국에서 가장 아름다운 길을 꼽으라면 단연 섬진강변 둘레길을 선택하는 데 주저하지 않을 것이다. 섬진강 둘레길은 임실 섬진강생활체육공원에서 시작하여 순창 유풍교를 지나 광양 배알도수변공원을 잇는 도로이다. 그 초입에 김용택 시인의 생가가 있고 곡성 기차마을과 심청이가 태어났다는 심청마을 등이 있어 주변 언저리가 모두 자연을 벗할 수 있는 긴 테마를 형성하고 있다. 이들 테마를 하나씩 둘러보며 도는 섬진강이 잔잔한 공허와 편안한 쉼을 주는 것은 강이 주는 이미지에 부연한 것일까? 그것은 아마 섬진강에 서린 역사적 애환과 강이 주는 서연함 때문이 아닐까 한다. 오늘도 그 길을 따라 멀리서 들이치는 강바람을 안고 섬진강 상류를 달려 본다.

이곳 곡성생태체험학습장은 2000년대 초반 폐교를 인수해 학생들과 일반인을 위해 체험학습을 실시하는 운산도요 장봉룡(67) 대표가 운영하는 공방이다. 체험학습장 안에는 도예공방과 염색실습실, 동물생태자료보관실, 연수생들을 위한 강의실, 수영장, 야생화 전시실, 숙박시설 등 체험자들의 다양한 학습을 위한 공간이 배치되어 있다. 처음 이곳에 들어왔을 때는 잡초가 무성한 무방비 상태의 폐교였으나 지금은 장 대표의 손길이 미치지 않는 곳이 없는 정갈한 체험학습장이 되었다. 도예를 시작하고 20여년만의 일이었다.

처음 장 대표가 도예를 시작한 것은 72년 일본 도자기 연수를 다녀오고부터였다. 그때 일본에서 차를 접하고 다구를 만들기 시작했으나 고향인 충청도에서는 차가 나지 않아 우리나라에는 차가 없는 줄 알고 10여년을 쉬기도 했다. 그러다 1980년 5·18이 한창일 때 광주에 내려오면서 차를 만나고 다구를 만들기 시작했다. 장 대표는 당시 나석훈 의원의 비서관인 동주 이경호 씨의 부탁으로 도예기술을 지도하러 광주에 왔다가, 몇 개월 후 조대 서길용 교수님과 함께 남도예술회관에 차도구를 전시한 것이 인연이 되어 광주에 정착했다. 광주는 차가 나는 지역이다 보니 차인도 많아 다구를 제작하기에는 더없이 좋은 여건이었다. 이때 인연을 맺은 황기록(차문화자료관 명우당 관장)과, 고 서양원(한국제다 대표)을 비롯하여 고 이강재

(금호문화재단 이사장) 등 광주에 내로라하는 차인들과 무등차회를 결성하고 차문화 보급에 앞장섰다.

그 중 잊지 못할 일은 1982년 황기록 관장님과 함께 최초로 1인용 다기를 연구 개발하고 제작하여 전시회를 연 것이다. 이때 황 관장님이 운영하는 마당 찻집에 다구 작품 전시회를 열고 최초로 1인 다구를 생산 판매하여 차인들로부터 많은 호응을 얻은 일은 차문화에 있어서도 획기적인 것이었다. 1인용 다기를 제작할 때 서양원 대표나 윤경혁 선생님, 황기록 관장님의 조언을 듣고 차를 발전 보급하기 위한 뜻을 한데 모았던 기억은 지금까지 소중한 인연으로 이어오고 있다. 이분들의 도움과 조언은 지금의 운산요가 있게 된 자산이자 토양이 되었다고 장 대표는 회고한다.

처음 다기를 만들 때는 많은 시행착오를 거쳤다. 다관에 구멍을 20-30개 뚫어보니 차는 맑은데 차 찌꺼기가 막히고, 수평을 이루지 못하면 급수와 절수가 원만하지 않아 다구 사용이 불편했다. 다기는 쓰임새와 용도에 따라 만드는 방법을 달리해야 하는데 그 쓰임새를 잘못 터득하는 한 시행착오는 계속될 수밖에 없었다. 다기를 기능에 맞게 개발하는 것이 급선무였다. 이러한 문제점들을 웃어른들과 상의하고 수정하는 가운데 해결점을 찾아 다시 제작하기를 수 없이 반복한 후에 오늘의 운산요가 존재할 수 있었다. 이렇게 만들어진 1인용 다기는 1980년대 후반 보성에서 대량 주문이 쏟아지기 시작했고 전국에 확산 보급되어 간편한 차문화를 생활화하는데 기여했다. 이에 힘입어 3인용 다기도 제작하여 차의 맛과 향을 보존하고 소규모의 찻자리에 용이하도록 하는 등 차문화를 개선하는데도 일조했다.

장 대표가 청백자만을 고집하는 데는 이유가 있다. 차는 보이기 위해서 하는 것이 아니라 차의 성질을 잘 유지하여 드러나게 하는 데 있다. 차의 색향미를 잘 간직하기 위해서는 차가 가진 성향을 파악하고 그 성품을 온전히 받쳐주는 다기의 기능이 우선해야 한다는 것이 장 대표의 지론이다. 때문에 여주에서 사 와서 유약을 발라 판매하는 것 아니냐는 오해도 받았고, 가격이 저렴한 이유를 들어 교육용으로만 사용할 수 있다는 이미지도 받았다. 하지만 이러한 것들이 장 대표의 뜻을 거스르지는 못했다. 차가 지금까지 많은 사람들에게 사랑받고 애음되었던 것은 차의 성품이 맑고 깨끗한 데서 오는 순수함이 있기 때문이다. 차를 대하는 사람들의 마음이 탁하면 그 차는 이미 본성을 잃고 만다. 차의 성품이 온전히 드러나는 다기. 그 성품을 드러내기에는 청백자만한 것이 없다고 생각한다. 하얀 토대 위에 청록의 색과 향, 맛을 간직하기는 청백자가 으뜸인 이유가 그것이다.

장 대표가 처음 다기를 만들 때는 웃어른들로부터 배운 대로 만들었다. 어른들의 얘기를 참고하여 원칙에 입각해서 만든 것이 비법이었다. 좋은 사람들의 말을 듣고 보이는 것보다 보이지 않는 부분을 더 중요하게 여겨 꼼꼼하고 세심하게 만든 것이 운산요 다기들이다. 운산다기는 한복의 선을 그대로 인용했다. 다관은 한복의 도련을 인용하였고 숙우는 엄마의 젖가슴 선을 응용하여 가장 아름답고 따뜻한 한국적인 다기의 선을 연출했다. 여기에 맛과 향을 살린 기능을 강조하여 청백의 운산다기를 생산하고 있다. 이러한 기술은 또 다른 제자들에게 그대로 전수하여 그들이 더 좋은 다기를 만들 수 있도록 지원하고 있다. 그는 제자들이 자신보다 더 훌륭한 작품을 만들도록 아낌없이 가르치고 전수한다. 또 전시를 하고 나면 스님들께 작품을 기증하고 어린 고아원이나 시설에 다도구를 선물하여 차문화를 접할 수 있도록 하고 있다.

그래서인지 어느 날 몇몇 지인들과 어떤 다기에 차를 우렸을 때 가장 좋은 맛과 향을 내는지 실험을 해 본적이 있다. 각자 좋아하는 다기를 선택하고 동종의 차를 동량으로 나누어 차를 우리고 맛을 보았다. 각자 준비한 여러 잔에 돌려 가며 차를 마시고 선택한 것이 운산 장 대표의 찻잔과 다관이었다. 누가 강요하지 않고 지적하지 않아도 한결같이 장 대표의 다기를 먼저 골랐다. 우연의 일치라 하기엔 너무도 신기했다. 다들 다른 입맛과 다른 차취를 가지고 있는데 장 대표의 다기를 선택한 데는 호불호를 가리지 않았다. 아마 장 대표의 평소 뜻이 다기에 그대로 반영되어 차맛을 내는데 스며든 것은 아니었을까. 정신과 물질이 함께 간다는 말을 증명이라도 하듯이 말이다.

장 대표의 다기는 우리나라에서 저렴하기로 유명하다. 차는 누구나 쉽게 구해서 쉽게 마실 수 있어야 한다는 다른 때문이다. 차를 마시기 위해 구입하는 다기들이 제 목소리가 너무 높으면 일반 대중들이 가까이 다가갈 수 없고 차문화의 벽은 높아질 수밖에 없다는 나름의 현실적 소신을 가지고 있다. 차는 높이 올라가는 문화가 아니다. 누구든 편안하게 쉽게 마실 수 있는 것이 차이어야 한다. 그런데 가격이 높으면 특정인에 한정된 문화로 제한되고 대중화하기 어려운 현실이 된다는 것이다. 이런 신념은 차인구가 확대되는 것을 돕는 첫 번째 요소라 할 수 있다. 차문화가 널리 퍼져 모든 사람들의 정신건강에 도움이 되려면 대중성을 띠어야 한다. 그러려면 경제적 부담이 없어야 하고 편안하게 접근할 수 있는 다기가 생활화되어야 하는 것이다. 만약 돈에 욕심이 있었으면 얼마든지 가격을 올릴 수 있었겠지만, 그러한 마음은 차를 마시고 생활화하는 차인으로서 버려야 할 첫 번째 마음이기에 차인으로서의 도리가 아니라고 생각한다. 차인으로서 바르게 가고 있는지… 차인들로부터 받은 관심과 사랑을 얼마만큼 되돌려 주려고 노력하는지… 차를 마시며 발밑의 본 모습을 바라보는 것이 우선하기에 여타의 다른 마음은 내지 않는 것을 원칙으로 삼는다. 그저 차를 만들 수 있는 최소한의 여건에 가격을 맞추면 그 이상은 불필요한 가격이라고 여겨 눈을 돌리지 않는다. 내가 만든 다기를 모두가 쉽고 편안하게 쓸 수 있다면 그것이 행복이기에 돈을 위해서 다기를 제작하고 판매하지 않는다는 소신을 지킨다.

그저 바라는 것이 있다면 차문화사에 있어서 한 점을 찍는 것이다. 현대 차문화사에 운산의 작은 역할이 사회와 차계에 기여한 것에 만족하려 한다. 이름이 없어도, 경제적 부가가치를 얻지 못했다 하더라도, 작은 자리에서 차문화의 발전에 묵묵히 한걸음 내디딘 것을 가장 의미 있고 보람 있는 가치로 자족한다. 차가 그러하듯 운산이 그러하기를 바랄뿐이다.

장 대표는 있는 그대로 만들고 아는 대로 만들면 그 뜻이 그대로 받아들여지는

세상이 되기를 희망한다. 순수한 마음을 읽어주고 알아주는 차인이 있다면 그대로
가 행복이라고 했다. 되도록이면 앞에 나서는 것도 사양한다. 조용히 뒤에 숨어서
활동하려 한다. 자칫 사람이 거만해질 수 있는 마음을 낮추기 위해서다. 사람은 채
워질수록 자신도 모르게 자만에 빠지는 우를 범하기 때문에 앞에 나서는 일은 그
러한 마음을 부추길 수 있어 스스로 뒤에서 보이지 않는 그림자이기를 자청한다.
차는 자신을 버려야 살릴 수 있다. 자신을 살리기 위해 차를 앞세우는 것은 차도 죽
이고 자신도 죽이는 결과를 가져와 우리의 정신까지 상실해 버린다. 차생활을 바
르게 하면 차가 사람을 순화시키는 것을 경험하게 된다. 신중하게 정성스럽게 끝
맺음까지 올곧게 하면 자신도 모르는 사이에 만들어진 내면을 발견하게 된다. 차
가 삶의 약인 것이다. 섬진강에 비가 내리고 있다. 알알이 맺히는 물방울이 흔적을
남기지 않고 사라진다. 놓아버리는 가르침으로……

2014. 06. 03.

제주 대정 추사 유배지의 헌다례
- 초의학술문화원 -

겨울은 쉽사리 봄을 들이지 않았다. 봄에게 호락호락 자리를 내어주고 싶은 마음이 없었는지 제주로 향하는 걸음에 유난히 투정을 부렸다. 초의스님의 향훈이 가득한 선원 앞 일지암 청매는 스님께 먼저 고고한 향을 올리고, 바다 건너 머나먼 대정 초옥 앞에 애잔한 꽃망울로 추사 유배의 고적함을 달래 준다.

무안초의학술문화원 회원은 제주 대정 추사 김정희 유배지에서 헌다공양을 올렸다. 초의스님 생가인 무안 초의선원에서의 매월 2차례씩 올리는 헌다의식을 비롯하여 다산 정약용 생가에서의 헌다례, 해거도인 홍현주의 묘에서의 헌다례, 이번 추사 김정희의 대정 유배지에서의 헌다례는 지난 선인들의 차정신을 숭상하고 계승하기 위한 초의학술문화원의 연례 행사이다. 바른 차문화의 삶을 살다간 다인들의 유적지를 찾아 해마다 헌다례를 올리고 그들의 뜻 깊은 차정신을 오늘날에도 바로 이어가고자 하는 데 의미가 있다.

전국 각지에서 모여든 우리를 처음 맞이한 것은 까슬까슬한 제주의 바람이었다. 제주의 바람은 산 넘어 오면서 걸러진 뭍의 청풍과는 달리 황량한 바다를 타고 건너온 거친 습기가 묻어 있다. 짭짜름한 소금기와 비릿한 바다내음이 섞여 제주 바람의 색깔을 칠했다. 대정 유배지까지 가는 길은 봄이 이른 듯 얼굴을 감추었고 비를 머금은 겨울 끝 바람이 제주의 하늘을 덮었다.

한 사람이 겨우 머물렀을 법한 조그마한 초옥이 화산석에 둘러 싸여 150여 년 전 고적한 추사의 삶을 비추고 있었다. 초옥 앞에 추사와 초의의 영정을 모시고 준비해 간 제물을 올린 다음 각자 정성들여 우린 차로 두 분의 영정에 차례로 공양을 올렸다. '두 어르신들이여, 이 차를 받으시고 큰 웃음 지으소서. 얼마나 그리던 차이옵니까! 추사가 끓여 준, 초의가 끓여 준 뇌협차 설유차는 아니지만 두 분을 흠모하는 저희의 마음을 삼가 올리고자 하오니 이 차 한 잔 받으시고 금신불 옥국선 되시어 외롭고 쓸쓸한 이곳 대정을 떠나 훨훨 날으소서' 마음 간절한 기원과 함께 차는 바람을 타고 하늘로 올랐다.

차를 올리는 헌다의식은 우리민족이 예로부터 하늘에 제사를 지내는 제천의식에서 비롯되었다. 일찍이 삼국시대에 충담스님이 삼화령에서 미륵부처님께 차를 올렸다는 기록이 〈삼국유사〉에 전하며 〈백장청규〉에는 큰스님 열반에 차를 올리는 의식이 있었다. 근래에는 차문화 행사마다 공식적인 의례행사로 자리를 잡아 고증을 거쳐 재현하기도 하고 각 다회마다 특성을 살려 차문화의 새로운 축으로 삼기도 한다.

헌종 6년(1840) 김홍근의 상소사건에 연루되어 제주 대정에 유배 온 추사는 유가의 실학자이면서 불교에 심취한 선가적 다인이었다. 초의에게 차를 달라고 투정을 부릴 만큼 차를 아끼고 좋아했던 추사의 차생활은 24세 때 동지사인 아버지 유당 김노경을 따라 연경에서 완원에게 용단승설차를 얻어 마시고부터였다. 추사는 그 차맛을 잊지 못해 〈승설학인〉 〈고차암〉 〈고차노인〉 등의 호를 쓰고 동갑내기인 초의 의순을 만나 평생 지우로 교분을 맺었다. 추사와 초의는 시, 서, 화, 차를 나누고 즐겼기는 다우이면서 도반이기도 하였는데 추사는 초의에게 서신 38통, 시 6수를 보내기도 하였다.

또한 초의는 선승이면서 불가사상에만 머물지 않고 많은 사대부들과 폭넓은 교류를 나눈 자유인이었다. 초의는 추사에게 매년 차를 만들어 보내주었고 둘은 차를 마시고 참선을 하며 서로의 선론을 정리하고 법담을 나누는 법열의 경지를 교유했다. 추사와 초의의 차생활은 단순한 기호 차원이 아니라 내면의 세계를 밝히고 자신의 본성을 깨닫는 의미로까지 승화시켰다. 특히 제주 유배지에서의 추사의 차생활은 유배의 억울함과 외로움 고적함을 달래고 위로해 주는 동반자와 같은 존재로

그에겐 삶의 기둥이었을 것이다. 추사가 초의에게 보낸 시 중에는

내 마음 고요할 땐 / 저자라도 산이지만
네 마음 들렐 때면 / 산이라도 저자이리
오로지 마음에서 / 저자와 산 나뉜다.
〈중략〉
네가 고요함 구할 때 / 마음 하마 소란하다
현묘한 깨달음은 / 산 잊고도 구함이라.
〈중략〉

이 시에는 내면의 고요도 산속이나 저자에 따라 달라지는 것이 아니라 마음에 따라 어디에서든지 찾고 얻을 수 있다는 내용이다. 오히려 산속에서도 산을 잊는 것이 현묘한 깨달음이라 하여 도를 구하는 것은 어디에도 구애받지 않고 매이지 않아야 한다는 것이다. 추사는 이처럼 차를 마시고 즐기면서 탈속의 경지까지 이르는 깊은 수행차 생활을 실천하여 선과 차가 둘이 아님을 깨달았다.

유배 떠난 추사에게 초의는 소치 허유를 통하여 시와 차를 보냈다.

그대 보내고 고개 돌린 석양의 하늘
마음은 안개 가에 아득히 젖는데
오늘 아침 그 안개 따라 봄마저
빈 가지 쓸쓸히 꽃잎 떨구고 잠드네

이 시에서 초의는 추사를 보내고 눈물을 적시며 가는 봄에 마음도 따라 쓸쓸해지는 심정을 잘 나타내고 있다. 마음의 지우를 떠나보낸 후 빈 가지 꽃잎 떨구는 허전한 마음을 서로 이해하고 위로해 주는 금란지교의 우정이 드러나 있다. 초의는

추사의 대정 유배지로 찾아가 6개월 동안 차를 마시고 정담을 나누었다. 그런 추사가 10년 먼저 세상을 떠나자 초의는 〈완당김공제문〉을 짓고 슬퍼하였다.

슬프다 사십여 년의 깊은 우정을 잊지 말고 저 세상에서나마 오랫동안 인연을 맺읍시다. 생전에는 자주 만났지 못했지만 그대의 글을 받을 때마다 그대의 얼굴을 본 듯하였고 그대와 만나 얘기할 때면 정녕 허물이 없었지요. 더구나 제주에서는 반 년을 함께 지냈고 용호에서는 두 해를 같이 살았는데 때로 도에 대한 담론을 할 때면 그대는 마치 폭우나 우뢰처럼 당당했고 정담을 나눌 때면 그대는 실로 봄바람처럼 따사했지요. 손수 달인 뇌협차와 설유차 함께 나누며 슬픈 소식을 들으면 그대는 눈물 뿌려 옷깃을 적시곤 했지요. 생전에 말하던 그대 모습 지금도 또렷하여 그대 잃은 나의 슬픔 이루 다 헤아릴 수 없나이다.

추사와 초의의 교분을 짐작케 하는 글로 그들의 40년 우의는 150년이 지난 지금도 더욱 빛을 발하며 후학들에게 귀감이 되고 있다.

헌다례를 올리는 동안 대정 유배지에서 홀로이 바다를 바라보며 자신의 삶을 회고하였을 추사의 모습을 그려본다. 소나무 아래 한 채의 초옥을 그린 세한도의 격 높은 쓸쓸함으로 그의 마음은 깨달음에 이르지 않았을까. 헌다례 내내 바람은 끊임없이 추사의 심정을 날라 왔다. 눈이 있어도 보지 못하고 귀가 있어도 듣지 못하는 시공을 넘어 수 백 년이 지나도 그리움만 더한다는 스님의 축문을 올리며 흠향하는 마음으로 헌다를 마치고 추사가 제주에 첫 발을 디딘 화북진 포구를 둘러보았다. 그 곳에 서서 유배의 막막함이 얼마나 가슴을 후비고 파고들었을지 포구에 부는 바람이 전하고 있었다. 아무도 반겨 주는 이 없고 마음 부칠 데 없는 이곳에서 어쩌면 추사는 인생의 깊이를 더욱 절감하였을 것이다. 그가 마시는 차 한 잔은 인생의 쓴 맛이 녹아 우러난 절절한 단맛이 아니었을까 … 화북진 포구를 둘러보고 나니 보석 같은 제주의 밤하늘이 저 아래서 반짝이고 있었다.

2009. 3. 12.

차는 시간을 머금고 나누어 마시는 것
- 차마고도 배우식 대표 -

　장성 축령산은 전국에서 편백이 가장 유명한 곳으로 사람들이 즐겨 찾는 휴양지다. 50여 년 전부터 심기 시작한 삼나무와 편백 숲을 오르다 보면 나무의 향기가 온몸을 감싸고 폐부까지 들어온다. 목 줄기를 타고 내려오는 피톤치드향은 도심에 찌든 매연을 말끔히 씻어주는 청량제였다. 계곡은 아직 잔설이 남아 얼음 아래로 흐르는 물에 귀와 눈이 맑게 씻겨 마음까지 시원해졌다.

　몇몇 지인들끼리 모여서 찾아간 곳은 축령산 아래에서 나고 자란 집터에 조그만 안채를 짓고 차를 좋아하는 사람들에게 무심차(無心茶)를 대접하며 한의원을 운영하는 석정 배우식(64) 선생님이었다. 차를 마시면 저렇게 맑아질까. 순간 수행자의 모습을 발견하고 연륜이 묻어나는 풍향에 묵은 시간의 흐름을 읽을 수 있었다. 50여 년이 다 되어가는 차생활이 익고 익어 물인 듯 바람인 듯한 선생님의 생활은 차 반 물 반이었다. 2003년 상량식을 올린 천장은 서까래가 줄지어 이어지고 직접 벽을 바르고 주춧돌을 골랐다는 거실에는 연도별, 품종별, 산지별로 정리가 되어 있는 차들이 차생활의 이력을 말해주고 있었다.

　"자, 먼저 홍차 한 잔 하시지요. 차는 편하게 마셔야 합니다. 마음의 긴장을 풀고 어떤 생각도 하려고 하지 마십시오. 그냥 혀가 느끼는 대로 마음이 알아차리는 대로 몸이 받아들이는 대로 마시십시오. 그러면 차가 알아서 내 몸에 스며듭니다" 홍차 한 잔에서 올라오는 따뜻한 차훈이 코를 타고 등줄기로 흘러 내렸다.

　선생님은 아무 말 없이 차를 따랐다. 같은 차라도 맛과 향이 다르게 느껴지는 까닭은 차를 마시는 사람의 몫이라 한다. 차의 맛과 향은 마시는 사람이 느끼도록 자유를 줘야 한다고 했다. 마시는 사람의 기분과 몸의 상태, 우리가 먹은 음식물의 종류, 장소, 분위기 등등 여러 가지 원인이 있지만 대부분은 우리가 무엇인가를 생각하고 알아보려는 인식에 의한 작용들이기 때문에 그렇게 정한 의식에 스스로 넘어가는 거라 했다. 그냥 느껴지는 그대로 몸이 알아차리는 그대로 받아들일 때 가장 맛있는 차를 마실 수 있다고 한다. 무심차라는 것이 이런 것일까. 분별과 판단을 버린 무념의 차, 어떤 차든 분명 맛의 차이는 있지만 그것에 집착해서 차를 마신다는 의식에 갇혀버리면 안 된다는 선생님의 말씀은 차를 마시는 우리에게 새로운 경고와 같았다. 차를 마시는 사람의 감정, 차의 품질, 많은 다도구와 형식, 의례를 강요하다보면 정작 근본을 잊어버리고 굴레에 갇혀 차성(茶性)을 잃어버리는 우를 범한다는 것이었다.

차는 시간을 요하는 음료인 까닭에 시간을 기다리며 마음을 익혀 마셔야 한다. 차를 마시면 시간을 머금게 되는데, 시간은 삶에 대한 인내와 기다림을 필요로 한다. 많은 시간을 기다릴수록 익은 맛이 난다. 사람도 같다. 익은 사람이 깊은 맛이 있듯이 차도 시간 속에서 자신을 삭히면 독성은 빠지고 유익한 기운이 돌면서 자연스런 맛을 낸다. 시간을 기다린다는 것, 그것은 나를 돌아보고 만나는 시간이다. 나를 살피며 마시는 차, 그 마음이면 되지 않을까. 몸을 보호하기 위해서 자연 그대로 마시면 몸의 기능을 되살리는 것이 차기(茶氣)다. 차를 마시면서 정신적으로 맑아지는 느낌은 지하에 뿌리 내리고 있는 차근(茶根)이 땅 속에 있는 광물질을 흡수하여 우주 전체의 기운을 받아 우리에게 전달해 주는 기운이다. 우리는 그 기운을 받아서 우리 몸을 운용하는 것과 같다고 한다.

선생님이 처음 차를 시작한 것은 한약을 지을 때 차의 성분을 이용하기 위해서이다. 차를 처음 마실 때는 약재로 사용했기에 차의 좋은 성분을 한방에 적용해서 효과적인 약효를 얻으려고 했던 것이다. 그렇게 시작한 것이 여기까지 왔다고 한다. 한방 치료를 목적으로 차를 접목시켜 마시던 것이 이제는 취미 이상의 생활이 되었다. 차가 어느 부분에서 가장 효과적인가를 물어보자 다이어트와 정신을 맑게

하는 데 가장 효과적이라고
했다. 차의 각성작용이 두
통을 치료하고 마음을 가라
앉혀 심신을 평안하게 하는
데 적절한 기능이 있고, 여
성들이 차 다이어트를 하면
무리 없이 비만을 치료할
수 있다고 한다. 그 외에도
여러 가지 작용이 있으나
한약재와 섞어서 처방을 하
기 때문에 진찰 후 증상에
따라 처방을 내린다고 하였
다. 중국차를 연거푸 주시
는 선생님을 보고 궁금한
생각이 들었다. 왜 우리차
는 안 마시고 중국차만 내
주실까하는 생각이었다. 처
음 차를 마실 땐 우리차를
좋아했는데 우리차는 어느
날 습기가 차서 그 독이 냉
기로 변한 것을 먹고 많이
아팠다고 한다. 유통 기한
이 너무 짧고 만드는 방법
이 한정이 되어 있어서 한
계를 느끼게 되었다는 것이

다. 그래서 오래도록 편안하게 차를 마시고 몸을 보하는 차가 무엇이 있을까 둘러보다가 중국차에 매료가 되었으나 굳이 우리차와 중국차를 가려서 차별을 두진 않는다고 했다. 그때마다 몸의 상태에 따라 차를 마실 뿐 황차나 대용차도 좋아하는 편이라고 했다. 말씀을 듣고 보니 누구에게나 있을 수 있는 이야기였다. 차를 마시다 보면 차에 한 번 쯤은 치였을 것이고, 기호음료이다 보니 다른 맛을 찾아 즐기는 마음이 바로 이러한 마음일 거란 생각이 들었다.

선생님은 즐겨 마시는 차가 있는데 그것은 자신의 차밭에서 채취한 찻잎을 발효시켜 만든 황차라고 했다. 이른 봄 찻잎을 따서 물에 씻은 다음 물기를 빼고 비닐팩에 넣어 검은 비닐봉지로 한 번 더 감싸주어 햇볕을 완전히 차단시켜 마당 앞 널따란 바위에 하루 종일 올려 두었다가 저녁 퇴근 시간에 뒤집어 준다. 다음날 같은 방법으로 비닐에 넣어 널어 두기를 9번 반복한다. 그렇게 자연 발효된 차는 유념을 하는데 포유념을 한다. 포유념이란 멍석에 차를 유념하는 방식이 아니라 보자기에 차를 싸서 둥글게 굴려 찻잎이 말아지도록 유념을 하는 것이다. 포유념을 마치면 도자기 솥에 넣고 50℃에서 30분 정고 불기운을 쐬어 마무리를 해 준다. 그러면 황차가 완성되는데 다 마른 황차는 개별 포장을 해서 공기와 접촉을 차단시켜 보름 동안 저장하고 불기운을 가라앉혀 차성을 회복시킨 다음 마신다. 이렇게 만든 차는 독성이 전혀 없기 때문에 차에 민감한 사람도 아주 좋아한단다.

선생님은 오랫동안 차를 마시면서 차의 독을 푸는 방법과 차성을 회복시키는 방법도 자세히 일러 주었다. 평상시 차를 마시는 체험에 의해 얻어지는 지혜라고 했다. 차를 마시다보면 다관이나 다구들이 차때가 끼어서 빠지지 않는데 이럴 땐 보온밥솥에 생차 찌꺼기를 다관이 쌓일 정도로 넣고 두부를 같이 넣어 2-3일 정도 가만히 두면 아주 깨끗이 차때가 빠진다고 한다. 만약 이렇게 해도 빠지지 않으면 두세 번 정도 반복해주면 완전하게 해결된단다. 두부의 단백질이 차때의 성분을 분해해 주는 역할을 하기 때문이란다. 차를 마시다보면 늘상 겪는 일이었는데 이를 해결할 줄 몰라 망설이고 있던 찰라에 선생님의 경험은 아주 유익하게 다가왔다.

선생님은 차를 마시면서 많은 시행착오를 겪었다. 차를 구별할 줄도 모르고 맛도 몰라 조작된 것도 먹어보고, 잘못 만들어진 차를 먹고 몸이 아파 고생한 적도 많았다. 나중에야 잘못된 차를 마셨다는 것을 알게 되면서 맛의 진품을 찾아내는 안목이 생기게 되었고 5~6년이 지난 후에는 산지마다 직접 가서 차를 보며 구입했다고 한다. 지금도 차철이 되면 산지에 직접 가서 원주민들과 천 년 이상 묵은 야생차를 채취해서 차를 만든다. 그렇게 만든 차를 보관해서 가족들과 나누어 마신다. 한번은 중국 상인들이 같은 차에 번호를 매겨서 값을 달리 불러 판매하는 것을 보고 속아서 산 경우도 있고, 또 너무 의심을 한 나머지 좋은 차를 놓치게 된 경우도 있었다고 한다. 그러한 과정을 6년 정도 거치니까 차를 보는 안목이 생기고 공부도 하게 되어 지금은 편안하게 마실 수 있다고 한다. 그러나 선생님은 지금도 차맛을 잘 모른다고 하였다. 차맛은 백지 한 장의 차이란다. 특히나 요즘은 인터넷 박사가 많아 실질적으로 차를 알고 마시기보다는 이론으로 차를 알고 마시기 때문에 정작 차맛을 모르는 사람이 많다는 것이다. 이는 건강상으로도 매우 위험한 일이라고 하였다. 어떤 차든지 내 몸에 맞는 차를 몸에 맞게 마셔야 하는데 무조건 좋은 차라고 해서 무작위로 마시면 오히려 몸만 해칠 뿐 아니라 차에 대한 오해를 가지고 대할 수 있다고 하였다. 차의 성질을 알고 내 몸에는 어떻게 마셔야 건강해질 수 있는지 알고 마시는 것이 차를 잘 마시는 방법이라고 했다. 같은 차를 같은 맛으로 느낄 수 없는 이유도 그 사람의 기호나 건강 상태에 따라 다르게 반응하기 때문에 한 가지 맛이 나는 차는 있을 수 없다는 것이다. 그러나 사람의 입맛은 아주 미세하지만 대체적으로 느끼는 객관성이 유지되었을 때 좋은 차라고 할 수 있다고 하였다.

차는 인연이다. 어떤 차든지 인연이 닿아야 마실 수 있다. 세상사는 일이 모두 그렇듯 차는 어떤 사람을 만나느냐에 따라 자신의 몫을 다 한다. 아무리 좋은 차도 인연이 닿지 않으면 무용지물이 되고, 미미하고 하찮은 차라도 인연이 닿으면 좋은 차가 될 수 있다. 차는 마음을 여는 사람에게 자신을 내어준다. 차를 마시면서 많은 사람을 만나보니 차는 누구에겐가 인연이 있다는 것을 알았다고 했다. 열린 마음으로 차를 대하면 차는 그 인연을 다 풀어주고 마음을 닫고 있으면 차도 마음을 거두어 들여 사람과 차가 함께 간다고 했다.

석정 선생님 가족은 모두 차인이다. 아들과 딸 모두가 자신의 다구를 정리하고 차를 마시며 온 가족이 모여서 차회도 즐긴다. 어려서부터 마셔온 차이기 때문에 거부감은 전혀 갖고 있지 않고 오히려 외부에서 접하지 않은 문화를 집안에서 같이 즐기는 것이 가정 행복의 첫 번째라고 하였다.

마지막으로 감잎차나 뽕잎차 같은 경우 5월 20일 전후 채취해서 만드는 것이 가장 좋다고 하였다. 한 여름에 차를 만드는 경우도 있으나 그때는 너무 차성이 강해서 좋지 않고 차싹에 겨울 동안 머금은 영양이 피었을 때가 가장 좋은 시기라고 하였다. 감잎차는 사과의 17배 정도 비타민이 함유되어 있고, 뽕잎의 경우는 칼슘성분이 많아 골다공증에 좋으며 혈당치를 낮추어 당뇨에 효과적이라고 덧붙여 주었다.

차를 묵히는 세월만큼 사람도 묵은 맛이 우러나는 오랜 다담시간, 많은 차를 마신 것도 좋았지만 지인들과 함께 살아온 세월을 느낄 수 있는 다정(茶情)이어서 더욱 즐거웠다. 돌아오는 발길에 차향이 스친다.

2013.02.24.

책 만 권을 읽으면 만 리 길을 간다
- 법가 노영대 변호사 -

　행복의 비결은 필요한 것을 얼마나 갖고 있는가가 아니라 불필요한 것에서 얼마나 자유로워져 있는가라는 법정 스님의 말을 빌리지 않더라도 인간의 삶은 작은 것에서 그리고 적은 것에서 만족할 때 탈이 나지 않는다. 그리고 아무리 가난해도 마음이 있는 한 나눌 것은 있다고 한다. 근원적인 마음을 나눌 때 물질적인 것은 자연히 그림자처럼 따라오고 그렇게 함으로써 내 자신이 더 풍요로워지고 평안해지며 올바른 정신을 지니게 된다는 스님의 말은 인간이 얼마나 많은 소유물에 집착하고 사는 지를 제대로 가르쳐 준다. 소유물에 집착하면 영혼이 맑아지지 않는다. 하나를 갖기 위해 더 많은 것을 탐하게 되고 그것을 지키기 위해서 얼마나 많은 고통을 치러야 하는가는 굳이 뉴스의 한 기사를 빌리지 않더라도 자신의 주변에서 찾아볼 수 있다.

　세상에 살다가 만약 단 하나의 물건만 선택하라면 당신은 무엇을 고르겠는가. 그렇게 많은 것들 중에서 하나만 선택한다는 그 자체가 소유에 매여 있는 사람들에게는 쉽지 않다. 이것은 무슨 의미가 있고, 저것은 이래서 안 되고 저래서 놓지 못하는 각각의 이유가 집착에서 벗어나기 어렵게 한다. 그러나 소유에서 자유로운 사람은 내게 일정한 기간 머물다 때가 되면 나를 떠나 다른 인연에게 넘겨주는 법칙을 알고 있다. 남과 나누고 싶어 외려 잠시의 소유를 즐기는 사람도 있다.

　광주의 법조계에 장서가로 유명한 다인 노영대(62) 변호사는 그가 가진 장서를 필요한 곳에 기증하기를 마다하지 않는 애독가다. 고등학교 때부터 모으기 시작해 기부하고도 남아 있는 책들이 현재 만 권 정도, 값으로 치자면 집 한 채 값 이상이다. 주로 집과 사무실에 보관하고 있는 법률서와 인문학서, 20년 동안 모은 예술잡지, 영화 관련 자료들을 전남일보사와 가정법원, 고아원, 교회 도서관, 법원 내 대기실 및 휴게실, 전남대학교 로스쿨에 기증했다. 그의 기부는 여기서 끝나지 않고 다시 읽어야 하는 책이나, 지인들에게 권하고 싶은 도쿠가와이에야스 32권, 삼국지, 안영복 선생의 강의나 담론서, 돌베개의 교양시리즈, 인문학 관련 시리즈 등은 다시 재구매해서 보관하다가 기증한다. 어릴 적부터 열 번도 더 읽었던 삼국지는 출판되는 판본을 거의 가지고 있으며 도쿠가와 이에야스 32 권의 대작을 네 번째 읽고 있다. 그가 만약 무인도에 가지고 갈 책 한 권만 고른다면 단연 국어사전과 영한사전, 주역 순이라고 했다. 언어에 대한 의미를 중요시 하여 사전에 애정을 가지는 이유다. 언어의 기능은 의사소통에 있어서 절대적 수단일 뿐만 아니라 인간의 영혼과 정신을 고양시키는 토대가 되기 때문이다.

그의 독서와 장서는 책 자체를 좋아하는 그의 취향과 직업적인 사고에서 비롯되었다. 법을 다루는 일을 하다 보니 법조인은 폭넓은 상식과 지식이 있어야 많은 사람들과의 대화가 가능하고 풍부한 상상력은 삶을 넓게 볼 수 있는 안목을 길러주기 때문이다.

여기에 많은 여행과 문화 관람도 반드시 갖춰야 할 조건에 속한다. 그가 책을 사서 모으는 데는 또 다른 이유가 있다. 우리나라 출판계는 책이 팔리지 않으면 재발간을 하지 않는다. 하여 나중에 그 책을 사고 싶어도 살 수가 없어 출간 즉시 구매해야 하는 어려움도 있다. 한 가지 더 보탠다면 집에 책이 많으면 가문이 창성한다

는 속설을 믿음 아닌 희망으로 삼고 책을 읽고 모은 것이 현재에 이르렀다고 한다. 그는 70세가 되면 완전히 귀향하여 그동안 모아 둔 책을 읽으며 집필할 계획도 가지고 있다. 특히 신영복, 이시형, 윤석철, 정민, 이덕일 등 그가 좋아하는 작가들의 책은 출간 즉시 구입해서 읽고 지인들에게도 나눠준다.

그가 책을 읽으면서 즐겨 하는 일은 차명상이다. 우후죽순처럼 늘어나는 커피숍으로 인하여 차의 대중화가 입지를 갖지 못하는 것에 대해 우려하는 마음이 있지만 그의 손에서 차는 멀어지지 않는다. 그가 마시는 차는 대부분 격식을 벗어난 자유스러운 찻자리다. 다기도 사용하지 않고 머그컵에 따라 보리차처럼 마시며 때론 조용하고 차분하게 마음을 정리한다. 방송에서 곱게 한복을 차려입고 차를 우리는 장면은 일반 사람들이 근접할 수 없는 문화로 받아들이기 쉬워 잘못된 문화라고 꼬집기도 한다. 특히 보성이나 하동 등 차를 생산하는 지역의 식당에서 차 대신 커피를 내놓는 것은 차생산지임을 무색케 한다고 지적했다. 녹차 생산지인 만큼 정책적으로 관내에서 차를 보급하기 위해 차의 사용을 의무화하고 일정한 지원금을 지급해 주어 차산업 발전과 차문화 보급에 앞장서야 한다고 했다.

그는 차인들이라고 명패를 내세우는 사람들과 다담을 나누면서 차의 용어가 정리되지 않고 순화되지 않은 점을 들어 차를 학문적으로 공부하는 사람들이 차용어에 대한 정리와 국민 모두가 쉽게 볼 수 있도록 텍스트 제작도 이루어져야 할 것이라고 했다. 차를 한다는 사람들이 자신의 문화에 대한 허울만 앞세울 것이 아니라 진정으로 차가 생활 속에 흡수될 수 있도록 일반 대중들이 쉽게 접근할 수 있는 문화로 보급해야 한다고 했다. 아울러 차에 대한 이론이 구체적으로 정립되어 좋은 차를 만들 수 있는 토대를 확립하는 것도 중요하며 전통문화로서 보존의 가치도 살려야 하는 자세도 필요하다고 말했다.

책과 차의 만남. 독만권서 행만리로(讀萬券書 行萬里路). 책 만 권을 읽으면 만리 길을 갈 수 있다는 삶의 안목과 지혜를 차 한 잔에 우려내 본다.

2015.07.31.

소쇄원의 숨은 그림 찾기
- 사진 이동호 문화유산해설사 -

작은 정자 난간에 기대어

소쇄원 안에 있는 경물은
어우러져 소쇄정을 이루었네
눈을 들어 시원한 바람소리를 향하고
귀를 기울여 영롱한 소리를 듣네

- 하서 김인후의 소쇄원 48영 중에서 -

　　겨울바람이 매서웠다. 광주호에서 불어오는 솔바람은 이월 보름 달그림자를 타고 식영정(전남 기념물 제 1호) 툇마루에 걸쳐 있다. 오늘도 여전히 식영정 아궁이에는 장작이 타고 성산별곡 시비 앞 굴뚝에는 뿌연 연기가 몸을 감고 올라간다. 해질녘 방안에는 3년째 식영정을 홀로 지키고 있는 사진 이동호(55. 담양 문화유산해설사)선생님의 그림자가 송강이 머물렀던 바람과 함께 촛불에 비친다.

　　선생님은 한옥은 사람이 살아야 하고 아궁이에는 불을 때야 한다는 지론으로 30여 년 동안 담양 문화유산인 소쇄원과 정자문화권을 지키며 오늘도 식영정에서 차를 낸다. 그가 내놓은 군자차 한 잔. 아직은 이른 매화가 찻잔 속에서 꽃을 피웠다. 이름하야 사군자 중의 하나인 매화를 띄운 군자차는 차를 아는 사람들은 한 번쯤은 마셔보고 그 운치에 혼을 빼앗겼을 것이다. 깊은 겨울바람이 밴 매화향이 코를 타고 머리끝에서 아찔하게 한다. 이래서 퇴계도 매화를 사랑했던가. 당시 매화에 취한 퇴계가 그가 사랑한 여인 두향에게 보냈을 매화향기가 이랬을까 싶다.

선생님이 차를 마시기 시작한 것은 20대 초반이다. 학창 시절 친구가 1인용 다기에 차를 마시는 것을 보고 그 맛과 향에 반해 한국제다 문턱이 닳도록 넘어 다니며 차를 가까이 했다. 당시는 주변에 차를 마시는 사람이 없어 구해지는 차는 모두 마셔보며 차를 습관화 했다. 그러다보니 자신의 몸에 맞는 차를 터득하게 되었고 이제는 차생활이 일상이 되어버려 손에는 늘 다기를 맞잡고 있다.

담양에서 문화해설사로 활동하고 있는 선생님은 오늘의 소쇄원이 있기까지 소쇄원을 복원하는데 12년의 세월을 헌신하였고, 7년 동안 담양 향교를 지키고 보전하는데 힘써왔다. 현재는 부용당에서 5년, 식영정에서 3년째 지킴이를 자처하며 담양의 문화권에 대한 확고한 소신을 가지고 방문객에게 정자문화에 대한 해설을 적극 펼치고 있다. 그 외에도 담양 정자문화권에 산재해 있는 풍암정사, 학구당, 죽림재, 남극루, 염계정에도 선생님의 손길로 세심하게 복원 관리하고 있다.

선생님은 일찍이 문화컨텐츠에 관심을 갖고 담양의 전통문화 복원을 위해 담양군과 많은 협의를 했다. 21세기에 대한 비전을 고민하던 중 문화만이 미래 산업의 중심축이 될 것이라 예견하고 문화인본주의를 주창하면서 담양의 향교와 서원, 정자에 전통과 서양의 문화를 접목한 새로운 아이템으로 문화를 재창조할 것을 강조했다. 그리하여 담양의 문화벨트 조성 계획안을 군이나 기관에 건의했으나, 다른 지역에서 선점하여 한 발 늦은 출발을 아쉬워하기도 했다.

실제로 담양권역은 실학의 효시라 일컬을 수 있는 고창의 반계 유형원을 비롯하여 강진의 다산 정약용, 호남 실학의 삼걸이라 칭하는 정읍의 이제 황윤석, 이서의 규남 하백원, 장흥의 존재 위백규와 장성의 망암 변이중, 순천의 여암 신경준 등 기라성 같은 실학자들의 뿌리가 내려진 곳이다. 노사 기정진의 학문은 최한기를 비롯하여 최익현을 거쳐 일제와 항거하면서 독립운동, 민족계몽운동의 자본으로 이어져 있어, 이들의 학문을 미래 산업의 문화자산으로서 활용할 가치는 매우 크다. 이에 대한 가치를 인정한 선생님은 이를 바탕으로 한 문화산업의 활성화를 위해 여러 가지 안건을 제시하고 건의하는 등 담양의 문화발전을 위해 많은 노력을 기울이고 있다.

그러나 뒤늦은 행정으로 문화산업의 기획을 타 지역으로 넘기거나, 선점하는 기회를 잃기도 하였다. 그러한 예로 무등산 일대의 굿당을 민속학적 차원에서 복원하고 활성화하자고 건의했으나, 진도의 '씻김굿'이 무속자원화를 추진함으로써 담양 무등산권의 민속학 문화사업은 진도에 넘겨야 하는 결과를 초래하기도 했다. 이 외에도 우리의 소리, 음식, 복식, 연극, 뮤지컬 등 다각적인 분야에서 종합예술이 탄생할 수 있는 문화자원 활성화를 위해 군에 제안한 안건은, 의식적으로 깨어 있지 않은 군관의 관행에 의하여 번번이 무산되는 좌절을 겪었다.

담양권역 서원의 문화컨텐츠 역시 사진 선생님이 건의 했으나 안동에서 먼저 세계문화유산으로 등재함으로써 서원문화권의 보존에 자리를 넘겨주어야 했다. 그나마 남아 있는 정자문화권에 대한 안건도 봉화에서 추진하고 있는 것을 지켜 볼 수밖에 없는 상황이어서 담양을 지키고 전통을 보전하려는 선생님의 노력은 허공에 뜬 구름이 되고 말았다.

그러나 다행한 것은 선생님의 노력으로 소쇄원을 발굴 복원하고 식영정을 비롯한 담양의 정자문화권을 활성화시킬 수 있었던 것이다. 선생님은 광주 전남 문화의 토대는 정자에서 출발한다고 했다. 의향이자 예향이라고 일컫는 기반은 인물이 배출되고 학문이 굳건하게 형성되어 있으며 이를 바치는 물적 자원이 확보되어야 한다는 것이다. 풍암정, 식영정, 송강정, 독수정 원림, 취가정, 수남 학구당, 면앙정 등 조선 시가문학의 산실인 담양의 정자문화권은 조광조의 유배에 따라 많은 사람들이나 소장학자들이 낙향, 낙남하여 요소에 정자를 짓고 후학을 양성하고 교류를 나누면서 학문적 사상이 쌓이게 되었다. 그러한 정자들 중 송순의 면앙정가, 정철의

성산별곡, 사미인곡 등 가사문학의 토대를 이룬 식영정의 문화는 매우 중요한 학술적 가치가 있다고 했다.

이러한 학문적 가치를 확인하기 위해 1992년에 세계에서 가장 아름다운 정원 1위에 선정된 바 있는 전통 정원 소쇄원을 복원하고 지키는 과정을 담아 『소새원의 숨은 그림 찾기』란 책을 펴냈다. 선생님의 책을 통해 소쇄원의 이모저모를 살펴보면 다음과 같다.

소쇄원은 소쇄옹 양산보가 정암 조광조를 따라 내려와 세상의 소리에 귀를 씻고 담양 창암마을에 정자를 짓고 원림을 조성한 조선식 전통 정원이다. 지금 소쇄원은 원래 규모의 10/1에 지나지 않는다. 현재의 열배에 해당하는 소쇄원의 규모는 조선 영조 때 목판본으로 제작된 소쇄원도에서 찾아볼 수 있다. 불행 중 다행인 것은 목판본 탁본을 다시 판각하여 소쇄원

의 실상을 파악할 수 있었다는 것이다. 『소쇄원사실』이라는 문헌에는 당시 소쇄원에 십여 채의 정자가 있었고 전체 규모가 1만여 평에 이른다고 기록되어 있는 것으로 보아 지금의 소쇄원이 당시의 규모에 비해 지극히 일부분에 불과하다는 것을 알 수 있다. 그러나 후손들의 무관심과 소극적인 태도는 대부분의 소쇄원을 유실시켰고 안목 없는 복원으로 인해 옛 정취를 느끼기에는 많은 문화적 손실이 있었다. 태극도법으로 전하는 소쇄원도는 지금 현재의 주차장에서 홍교를 지나 소쇄원에 이르게 되어 있다.

소쇄원의 건축, 조경, 식물의 식재 등에는 각기 그 사상이나 가치가 담겨 있다. 정자의 문은 세 짝인데 문을 바치고 있는 문턱이 네 쪽인 것은, 문은 양이요 문턱은 음인 까닭에 음과 양이 조화를 이루는 음양사상이 깔려져 있다.

정자를 바치고 있는 기둥도 바깥기둥은 둥글고 안쪽 기둥이 네모진 것은 양과 음의 조화에서 이루어진 것이다. 이러한 사상은 아궁이에서도 발견된다. 아궁이는 음이요 불을 때는 장작은 양으로, 음과 양의 조화는 정자 건축 구조 어느 하나 소홀한 곳이 없다. 사라진 정자로는 창암촌이란 안집과 수박정, 황금정의 흔적만 발견할 수 있고 그 외에 홍교나 다른 건축물들은 무작위한 복원으로 시멘트로 덮여 있거나 흔적조차 찾을 수 없다.

대봉대를 지나 소쇄원담장 역시 원래의 높이 보다 더 높게 쌓아졌다고 한다. 선조들이 담을 쌓은 까닭은 경계의 한 표식이었을 뿐 구분을 짓고자 하는 것은 아니었다. 따라서 지금의 담보다 낮게 복원되었어야 한다는 것이 선생님의 변이었다. 소쇄원의 이모저모에 대한 복원과정을 듣다보니 그것을 끝까지 지켜내지 못한 후손들의 어리석음에 씁쓸한 마음을 감출 수 없었다.

선생님은 무등산 정자문화권을 아시아 문화중심컨텐츠로 활성화하자고 제안했으나 실행에 옮겨지지 않았다. 행정적 업무로 문화를 재단하기 때문에 문화의 본질을 왜곡하고 폄하시켜 근원을 훼손하는 실상을 바로잡고자 하는 의도에서다. 선생님이 담양의 정자문화권을 지키는 것은 선조들이 남긴 문화의 산실로서 국가와 사회를 이끌어 가는 역사적인 산물임을 인식하고, 민족적 자산으로서 후학들에게 물려주어야할 책임을 지는데 일조나마 보탬이 되고자 하는 뜻에서이다. 나라에서 실행하지 않으면 나라도 혼자서 지키고 보전해야겠다는 마음으로 오늘도 식영정에서 송강의 체취를 기린다. 송강이 사미인곡을 짓던 심정이 오늘 식영정을 지키는 선생님의 마음과 비견될까. 바람이 차다. 찻잔 속 매화향이 겨울을 벗어나려 한다.

2016. 3. 13.

〈송광사 다맥의 재발견〉학술대회

순천 송광사 가는 길목에는 사철 주암호에서 이는 안개 덕분에 야생차 군락지를 많이 접할 수 있다. 주암호를 따라 깊은 계곡에 들면 사람들의 발길이 닿지 않은 자생차밭이 널브러져 있다. 새벽안개에 싸여 습기를 머금고 만들어진 죽로차는 허균이 제일이라고 칭할 만큼 유명한 순천의 명물이다. 특히 조계산을 중심으로 송광사와 선암사 주변에는 전통 제다법으로 차를 덖는 스님들과 다인들이 순천의 차맛을 이어 전통 제다법으로 만든 차를 맛볼 수 있다.

송광사는 18명의 큰 스님들이 나서 널리 법을 펼친다 하여 붙여진 이름이다. 신라 때 창건되었으나 고려시대 보조 지눌 국사가 정혜결사를 이루면서 송광사의 이름이 널리 떨치게 되었다. 선원, 율원, 강원의 총림을 이루고 있는 송광사는 150여 명의 스님이 보조 국사의 정혜결사 정신을 이어 여법히 정진하고 있는 승보종찰이다.

송광사는 조선말기의 대선지식인 다송자(茶松子) 금명 보정(錦溟寶鼎) 스님이 차(茶)와 바리때 하나로 솔잎을 먹으며 주석하던 곳이다. 금명은 연해 적전의 다풍을 이어 한국 전통차의 맥을 잇고 있다고 했다. 하여 2015년 6월 6일. 연해 적전의 다맥을 밝히는 학술세미나가 송광사에서 열렸다. 이번 학술세미나는 2001년 다송자 스님의 다풍을 진작시키고자 학회가 열린 이후 15년 만의 일이다. 〈송광사 다맥의 재발견〉이라는 주제로 열린 학술세미나는 차를 즐기고 연구하는 다인들에게 귀한 자료를 제공하는 자리였다. 사자루에 모인 학인스님들과 다인들이 헌다를 하고 예불을 올린 다음 주지 스님의 인사말과 대구 관음사 조실 원명 스님의 연해 적전 스님에 대한 증언이 있었다. 헌다는 초의 선사를 비롯하여 범해 각안, 금명 보정, 연해 적전 스님에게 각각 꽃과 함께 공양 올린 후 차계의 학자들과 원로 스님들이 역사 속에 묻혀 가는 송광사의 다풍을 조명했다. 금명의 다맥이 연해 적전에게 이어졌음을 밝히는 세미나는 송광사에 전하는 사원차의 역사를 스님들의 고증을 통하여 들을 수 있는 귀한 자리였다.

인사말에서 송광사 주지 무상 스님은 "예부터 차는 항상 수행자와 함께 했다"며 "초의선사의 다풍이 조계총림 송광사에서 다시 살아나는 뜻 깊은 자리가 되기 바란다"고 말했다.

이어 대구 관음사 조실 원명 스님은 송광사에 주석할 때의 기억을 떠올리며 "예전에 송광사에서 선방 스님과 노전 스님들이 문수전에서 공양을 마치고 차를 마셨다"며 당시 효봉 스님을 시봉할 때 대중 스님들과 함께 마셨던 보차(普茶)의식을 떠올렸다. 보차는 스님들이 대중공양을 마치고 한 자리에 모여 차를 마시는 공양의식의 하나로 70년대 후반까지 백양사를 비롯한 호남의 주요 사찰에서 행했던 것으로 알고 있으나 지금은 그 절차가 번거로워 전통이 남아 있는 곳이 없다. 원명 스님은 "연해 스님은 아홉 번 차를 덖어 만들었고, 차 주전자에 찻잎을 넣고 끓여 종지로 마셨다"고 당시의 일을 회고했다. 차를 일상으로 마시던 사찰의 차생활을 엿볼 수 있는 금언이었다. 차를 아홉 번 덖어 찻잎을 넣고 끓여 종지에 마셨다고 회고하는 스님의 말씀은 송광사의 제다법과 음다법을 증명하는 것이었다. 사실 아홉 번을 덖기란 차의 형대로 보아서 그리 쉬운 일이 아니다. 자칫 소홀하면 차가 부스러기처럼 흩어져 형태를 온전히 갖추기 어렵기 때문이다. 그렇다면 어떻게 덖어야 아홉 번의 제다를 온전히 유지할 수 있었을까.

사실 일부 제다인들이 차를 만드는 과정을 구증구포라 하여 아홉 번 찌고 말려야 한다고 주장하고 있으나 이는 용어 해석에 따라 이해의 정도가 달라진다고 본다. 구증구포의 용어 해석에 증(蒸)에 대한 설명을 달리 하면 제다의 종류가 달라진다. 찐다고 하는 것은 수증기에 찌는 것만이 아니라 덖는 솥에서 눌러 익히는 방법도 찌는 방법 가운데 하나다. 즉 차를 덖을 때 가마솥에서 차를 모아 눌러 솥에서 올라오는 열기로 차를 잠시 익히는 방식을 말한다. 이것은 물을 끓여 수증기로 찌는 것과는 다르다. 덖음솥에서 찌는 것은 가마솥에 있는 수증기를 이용하는 방식이기 때문에 차의 성분이 빠지거나 없어지지 않는다. 하지만 증차의 경우 물을 끓여 익힌 다음 차를 덖기 때문에 솥에서 익히는 덖음차와는 제다법이 다르다. 더욱이 초의는 〈다신전〉과 〈동다송〉에서 구증구포의 제다를 언급한 적이 없고 다만 이유원의 〈임하필기〉에 다산 정약용이 보림사의 승려들에게 구증구포의 제다를 설명해 주었다는 기록이 전부인 상황이다. 따라서 이러한 학설을 구체적인 고증 없이 일방적으로 확신하는 것은 모든 다인들이 유념해야 할 부분이 아닌가 한다.

어찌하든 당시 송광사에서는 아홉 번 덖어서 차를 만들었다 하니 아홉 번 쪘다는 말이 없는 것으로 보아 증차의 개념과는 다른 덖음차 제다법임이 분명하다. 오래 전 송광사에서 스님이 아주 고운 맥아로 만든 덖음차를 내주었을 때 그 맛이 월장했던 기억이 있다. 그때는 차를 즐겨 마시기만 했지 제다를 해 본 경험이 없어 그냥 지나쳤는데 다음에 기회가 있다면 송광사의 제다법을 구체적으로 고증해 보고 싶다.

송광사 스님들은 차를 어떻게 마셨을까. 종지에 차를 마셨다는 스님들의 차생활은 어떤 격식이나 절차에 치중한 음다가 아니라 형식과 틀을 벗어나 자유로이 쉽게 마시는 차생활이었다는 것 아니겠는가. 물론 당시 형편이 어려워 지금처럼 격식을 갖추고 다구를 마련할 상황도 아니었겠지만 차에 대한 예법이 까다롭지 않은 자유로운 사찰의 다풍을 짐작할 수 있는 증언이었다. 종지라 함은 간장이나 소스를 담아 먹는 작은 그릇이다. 차를 여기에 마신 것으로 보아 사찰에서 쉽게 구할 수 있는 작은 그릇인 종지에 차를 마시는 스님들의 소박한 차생활을 엿보게 한다. 지금처럼 무슨 거창한 의식을 행할 듯 요란을 떠는 차생활과는 거리가 먼 이야기이지만 검소한 스님네 살림살이를 보는 것 같았다.

학술대회에 제일 먼저 발표한 임종욱(진주교대) 교수는 '조선후기 다도의 중흥조 초의 스님의 다도사적 위치'에 대해 주제를 논평했고, 고영섭 동국대 불교학부 교수는 '범해 각안의 선사상과 다사상'을 발표했으며, 송광사 현봉 스님은 '금명 보정의 종통과 다풍'에 대해 각각 논지를 펼쳤다. 특히 현봉 스님은 주제발표에서 "조선말기 송광사에 출가하여 주석했던 대종사 금명 선사는 평생 차를 즐겨하며 스스로 호를 다송자(茶松子)라 했다. 지금도 조계총림 송광사에서는 스님의 다풍을 이어가고 있다"고 했다.

최석환 회장은 금명에게 계를 받은 연해 스님이 초의의 제다맥을 이었고, 스스로 제다법을 터득해나갔다고 했다. 하여 해남 대흥사 초의 선사의 다맥이 범해 각안에 이어 송광사 금명에게 전해졌고, 이는 다시 연해 적전에게 전해져 지금의 송광사 다맥이 이어지는 것이라고 했다. 그러나 이에 대한 학계의 논란은 적지 않다. 우선 초의의 법계가 송광사에 이어지고 있는 법계와는 다르다는 데 있다. 초의는 청허로부터 편양으로 이어지는 법을 완호 윤우와 연담 유일을 통해 받았으며, 연해 적전은 청허로부터 부휴, 벽암으로 이어지는 법계를 받았기 때문이다. 청허의 법맥은 편양과 부휴의 양대 산맥으로 이어졌으나 송광사의 연해는 초의와 다른 계보를 형성하고 있는 것이다. 따라서 금명이 범해에게 법계를 받고 다풍을 이었다고는 하지만 초의의 다맥이 송광사에까지 이어졌다는 것은 신중하게 고찰되어야 할 사안이라고 본다.

그러나 한켠 범해가 초의에게 법과 차를 이은 직계이므로 금명이 범해에게 받은 다풍이 초의 다풍이 아니라고 반박할 여지도 없기는 마찬가지다. 법을 받을 때 그의 스승이 전하는 다풍도 함께 받았을 것은 명약관화한 일이기 때문이다. 더구나 금명은 송광사에 주석하며 80여 수가 넘는 다시를 지었는데 그가 머물던 송광사의 보조암과 광원암, 구례 화엄사와 천은사, 곡성 태안사는 호남지방의 대표적인 차산지로 유명한 곳이다. 그는 호남의 주요 사찰에 주석하며 그의 다풍을 펼쳤을 것으로 보인다. 이러한 다송자의 다풍을 받은 연해 적전 스님의 다맥은 청허로 이어지는 법맥과 범해로 이어진 다풍이 한데 어우러지지 않았을까. 문화란 서로간의 접촉으로 융화되고 형성되어 새로운 문화를 창출하는 것이기 때문에 사찰의 차문화도 어느 한 사찰의 차문화가 정통이라고 고집할 수는 없다. 따라서 송광사의 다풍이 초의의 다풍만 이라고 주장하기도 어렵다. 전통적으로 송광사는 송광사 나름의 차문화가 있었을 것이고, 여기에 다송자가 범해에게 받은 초의 다풍이 더해져서 송광사의 음다문화가 형성되었다고 볼 수 있기 때문이다. 더욱이 법을 잇는 법맥은 차를 잇는 계보와 같을 수 없기에 다맥을 잇는 정통성은 법을 잇는 차원에서가 아니라 문화를 계승하고 발전시키는 차원에서 다시 고려해 보아야 함이 바람직할 것이다.

여기서 다송자 금명의 다시 한 수를 감상해 보자.

대지의 뭇 생명은 겨울과 봄이 하나인데	大地群生冬一春
마음의 꽃과 뜻의 나무는 오히려 새로워라	心花意樹亦能新
차는 7월(桐月)이 지나야 비로소 그 맛을 알 수 있고	茶從桐月方知味
글은 양웅과 왕포(雲淵)을 얻어야 서로 벗할 만하네	龍得雲淵好作隣
도는 태양 같아 번뇌마장을 녹이고	道若太陽消煩障
찻잔은 삼태기와 같아 마음 먼지를 쓸어내나니	盃如箕箒掃荊塵

부끄럽게도 우리는 끈 없는 끈에 길게 묶여 있구나　　愧吾長繫無繩子

어느 날 나는 세상을 벗어난 걸림 없는 사람이 될까　　何日靑山出世人

〈늦은 봄 벗들과 대작하다 3수 임술년 삼월 (晚春與友對作三 壬戌 三月)〉의 두 번째 수

　　그렇다면 마지막으로 금명과 연해로 이어지는 송광사 다맥은 현재 누구에게 전
승되고 있는가 하는 점에 대한 토론자의 질의가 있었다. 이에 대하여 연해 스님의
다법을 고증한 원명 스님을 다맥의 전수자로 보아야 하는 것이 아닌가 하는 문제도
제기되었지만 이는 더 고려되어야 할 것이다. 현재 송광사의 다법에 대하여 학문적
으로나 실제 차생활 부분에 있어서 제반 스님들의 차생활을 면밀하게 고증하여 누
가 되지 않도록해야 할 것이기 때문이다.
　　학계의 원로들과 생생하게 고증된 송광사 스님들의 차생활에 대한 고견을 듣고
새로운 학설에 대한 토론자들의 다양한 질문이 쏟아진 의미 있는 자리였다. 송광사
의 저녁범종 소리가 울린다.

2015.06.06.

찻골에 핀 달항아리
- 월송요 서대천 대표 -

　바람이 진정된 토요일 아침 청정한 바다가 아름다운 장흥으로 길을 떠났다. 화순을 거쳐 보성을 지나노라니 보성의 차밭에 있는 차나무들이 청고되어 올해의 차 농사가 자못 걱정되었다. 유난히 추웠던 올 1,2월은 차나무들에게는 혹독한 시련기였다. 아열대의 따뜻한 기운을 받고 자라는 차나무들이 추위를 이기지 못하고 청고(靑枯)현상이 나타나 차나무의 위 줄기들이 모두 얼어버린 것이다. 장흥의 야생차가 널려 있는 차골에 가니 차나무들 대부분이 누렇게 얼어서 말라있었다. 이렇게 차나무가 얼면 곡우에 차를 따기란 어려운 일이어서 아마도 올해의 햇차는 곡우가 지난 다음에야 맛볼 수 있을 것 같았다. 얼어버린 차줄기가 떨어져 나가고 살아 있는 줄기에서 차싹이 나오려면 그만큼의 날짜가 지나야 가능하기 때문이다.

　차나무의 청고 현상을 보니 지구에 부는 이상기후를 피해갈 수 없는 현실에 마음이 아려왔다. 얼마나 추웠기에 겨울을 이기지 못하고 이렇게 얼어버렸을까 생각하니 자연사도 인간사와 똑같다는 느낌마저 들었다. 사람도 이겨내지 못할 만큼의 시련이 닥치면 넋이 나간 사람처럼 한동안 멍하니 정신을 차릴 수 없다. 시간이 지나야 얼얼했던 정신이 제자리로 돌아오고 마음과 몸이 풀리면서 새로운 기운을 얻는다. 차나무도 자연의 일부분이라 그 나름대로 순환의 과정은 마찬가지인 것 같다.

　장흥은 고려시대와 조선시대에 있었던 다소(茶所) 19곳 중에서 13개가 있을 만큼 차가 많이 생산된 고장이다. 다소는 차를 생산하여 공납하던 곳으로 고려시대부터 제도적으로 운영되어 왔고 조선시대에는 과중한 다세(茶稅)를 백성들에게 부과하여 농민들의 고충이 매우 컸다. 농민들은 다세의 징수를 피하기 위해 차나무를 베어버리거나 뽑아버리고 불을 질러 차밭을 없애기도 하였다. 이로 인해 민간에서는 차문화가 쇠퇴하여 현재는 손으로 만드는 돈차, 떡차, 전차(錢茶)라 부르는 청태전이 전하고 있다.

〈세종지리지〉나 〈신증동국여지승람〉에는 장흥도호부라 하여 장흥지역이 주된 차산지임을 입증하고 있고 실제로 장흥군 관산읍 방촌리에는 찻등이라는 지명이 지금도 불리고 있다. 찻등 일대는 예전에 다소가 있던 지역으로 아직도 야생 차밭이 지천으로 널려 있어 차골이라는 이름이 무색하지 않았다.

또 장흥에는 '죽천리'라는 지명이 있는데 한자로 '竹川里'를 풀이하면 '대내리'가 된다. 이는 일제 강점기에 일본사람들이 장흥일대의 차밭을 조사하다가 차가 많이 생산되는 관산읍 소재의 '대내리'를 한자식으로 표기한 것이 '죽천리'로 불리었는데 실제 죽천리에는 차밭이 없고 대내리에 야생 차밭이 널리 분포되어 있다.

장흥의 차골에서 만난 한 아주머니는 "여기 차골에서는 지금도 떡차를 맹글지요. 헌디 농사일 때문에 많이는 못 맹글고 식구덜 먹을 것만 쬐끔 맹근당께. 곡우 한나절 찻잎을 따서 널어뒀다가 솥에다 쪄서 절구에 찧은 다음 둥글게 맹글어서 구멍을 뚫고 새끼줄에 엮어 처마 밑에 매달아서 말리제 잉. 그래서 감기 있을 적으나 몸살이 났을 때 주전자에 넣고 푹푹 삶아서 마시면 몸이 가뿐해진당께" 라며 전통적으로 떡차를 만들어 오는 방식에 대하여 말해 주었다. 처마 밑에 말리는 자연발효된 떡차는 아플 때 마시는 상비약으로 여기에 꿀이나 모과 등 약제를 넣어서 끓이는 방법은 지리산 일대의 잭살과 다름이 없었다.

차골과 야생 차밭을 둘러보고 바다가 보이는 수문리로 발길을 돌렸다. 수문리에는 해변가 주위로 소나무가 펼쳐져 있어 이국적인 풍광을 연출하고 있다. 이곳 바다를 앞에 두고 장흥 백자의 맥을 잇고 있는 월송 서대천 대표를 만났다. 서 대표는 무등산의 치련 허의득 선생님께 전통 남종화를 사사하고 대만으로 유학하여 대만

예술대학에서 서봉남 선생님에게 동양화를 배웠다. 그후 가업을 이으라는 어머님의 권유로 다시 장흥으로 돌아와 정착하게 되었고 개인전을 열고 그림에 열중하던 중 강진의 친구들을 만나 어깨 너머로 도자기를 배우게 되었다고 한다.

강진은 청자로 장흥은 백자로 유명한 조선의 가마터들이 남아 있었고 장흥의 흙은 백자를 굽기에 더욱 적합했다. 우리나라에 백자를 생산하는 곳은 경기도 광주와 전남 장흥이 있는데 장흥은 백자를 생산하기에 적합한 제1차 점토인 백자 흙이 많이 출토되는 지역이다. 그래서 장흥 백자의 맥을 이어야겠다는 생각으로 도자기를 연구하였고 그 위에 산수화 등 자신의 그림을 그려 넣어 월송의 도자기를 탄생시켰다. 그의 작품은 마치 청량한 하늘 아래 신선한 바람이 부는 맑고 시원한 계곡에 와 있는 듯한 느낌이 들게 한다. 옛 조선시대의 선비들이 모여서 다회를 열

고 풍류를 즐기는 정취를 느끼게 하는 월송의 도자기는 하얀 백토가 화선지로 변한 한 폭의 수묵화다. 그가 만든 청화백자는 백자에 그림을 그리고 환원불이 되도록 장작을 지핀다. 불의 온도가 900℃가 넘으면 산소를 차단시켜 가마 자체의 산소를 태움으로써 맑은 청자 빛이 나오게 한다. 그는 도자기를 배울 때 부드럽다는 표현이 무엇을 말하는지 이해하기 어려웠다고 한다. 그러나 이제는 그 말이 무엇을 말하는

지 이해가 될 뿐만 아니라 자신이 부드러운 도자기를 만들기 위해 혼신을 다하고 있다고 했다.

차의 고장에서 자란 탓이기도 하지만 치련 선생님께 그림을 배울 때 선생님이 주시는 차 한 잔과 맺은 인연이 35년을 넘어섰다. 이러한 차와의 인연은 그로 하여금 다기를 만들게 하는 동기가 되었다.

그는 수 없이 차를 마시며 차를 이해할 수 있을 때까지 다구의 용도와 기능을 살피고 시험하며 다기를 만들었다. 그가 만든 다기 중 달다관은 달항아리를 보는 듯하다. 특히 달다관은 백자 중에서도 티 없이 깨끗한 것만을 고르는 것이 포인트라고 하였다. 그는 언제나 고객에게는 가장 완벽한 작품을 골라 준다. 작품에 대한 철저한 책임감을 가지는 것이 진정한 작가정신이라고 했다. 좋은 작품 속에는 많은 세월과 시간이 들어가 있다. 세세한 부분까지 연구하고 발전시키는 작가의 책임성이 작품의 가치를 높이는 것이다. 그의 손끝은 맑은 청빛이 흐르는 달다관에 한 폭의 산수화와 갓 피어난 매화를 고매하게 피워냈다. 달다관에 마시는 차 한 잔이 맑고 청아하게 풍겼다.

2011.02.26.

다도(茶道)와 서도(書道)
- 석계서예원 장주현 서예가 -

침묵의 지혜

　침묵을 소중히 여길 줄 아는 사람에게 신뢰가 간다. 초면이든 구면이든 말이 많은 사람한테는 신뢰가 가지 않는다. 나도 이제 가끔 많은 사람을 만나게 되는데 말수가 적은 사람한테는 오히려 내가 내 마음을 활짝 열어 보이고 싶어진다. 사실 인간과 인간의 만남에서 말은 그렇게 중요하지 않다. 꼭 필요한 말만 할 수 있어야 한다. 안으로 말이 여물도록 인내하지 못하기 때문에 밖으로 쏟아내고 마는 것이다. 이것은 하나의 습관이다. 생각이 불쑥 떠오른다고 해서 말해버리면 안에서 여무는 것이 없다. 그렇기 때문에 내면은 비어 있다. 말의 의미가 안에서 여물도록 침묵의 여과기에서 걸러 받을 수 있어야 한다.

-법정 스님-

한자에는 사람의 인품을 의미하는 단어들이 많다. 그 중에 예기(禮記) 제이십사 제의(祭義)편에 '이단기위(以端其位, 자리를 단정히 한다)'란 구절이 나온다. 예기 제의편은 제사를 지낼 때의 마음가짐과 자세에 관한 가르침인데 여기에서 단(端)의 쓰임을 알 수 있는 구절이 이단기위다. 제사를 지낼 때 자리를 단정히 하여야 한다는 단(端)은 산(山)에서 예(禮)를 다해 하늘에 제사를 지내는 곳이기 때문에 단정하다는 의미를 함축하고 있다. 단은 단정하여 바르다는 의미 외에도 처음과 끝의 뜻도 포함하고 있다. 따라서 단은 처음부터 끝까지 흐트러지지 않는 단정하고 바른 자세를 나타내는 한자라고 할 수 있다. 단이란 단어가 사람에게 잘 어울린다는 것은 그 만큼 삶의 가꿈을 잘 다듬어온 사람이 아닐까. 자신에게 맞는 길을 선택하여 그 길에서 매무새를 잘 갈무리하는 사람. 그런 사람이 아름다운 것은 그만의 감추어진 은유의 색깔이 있기 때문이다. 은유의 빛깔은 화려하지 않고 자연스럽게 제 색을 낸다. 화려한 듯 숨어 있고 감춘 듯 드러내는 명주꾸리 같은 은은함. 그런 색을 가진 이를 만난다는 것은 삶의 또 다른 즐거움이다.

더위가 한창 기승을 부리던 여름날 붓을 들고 반평생을 살아온 서예가 장주현 (57, 석계서예원) 원장을 만났다. 모습 그대로 첫눈에 단아한 품새가 배어 있었다. 조용하고 햇볕 잘 드는 서실은 차실도 겸해 사용하고 있었다. 아름다운 것은 눈에 보이는 대상이 아니라 눈에 보이는 것들로 이루어진 보이지 않는 공간인지도 모른다. 글과 차가 한데 어우러진 서실은 향긋한 차 한 잔의 싱그러움을 담아내고 있는 장 원장만의 공간이었다. 그 싱그러움 속에 감춰진 보이지 않는 세월의 닦음이 마치 오랜 지기(知己)같은 마음마저 들었다.

세월의 닦음이라.. 그동안의 삶 속에서 배우고 깨달은 경험들이 현재의 모습으로 드러나고, 남아 있는 날들에 대한 예측으로 회전되는 사람을 만나면 그의 삶에 대한 세월 값이 적잖은 무게로 달아진다. 온전히 자신의 길 안에서 내면의 가꿈을 끊임없이 지속해온 시간의 무게들. 그것은 말없이도 그대로 드러난다. 차 한 잔 우려내는 손길에서 자신을 내려놓은 겸허한 눈빛에서 세월의 침묵이 켜켜이 쌓여 있었다. 장원장이 가장 좋아한다는 용비어천가의 한 구절이 그의 마음을 대변하고 있을까. '뿌리가 깊은 나무는 바람에도 흔들리지 않고 꽃이 아름답고 열매가 많이 열리며 샘이 깊은 물은 가뭄에도 그치지 아니하여 흘러 내를 이루어 바다로 돌아간다(根深之木 風亦不扤 有灼其華 有蕡其實 源遠之木 旱亦不竭 流斯爲用 于海必遠)'바람에 흔들리지 않는 뿌리 깊은 나무의 심지와 바다로 흘러가는 샘이 깊은 물을 심주로 새기며 사는 장원장의 철학이 드러난 서체에 눈이 머문다.

서실 입구에 걸린 작품들은 그가 이룩한 독창적인 서체를 가늠하게 했고 창가에 쓰여진 '수처작주 입처개진(隨處作主 立處皆眞)'은 그가 사는 삶의 자세를 보여주었다. 수처작주 입처개진은 당나라 선승 임제선사의 〈임제록〉에 나오는 말로 조건과 상황에 따라 자기 삶의 주인이 되라는 뜻이다. 중국 명나라 말기 학자인 육상객은 인생의 주인공으로 살아가는 생활의 덕목인 수처작주를 위한 육연(六然)에 대하여/ 자신에게 붙잡히지 않고 초연하게(自處超然)/ 남에게 언제나 온화하게(處入超然)/ 일이 있을 때엔 활기에 넘치게(有事超然)/ 일이 없을 때에는 마음을 맑게(無事超然)/ 성공하여 만족할 때에는 담담하게(得意超然)/ 실패했을 경우에는 침착하게失意超然)라고 말했다. 초연하고 온화하여 맑고 담담한 인생을 사는 힘은 수많은 인내와 수련을 통해서 가능한 일이다. 장원장의 수처작주 입처개진은 지금의 모습으로 내려앉아 흔들렸다.

그는 현재 대한민국미술대전서예부분 심사위원이며 그 외에 대한민국미술대전 초대작가, 한국서도대전 초대작가, 서예대전 초대작가 등의 이력을 가지고 있다. 그는 우리나라의 한문서예부분 중진 여성서예가로서 열 손가락 안에 드는 내공을 가지고 있다. 두 번의 전시회를 통해 세대별 장르별 다양한 주제를 선보였고 허상을 쫓는 혹독한 자신의 고뇌를 단련하고 성찰함으로서 독창적인 안목과 평가를 이루어냈다.

그가 스승(학정 이돈흥, 학정서예연구원장)에게 사사를 받기 시작해 지금의 서실을 열기까지 어느덧 36여 년. 그동안의 서체들은 자신의 삶을 담아내고 있었다.

한 획을 그을 때마다 삶의 현재는 여기였고 그 안에서 희노애락의 절제를 승화했던 시간들이었다. 서체 안에 차향이 담긴 먹물을 뿌리며 화선지의 여백을 채우던 시간들. 차도(茶道)와 서도(書道)의 한 길이 삶 안에서 녹아드는 세월을 빚을 때 겸허와 자족의 마음이 쌓여갔다.

차와 글은 서로 같은 길을 가는 도반의 관계다. 서로를 경책하고 서로를 다독이며 삶의 깨달음으로 가는 지혜의 완성이 이루어질 수 있는 통로라고나 할까. 글을 쓰는 마음으로 차를 마시고 차를 우리는 본성으로 글을 쓰는 수련은 자신의 인품을 닦는 길이었다. 수많은 시행착오와 연습 끝에 이루어낸 차향이 고스란히 배어 있는 작품들. 먹물이 검어질수록 차향이 짙어지고 차향이 그윽할수록 먹은 자신을 소멸시켰다. 죽어야 산다고 했던가. 자신을 온전히 비우지 않고는 완성할 수 없는 서도의 길은 차가 우러나는 차도와 하나로 만났다. 그 안에 삶의 진실이 녹은 침묵이 보이지 않는 공간을 채우고 있었다. 수처작주 입처개진(隨處作主 立處皆眞). 초연하게, 온화하게, 맑고 담담하게~~

2016.06.05.

드러내지 않는 정직한 차 위향

- 위향 김도일 대표 -

〈예기〉에 학문하는 사람은 4단계의 과정이 있다고 했다. 그 첫 번째가 기본의 틀을 배우는 장언(藏焉), 두 번째는 열심히 연습하고 연마하여 익숙하게 하는 수언(修焉), 세 번째는 배운 바가 아주 몸에 배어 숨 쉬듯 하는 식언(息焉), 네 번째는 배운 바가 자연스러워 그 안에서 노니는 단계인 유언(遊焉)이라고 한다. 이에 대하여 현대의 심리학자인 Abraham Maslow도 배우고자 하는 의식도 없고 능력도 없는 단계(Unconscious incompetence), 배우려는 의식은 생겼으나 배움의 초보인 단계(Conscious incompetence), 배움에 능력이 생겨 익숙한 상태(Conscious competence), 무의식 상태에서도 능력이 발휘되는 단계(Unconscious competence)로 인간의 학습발달을 이론화하여 학습이 형성되는 과정을 설명하였다. 이러한 학습의 단계는 학문의 깊이에 따라 자신의 것으로 익히는 과정을 말한 것이라 할 수 있다.

학문이 익으면 사람도 따라 깊어진다. 학문의 목표를 어디 두느냐에 따라 달라지겠지만 학문의 성숙도는 자신의 인격과 함께 성장할 때 그 가치가 빛난다. 퇴계 이황(李滉)은 〈주자서절요〉 서문에서 '나의 참다운 삶의 길을 위해 성현을 알 필요가 있고, 그 때문에 성경(聖經)과 현전(賢傳)을 공부하는 것'이라고 자신의 학문적 성격이 '위인지학(爲人之學)'보다 '위기지학(爲己之學)'에 있음을 강조했다. 위기지학은 〈논어〉의 헌문편에 '옛날에는 자기 자신을 위해 배웠지만 오늘날은 남을 위해 한다 古之學者爲己 今之學者爲人)'에서 비롯되었다.

군자의 학문은 위기(爲己)일 뿐이다. 소위 위기라 하는 것은 하는 바 없이 저절로 그러한 것이다. 마치 깊은 산 무성한 나무 가운데 한 포기 난초가 종일토록 향기를 내품으나 스스로 자신은 그 향기를 알지 못하니 바로 군자의 위기의 의에 합하는 것이어서 마땅히 이를 깊이 체득해야 할 것이다.(君子之學 爲己而已 所爲爲己者 無所爲而然也 如深山茂林之中 有一蘭草 終日薰香 而不自知其爲香 正合於君子爲己之義 宜深體之)〈도산전서〉

퇴계는 학문이란 무성한 나무숲에서 향기를 내뿜는 한 포기 난초와 같이 깊이 체득하여 스스로 자신의 향을 알지 못할 정도로 자연스럽게 풍겨야 하는 것이라 했다. 학문은 남에게 과시하기 위한 것이 아니라 자신의 인격 수양과 정신적 가치를 완성하기 위해 스스로를 연마했을 때 참다운 삶의 길을 갈 수 있다는 것이 퇴계가 지향하는 목적인 것이다.

이러한 가치를 스승으로부터 이어받아 퇴계의 위기지학을 수양하기 위해 향기를 내놓는다는 보이차 전문점 김도일(59) 대표를 만났다. 광주의 명사 학정 이돈홍 선생님이 써준 퇴계의 글은 차를 하는 다인으로서의 마음가짐을 바르게 다잡는 가르침이라고 한다.

김 대표가 차전문점을 내게 된 것은 젊은 시절 외국에서 보이차를 접한 후 20년 동안 차를 마시면서 정직한 차를 주위사람들과 나누어 마시자는 뜻에서였다. 많은 사람들이 보이차를 마시고 있지만 대부분 진위를 가리지 못하고 판매인의 상술에 현혹되는 것을 수차례 보아오면서 자신만은 차를 정직하게 보급하기로 생각하고 시작한 것이 작은 판이 되었다. 다실 겸 삶의 휴식공간으로 아내가 마련해 준 위향은 차를 제대로 마시고 싶어 하는 사람들에게 좋은 차를 바른 루트를 통해서 전달해 주고자 하는 통로 역할을 자처한다. 김 대표가 원칙으로 내세우는 것은 자신을 속이지 않는 정직한 차의 유통과 판매이다. 좋은 차를 구하기 위해 직접 현장에서 농민과 함께 딴 차를 제다해서 마시는 차. 그러한 차에 맞는 차의 품평을 설계하고 품질이 우수한 차를 연결하여 차의 품성을 살려 그 안에서 위안을 받고 마음을 나눌 수 있는 위향의 공간을 연출하는 것이다. 한 포기의 난초처럼 자연스러운 향이 멀리 퍼져서 주변을 향기롭게 하는 위기지향실이 김 대표가 추구하는 다실의 모습이다.

김 대표는 보이차를 품평하는 데 있어서 가장 중요한 것은 얼마 동안 차를 마셨는가라고 한다. 보이차의 발효도는 숙성의 과정을 통해 얻어지는 차의 기운과 차의 효능, 차의 성품이 하나로 어우러질 때 그 차의 품성과 본질이 발휘된다고 한다. 그러기 위해선 자신을 속이지 않는 정직한 차인의 양심이 우선이 되어야 함을 전제한다. 수양이 된 심신으로 품질이 좋은 차를 많이 마셔보아 우리 몸에서 작용하는 차의 현상을 헤아리고, 그후 현상에 대한 차의 품성을 살펴 자신의 차기호를 파악하는 것이 중요하다고 한다. 정신적으로 맑혀지지 않으면 차는 몸에서 제 기능을 발휘할 수 없으며 단지 음료로서의 생리적인 역할에 지나지 않을 수밖에 없다는 것을 우려하는 김 대표의 차론은 세월의 무게가 실려 있었다.

이러한 깨달음은 그가 매주 지인들과 일정한 시간을 정해 차명상을 하는 바탕이 되었다. 차명상 후에 차를 마시는 것은 우주의 에너지와 함께 보이차가 숙성되는 동안 받아들인 차기가 몸과 조화를 이루는 과정을 체득하기 위함이다. 수행 전과 수행 후에 마시는 차의 향미는 몸뿐만 아니라 정신까지도 달리 작용하는 것을 터득하는 것이다. 수행 후 마시는 보이차는 몸에서 생진현상을 일으켜 순환기를 촉진하고 노화를 예방하여 활동 범위를 넓혀준다. 차를 섭취했을 때 에너지가 되어 활력을 주는 것은 차가 가지는 첫 번째의 효능으로 이러한 작용들이 몸과 정신적으로 약리적 효과를 준다고 말한다.

김 대표는 차를 다룰 줄 아는 것이 중요하다고 했다. 팽주를 하며 차의 성품과 차의 기운에 따라 차를 내는 것은 오랜 차생활을 통해서 체득할 수 있으며 그에 따른 차의 품위가 달라질 수 있다고 한다. 차에 맞는 호를 사용하여 차의 거친 맛과 향을 잡는 것도 많은 시행착오를 통해서 얻어질 수 있으며 그러한 시간의 폭이 쌓여 차의 성품을 바로 알 수 있다는 것이다. 이에 마음을 나누는 다담 또한 차의 풍미를 높이는 요소라고 전한다.

보이차의 매력에 빠진 김 대표는 골동품과 음악에 대한 조예도 깊다. 위향에 오는 손님들에게

달은 지고 까마귀 울며 서리는 하늘 가득하고	月落烏啼霜滿天
강변의 단풍과 풍교의 고깃배 불빛에 잠 못이루네	江楓漁火對愁眠
고소성 저 멀리 한산사에서	故蘇城外寒山寺
깊은 밤 종소리 나그네의 배에 닿는구나	夜半鐘聲到客船

위향에 오는 손님들에게 가장 편안한 환경과 음악을 제공하는 것은 그만의 또 다른 서비스라고 할 수 있다. 위향 한켠에 세워진 당나라 시인 장계의 시, 풍교야박 (楓橋夜泊)의 조각이 눈에 들어온다. 한산사 종소리를 들으며 밤낚시를 즐기는 장계가 위향에 앉아 차를 음미하고 있을까. 위기지학의 향기를 품으며...

2017. 3. 18.

무시의적, 때와 사람에 맞게 해야
- 문사고전연구소 양광식 소장 -

강진은 예로부터 야생차밭이 널리 분포된 지역 특성에 따라 차문화가 발달하였고, 다산의 유배생활은 강진 차문화의 학술 이론을 뒷받침하는 근간이 되었다. 다산이 유배되어 있는 동안 강진에서 길러낸 제자들과 대흥사를 중심으로 한 선사들과의 교유는 조선후기 차문화사를 전개하는데 많은 영향을 남겼다.

강진에는 후학의 업으로 삼아 다산학에 평생을 매진해 온 강진문사고전연구소장 겸 전남문화재전문위원인 청광 양광식(70) 선생님이 있다. 선생님의 모습은 한 알의 열매와 잎 한 장에 담겨 있는 자연의 순리를 보는 듯했다. 하나의 열매를 맺기 위해 하늘의 햇볕, 공기, 땅의 영양분, 바람, 비, 태풍, 그리고 농부의 땀과 정성이 얼마나 지극히 들어 있던가. 자연이 서로 의지하고 순환하며 살아가고 있는 순리는 사람에게도 마찬가지다. 50의 인생 속에는 50의 연륜이 보이고 60-70의 인생에는 60-70의 세월이 담겨 있다. 살아오면서 쌓인 삶의 순리는 인생을 성숙하고 깊게 바라보는 그윽한 자태를 선사한다. 삶에 있어서 세월값이 헛된 적은 없다. 자신이 받아들인 만큼 그대로 드러나는 게 인생의 빛임을 청광 선생님을 통해서 느껴본다.

청광 선생님은 2005년 강진문화재위원으로 선임된 후 강진문화재연구소장으로 5년 간 다산 관련 고서 등을 번역해 왔다. 문화재전문위원은 문화재를 지정하거나 취소하기 위해 현지조사를 담당하는 전문가들로서 대부분 대학교수들이 맡고 있다. 그러나 그동안 군단위에서 전문위원이 나온 경우는 거의 없어 청광 선생님이 문화재전문위원이 된 것은 지역차원에서 상당한 의미를 가진 것으로 평가되었다.

청광 선생님은 2005년 7월 '제1회 다산학 유물 특별전'을 치르면서 고문서의 고증과 감정능력을 관련 학계로부터 인정받기도 했다. 이는 다산학에 매진하면서 다산학에 관한 저술을 간행하고 강진의 차문화를 고증하는 데 역점을 둔 선생님의 이력에 대한 증거이기도 하다. 이러한 선생님의 노력은 2006년 〈강진과 차〉의 간행으로 이어졌으며 2007년에는 〈茶山과 茶〉 등 차와 관련한 책들을 연이어 출간했다. 2008년에는 〈다산과 혜장〉, 2009년에는 〈다산 이천자 애학편〉과 〈다산의 자식사랑〉 등 5년 동안 다산학문을 번역해 간행한 책이 총 9권에 이른다. 이외에도 2010년에는 〈강진의 유향좌목〉과 〈다산과 덕룡산 용혈암〉 그리고 〈다산과 백운동〉을 간행했으며, 2014년에는 〈다산과 강진의 茶 자료〉를 간행하여 조선후기 다산과 관련한 차문화학을 고증하고 정리하는데 전념했다.

청광 선생님이 다산과 강진의 차에 관한 자료를 모아 학술적으로 고증하게 된 것은 1986년 문도공 다산 정약용선생의 여유당 전서에 있는 강진 차역사 자료를 모으게 되면서부터였다. 선생님은 다산이 가졌던 차에 대한 관심을 이해하게 되면서 강진지역의 차문화가 얼마나 높은 수준이었는지 파악할 수 있었다면서 강진이 녹차의 중심지로 다시 태어나길 바랐다. 위에 언급한 선생님의 저서 〈茶山

과 茶〉, 〈다산과 강진 茶 자료〉는 다산이 지은 차와 관련된 시를 정리한 것이며, 강진 유배생활 중에 지은 다시(茶詩)와 〈경세유표〉와 〈목민심서〉에 들어 있는 차와 관련된 부분을 번역한 것이다. 또한 다산이 18년간 유배생활을 마치고 강진을 떠날 때 제자들에게 차를 만들어 마시며 신의를 지켜가도록 조직했다는 〈다신계〉와 관련된 내용이 구체적으로 해설되었고, 당시 〈다신계〉에 참여했던 강진 제자들의 면면도 소개하고 있다. 특히 다산이 차를 즐기면서 터득한 차의 효능에 대한 여러 가지 설명들은 오늘날에도 실생활에서 그대로 적용할 수 있는 것들이 많다.

선생님은 강진의 차역사는 고려청자와 시기를 같이한다고 볼 수 있다며 우리나라 최초의 제품명을 갖춘 녹차는 금릉월산차와 백운옥판차(금릉은 강진의 옛 지명이고 백운은 강진 성전면에 있는 지명)로 모두 강진에서 만들어진 것이라고 밝혔다. 백운옥판차는 다산이 지은 〈옥판봉 시〉에서 우리나라 최초로 상표를 따왔다고 최근에 발간된 〈월출산 강진 땅 이야기〉에서 밝히고 있다.

월남리의 금릉월산차나 백운옥판차는 일제강점기 때에 떡차를 생산한 이한영 씨의 상표가 그의 증손자 이효명(64) 씨에 의해 발견되면서 더욱 차인들의 관심을 끌게 되었다. 일제강점기 때 조선총독부 산림과 농무관을 지낸 이에리씨가 펴낸 〈조선의 차와 선〉에 강진의 금릉월산차와 백운옥판차가 소개되어 강진의 차문화에 대한 역사적 고증을 확인할 수 있었다. 현재는 이한영의 고손녀 이현정 씨가 고조부의 뜻을 이어 생가터를 지키며 금릉월산차와 백운옥판차의 복원을 위해 노력하고 있다.

이렇듯 청광 선생님이 다산학과 강진의 차에 대하여 한학을 공부하게 된 것은 1964년 한문으로 일기를 쓰기 시작하면서부터다. 선생님은 1960년 강진군 대구초등학교를 졸업했으나 가정 형편이 어려워 진학을 못하고 독학으로 중학과정을 마치고 청자에 관심을 가지면서 한문학에 매료되었다. 그후 선생님은 매일 한문으로 일기를 썼고 1970년대 초반 공부에 회의를 느끼고 그동안 써온 일기를 모두 불태워 버리기도 했다. 하지만 다시 마음을 정리하고 1974년부터 다시 한문으로 일기를 써 지난 40년 동안 40여 권에 이르는 한문일기장을 간직하고 있다. 선생님은 그날의 탐사내용을 기록하고 하루의 생활을 반성하기 위해 일기를 썼다며 힘든 때도 있었지만 강진의 고문을 기록한다는 심정으로 계속해 왔다고 했다. 또한 일기를 쓰면 인내심이 길러지고 남을 배려하는 마음으로 사고가 바뀐다면서 인격의 완성을 위해서는 일기 쓰기가 절대적으로 필요하다고 말하기도 했다.

주로 선생님이 쓰는 한문일기는 강진 지역의 마을 곳곳을 누비며 탐사한 내용들이다. 이것은 강진의 향토사 연구에 적잖은 도움이 되었으며 강진의 문화일지로서 그 가치를 인정받아 강진 11개 읍면 300여 개 마을의 유래를 제작 간행하는 등 전남과 강진 일원의 역사탐구에 크게 기여했다. 이러한 선생님의 노력 덕분에 강진 정수사지를 찾을 수 있었고 병여성터를 측량하는 성과를 내기도 했다.

청광 선생님이 쓴 한문일기는 고문서를 익히는 서지학으로 연결되어 후일 전 중앙박물관장인 정양모 선생의 배려로 서울 국학연수원에서 한문학을 수학하는 발판이 되기도 했다. 그러나 서울에서 학문을 마치지 못하고 고향에 돌아와 18년 동안 독학으로 한학을 연구하여 한문 번역서를 발간하였다. 이때 다산학에 관심을 두고 다산의 관련 문헌을 다수 번역 간행하는 계기가 되어 지금의 다산학에 대한 학문적 입지를 세울 수 있었다. 그는 한문기록을 번역하는 것은 고루하고 어렵기 때문에 인내심을 요구하는 일이라며 고문서를 해석하고 감정하기 위해서는 서지학이나 국문학, 고적판본감정과 갑골학, 문자학, 훈고학 등을 마스터 한 후에 탈초까지 익혀야 가능하다고 했다.

선생님이 한문학에 몰입하다보니 가정을 돌보지 못한 아쉬움은 아내에게 두고두고 미안한 마음으로 남았다. 부인 이영순(71) 씨는 남편의 학문에 절대적인 지지자로서 선생님이 학문에 전념하도록 도운 숨은 공로자였다. 그래서 선생님은 가정에 도움을 주고자 18년 동안 한문학원을 운영하기도 했으나 지금은 문사고전연구소만 운영하고 있다.

학문은 자신이 좋아서 해야 진정한 결실을 맺을 수 있다. 강진에 심은 다산의 뜻을 이어받아 홀로 다산학을 연구한 선생님은 삶도 다산과 닮아 있었다. 〈다신계〉의 차를 마시고 신의를 지키라는 다산의 당부대로 선생님은 청빈하고 검소한 덕행을 몸소 실천한다. 백련사 가는 길에 있는 해월루를 '낮에는 강진만의 푸른 바다를 보고 사물에서 해방되어 편안한 마음을 기르고 밤에는 떠오르는 달을 보고 자기를 희생하여 남에게 베푸는 일을 하기 위한 원기를 기르자"고 풀이하는 청광 선생님의 말은 그의 생활신조와 같았다. 돈이나 명예에 집착하지 않고 지역의 향토사에 대한 연구를 끊임없이 지속하는 열정과 순수한 학문의 정심은 많은 후학들에게 감명을 주었다.

무시의적(務時宜適), 일이란 때와 사람에게 맞게 해야 한다는 선생님은 매사 상대를 조신히 여기는 태도와 누구에게도 말을 내리지 않는 겸손함이 학자의 풍모를 더해 주었다. 인격의 완성을 위해 한학을 공부했고 다산의 저술들을 간행하면서 어느새 다산을 닮은 인품이 선생님의 옷 매무새에 젖어 있었다.

2017. 2. 25.

중국 차문화연수단의 남도답사
- 푸른차문화연구원 오영환 원장 -

　문화란 시대와 지역을 초월해 서로 상생하고 호환하며 독자적인 성격을 형성한다. 시간과 장소에 따라 자유롭게 만들어진 문화는 다양한 모습을 가지고 있다. 타민족과 접촉, 충돌을 하면서 타문화의 수용과 이식이 이루어지고 이를 통해 자기의 문화를 성장 발전시켜 증식한다. 문화는 이러한 누적을 거듭하면서 그 문화 특유의 전통을 이루며 한 세대에서 다음 세대로 전달 계승되어 나가기 때문에 그 민족이 존재하는 한 문화전통은 계승된다.

　특히 동양에서의 문화란 문치교화(文治敎化)의 의미를 가진다. 문(文)은 인간 생활에 있어서 본보기가 될 만한 모범적인 규범이나 전헌(典憲)을 말하며, 화(化)란 문을 이용하여 인간 삶의 양식을 변화시켜 이상사회를 만들어 가는 행위를 의미한다. 이렇게 넓은 의미로 보면 문화는 정신문화에 국한되는 것이 아니라, 인류가 이루어 놓은 생활양식과 사고방식의 총체라고 할 수 있다.

　그래서 문화를 인식하는데 있어서는 특정한 사회의 문화를 그 사회 환경과 맥락을 고려하여 문화의 다양성을 인정하고 각 문화는 그것이 처해 있는 독특한 환경과 역사적·사회적 상황에서 이해해야 한다.

　한때 우리나라의 차인들이 중국 차문화를 배우기 위한 열풍이 휩쓸던 때가 있었다. 중국의 차문화를 배우지 않으면 차인의 행렬에 끼일 수 없다는 인식이 확산되기도 했다. 그러나 근래에 와서는 역풍이 일고 있다. 중국에서 한국의 차문화를 배우겠다고 파견되는 연수단이 적잖은 것이다. 한중일 동양 삼국의 차문화의 뿌리는 같다고 할 수 있으나 각기 독자적인 차문화를 형성한 한중일 차문화의 교류가 근래에 이르러 활발하게 이루어지고 있다. 문치교화의 실질적인 교류가 차문화에서도 형성되는 것이다. 내 것을 알아야 타인의 것도 이해할 수 있고 타인의 것을 알아야 내 것에 대한 자긍심과 기반이 든든해지는 문화의 교류가 중요한 이유이다.

올 겨울 중국절강성농림대학의 차문화연수단이 대구푸른차문화연구원을 찾은 이유도 이와 같은 맥락에서 이해할 수 있다. 차문화의 종주국이라 자칭하던 중국연수단이 한국의 차문화를 배우겠다고 대구푸른차문화연구원을 내한한 것은 상호교류의 배움 안에서 학문의 깊이를 더 할 수 있는 기회가 될 것이기 때문이다. 더불어 푸른차문화연구원의 연수프로그램은 한국의 차문화에 한한 것이 아니라 한국의 문화와 역사, 사회를 간접 경험해보고 배우는 소중한 기회를 마련해 주었다.

중국절강성농림대학의 연수단이 광주를 방문한 것은 겨울비가 내리는 22일 오전, 햇살은 구름 뒤에 숨고 겨울비가 싸락눈과 함께 옷깃을 파고들었다. 반갑게 맞이하는 혜명다례원 장문자 원장님의 반가운 인사와 회원들의 미소는 낯선 이국인들에 대한 거리감을 좁혀주었다. 일단 다실에 앉아 몸을 녹이고 대구푸른차문화연구원 오영환 원장님과 혜명다례원장님의 소개와 선물교환이 있은 뒤 혜명다례원들의 잎차다례와 말차시연이 이어졌다. 조용히 침묵하는 가운데 혜명다례원의 행다를 보면서 한국과 중국의 차문화의 차이에 많은 호기심과 관심을 보인 연구원들은 한사람씩 말차를 마셔보기도 하고 다식을 먹으면서 새로운 차문화에 호응하기도 했다. 각 문화원마다 행다법이 다르긴 하지만 대체적으로 한국의 다법은 손님에 대한 접대를 위주로 겸허한 행동과 동작들로 이루어져 있다. 어떠한 기교나 허식이 없이 진지하고 간결한 행다의례는 주인의 행동반경이 넓지 않다. 주로 앉아서 차를 접대하는 주인의 행다법은 많은 사람을 대하기보다는 적은 숫자의 손님을 위주로 한 격식과 예절을 갖춘 문화이다. 한국과 중국 차문화의 차이를 느끼며 각기 다른 문화의 다양성을 인식하고 새로운 문화에 대한 영역을 넓히는 안목을 기르는 것이 중요하다는 것을 알게 된 기회였다.

행다시연이 끝나고 연수단 일행은 식당으로 향했다. 광주에서 먹어보는 첫 음식에 대한 약간의 기대와 설렘이 있었을까. 겨울이어서 따뜻한 돌솥밥으로 점심을 먹고 본 행사의 목적지인 해남 미황사로 출발했다. 미황사는 신라 경덕왕(749) 때에 지어진 고찰로서 인도에서 가져온 불상과 경전을 싣고 가다가 소가 멈춘 곳에 절을 지었는데 소 울음소리가 아름답다고 하여 미황사라 지었다한다.

미황사 주지스님인 금강스님의 안내로 사찰예절을 습의 받고 저녁에 이루어질 발우공양에 대한 간단한 의례에 대하여 설명을 들었다. 발우 공양은 심각한 사

회 문제로 대두되고 있는 음식 낭비와 환경·식수 오염을 해결할 수 있는 불교사상에 입각한 식사예법이다. 발(鉢)은 인도말(범어)로 발다라(鉢多羅)의 약칭, 우(盂)는 중국말(한자)로 그릇이라는 뜻으로 응량기(應量器)라 한다. 즉 번역하면 각자

자기가 먹을 수 있는 양에 따라 공양하는 그릇이라는 뜻이다. 쌀 한 톨, 밥 한 톨을 아끼고 절약하여 나와 남에게 이익이 되게 하고, 발우 씻은 깨끗한 물이 수질과 환경오염을 미연에 방지하는 자연주의 친환경적인 음식예법이다. 발우공양은 단순한 식사법이 아니라 수행의 한 과정으로 행하기 때문에 법공양이라고도 한다. 발우공양은 모든 사람이 같은 음식을 똑같이 나누어 먹고 공동체의 단결과 화합을 고양시키는 평등의 뜻, 철저히 위생적이고 조금도 낭비도 없는 청결의 마음, 말소리를 비롯한 그릇소리와 먹는 소리 등 일체의 소리를 내지 않는 수행의 마음을 지니는 고요(정숙)의 정신을 담고 있다. 각자의 발우를 앞에 놓고 금강 스님의 지시에 따라 하나씩 순서대로 행하는 의례는 까다롭기도 하고 어렵게도 느껴지지만 한국의 사찰문화의 본질을 접해본다는 것에서 의미 있었다.

발우공양이 끝나고 중국연수단의 차문화 시연이 있었다. 중국차문화 시연은 3대에 걸친 가족사를 차문화 스토리텔링 작법으로 진행하였다는 점이 눈에 띄었다. 중국연수단의 차문화 시연을 보면서 우리의 차문화와 접근하는 방법이 다름을 인정하지 않을 수 없었다. 우리의 행다법은 차를 접대한다는 예절의 범주를 벗어나지 못하는데 반하여 중국의 차문화 시연은 인간의 삶 속에서 일어나는 사람들의 이야기를 하나의 주제로 선정하고 그것을 차문화적인 요소를 가미한 스토리텔링으로 각색한 문화콘텐츠였다. 중국은 차문화를 수용하고 대중화하는 접근 폭이 확장된 영역 안에서 이루어진다는 것을 이해할 수 있었다. 언제나 그 울안에서 노는 우물안 개구리 같은 좁은 범위의 시야에 대해 반성할 주제를 던져주는 듯 했다. 우리의 차문화를 시연하는 자리에 가면 대부분 각종 음다법의 시연에 그치고 있는 한계점을 느낄 수가 있었다. 각 차회마다의 행다법을 시연하는 차문화는 행다의 동작을 중시하는 의례에 중점을 두기에 그에 담긴 정신문화나 역사적인 의미, 사회문화적인 현상들을 이해하기가 쉽지는 않았다. 그러나 중국의 차문화 시연을 보면서 아주 작은 무대였지만 가족사라는 주제를 차문화와 연관지어 각종 행다법과 음다법, 약리적인 특징에 맞는 차문화스토리텔링의 공연은 매우 신선한 자극이었다. 말 그대로 사람들의 살림살이에 맞는 차문화의 변천사를 보여줌으로써 차문화가 사람 사는 이야기의 범주를 포용하는 문화콘텐츠로 자리매김할 수 있다는 가능성을 보여주었다. 이를 보며 우리의 차문화에 대한 다각적인 접근과 반성이 필요함을 절감했다. 일방적인 전달식 시연에 그치는 우리의 차문화 틀에서 벗어나 차를 행하는 주인과 차를 마시는 상대와의 교감과 호응이 폭 넓은 주제로 이루어질 때 차문화의 영역이 확대될 것이라고 생각한다. 차가 인간의 삶 속에서 이루어지는 소통의 창구가 되어 상호교류하는 문화 범위 내에서 접근이 가능한 폭넓은 인식이 절대적으로 필요할 것으로 보인다. 이는 차를 하는 모든 차인들의 공통적인 과제로 풀어야 할 문제가 아닐까 한다. 이번 중국 차문화 시연을 보고 우리의 차문화를 돌아보는 계기가 된 것은 커다란 수확이었다. 좀더 아쉬운 점이 있다면 중국차문화시연을 관람하는 관객들의 수가 한정되어 있어 많은 사람들과의 공유가 어려웠다. 사찰 내의 몇몇 사람들에게만 보여줘야 하는 한계가 프로그램을 진행하는 미흡한 과제로 남았다.

　다음날 새벽 4시 30분. 아직 여명이 밝지 않은 어둠 속에 진행된 새벽예불에 한 명도 빠짐없이 참석한 중국연수단의 자세는 성실함 그대로였다. 요즘 한국의 젊은 친구들은 자신이 하기 싫으면 어떠한 것에도 구속받지 않으려 한다. 그것이 상대를 위한 배려일지라도, 아니 자신을 위한 약속일지라도 자신의 불가(不可)는 마음대로 한다. 우리는 자유와 자율을 잘못 이해하고 받아들이는 경향이 있다. 자유에는 반드시 책임이 따르고 자율에는 어느 정도의 규칙이 따른다. 자신이 하고 싶거나 하고 싶지 않거나 간에 자신이 속한 집단에서는 반드시 자유와 자율이 함께 공존한다는 사실을 잊고 있다. 아니 잊고 있는 것이 아니라 그러한 원칙적인 것을 배우지 않았고 또 가르치지도 않은 우리 사회의 잘못된 책임이다. 사회적으로 지켜야 할 규칙과 자유의 책임에 대한 자율적인 태도는 어릴 적부터 배워야 할 것이다. 그래서 밥상머리 교육과 예절은 할아버지 턱 밑에서 배워야 한다는 말이 그런 의미들 아니었을까. 작은 행동이었지만 우리네 젊은 친구들의 모습과 비견되는 짧은 상황들이 기본교육의 부재를 알려주는 한국 젊은 친구들에게 어두운 현실을 일침하는 것 같아 부끄러운 마음을 감출 수 없었다.

아침공양을 마치고 금강 스님의 안내로 미황사 부도전 숲길 걷기가 있었다. 약 600여 미터의 솔잎이 떨어진 숲길을 걷는 상쾌함은 겨울의 보슬비에도 아랑곳 하지 않았다. 잔비가 내리는 겨울을 즐기며 동백꽃의 열정도 보고 차잎의 기상도 받으며 부도전을 걷고 난 후 한국 차문화의 성지 일지암을 향해 출발했다.

비와 함께 내린 겨울눈이 어깨 위로 쌓이고 멀리 대둔산의 정상에 하얗게 띠를 씌웠다. 일행은 우산도 없이 비를 맞으며 일지암으로 향했다. 가는 도중 감기에 걸리지 않을까 염려되었으나 모두 젊은 열기로 거침없이 산행에 올랐다. 손을 잡고 걸으며 아리랑을 불러주기도 하고 세계 만국의 노래 작은별도 부르며 지친 몸과 마음을 서로 위로해 주었다. 금강 스님이 사 주신 연잎파이는 지친 몸을 회복시켜주는 활력제였다.

땀을 흘리며 도착한 일지암은 초의 선사가 수도하기 위해서 지은 암자라 해서 '초암터'라 불렸으나 초의 스님 열반 후 폐허가 되었다. 그런데 1980년 한국다인회 회원들이 일지암을 복원했다. 초의 선사는 이곳에서 유명한 〈동다송〉과 〈다신전〉을 펴냈고, 선다일여의 가풍을 드날리며 다산 정약용, 추사 김정희와 같은 석학, 예인들과 교류하며 쇠퇴해가는 차문화를 일으킨 일지암은 한국차의 성지로 주목 받고 있다. 일지암의 일지란 당나라 시승(詩僧) 한산(寒山)의 싯구 중에서 따왔다. '뱁새는 언제나 한 마음이어서 나뭇끝 한가지[一枝]에 살아도 편안하다.'고 한 구절이다. 이는 작은 나무 한 가지에 살아도 부족함이 없고 만족스럽다는 검박하고 청빈한 삶의 자세를 말한다. 초암의 작은 방 한 칸만 있어도 행복한 겸허함이 느껴지는 초암의 모습에서 다시 한 번 오늘을 사는 우리의 모습을 돌아보게 한다. 미리 준비해 온 오 원장님과 장 원장님의 헌다의례를 마치고 중국연수생의 헌다가 있었다. 연수생은 한국차문화의 성인에게 차를 올렸다는 자부심이 느껴진다며 뿌듯해 했다. 헌다의례를 마치고 금강 스님이 내주시는 일지암에서의 차 한 잔에 모두는 몸과 마음의 추위를 풀고 하산했다.

어디를 가든 가장 관심을 갖는 것은 먹거리에 대한 호기심이다. 한국에 왔으니 그것도 맛의 고장이랄 수 있는 광주에 왔으니 가장 토속적인 음식을 대접하고 싶었다. 그래서 떠 올린 것이 한정식이었다. 한국의 전통밥상은 어떤 것을 먹는가. 해남에서 멀리 떨어진 화순의 한정식집을 찾아 두 시간여를 달렸다. 먼 길 돌아 밥상을 받은 중국연수단의 입은 환한 미소로 가득했다. 푸짐한 밥상에 배불리 밥을 먹고 다시 찾은 곳은 나주 천연염색박물관이었다.

나주는 영산강유역을 배경으로 일찍이 염색문화와 실크가 생산된 곳이다. 영산강과 바닷물이 합류하여 잦은 범람과 수위변화가 많고, 풍부한 석회와 물, 비단, 면직물이 발달 한 지리적 환경은 쪽과 뽕나무를 재배하기에 적합하였다. 이러한 자연적인 조건은 염색문화를 발달 전승시켰으며 해로와 육로의 발달은 소비시장을 형성하였다. 현재 나주는 전국에서 유일하게 국가중요무형문화재 제115호 염색장 기능보유자인 윤변운과 정관채 명장이 전통 쪽 염색기술을 전승 발전시키고 있다.

그 중 한국천연염색장 무형문화재에 등록되어 있는 정관채 명장의 전시실을 찾아서 쪽 염색의 모든 것을 볼 수 있었다. 쪽잎을 담가 석회를 섞어 쪽빛을 내기까지 과정을 살펴볼 수 있는 염색공장과 그의 작품이 전시되어 있는 전시실을 둘러보며 연수단 일행은 쪽 염색의 매력에 흠뻑 빠졌다. 같은 쪽색일지라도 염료의 농도에 따라 천의 빛깔을 내는 천연염색의 아름다움은 가장 자연적인 빛의 연출이었다. 천연염색의 쪽빛은 기운을 상승시키고 스트레스를 풀어주는 기능과 아토피성 피부염치료, 잇몸질환에도 효과가 있어 치약의 첨가물로도 이용되고 있다. 붉은 색은 보통 폐렴균도 99.9% 멸균을 시킬 정도로 항균력이 굉장히 뛰어난 기능을 가지고 있다. 대부분 자연에서 채취하는 천연염색의 재료는 쪽, 홍화, 감, 치자, 소목 외에 나무, 꽃, 풀, 열매, 식물의 뿌리, 흙, 돌, 벌레, 조개 등 모든 과정이 수작업으로 이루어져 많은 시간과 비용이 소요되는 어려움이 있기도 하다.

천연염색박물관과 정관채 명장 전시실을 둘러보는 중국연수단은 연신 사진 찍기에 바빴다. 한국의 자연적인 아름다움에 반한 이들의 모습에서 새로운 문화에 대한 경험은 넓은 안목과 지식의 폭을 제공한다는 사실이 눈에 들어왔다. 관광여행과는 다른 한국의 전통문화체험은 한국에 대한 깊이 있는 의식을 확장시킬 것이며 아울러 한국 사찰의 차문화도 경험해 볼 수 있는 값진 시간이었을 것으로 본다.

이번 중국연수단의 광주 방문은 그들에게 뿐만 아니라 광주 회원들에게도 뜻있는 시간이었다. 중국과 한국의 차문화 교류를 통해 중국의 젊은 친구들이 느낄 수 있는 의식과 마음가짐, 중국차문화 양상, 그리고 무엇보다도 사람의 마음은 하나로 통할 수 있다는 소통의 소중함을 알게 해준 귀한 시간이었다. 아울러 한국 차인들의 마음이 그들에게도 따뜻하게 전달되었길 바라며 앞으로 남은 시간, 그들의 삶에 있어 의미 있는 시간과 추억이 만들어지길 기대한다.

2016. 12. 30.

차와 소리는 같은 것이여!
- (사) 호남연정국악연수원 기세규 원장 -

중몰이 날이 차차 밝아지니 주인 불러 하직하고 황성길을 올라간다. 주막 밖을 나서더니 그래도 생각이 나서 「아따 요년아, 눈 뜬 가장(家長) 배반키도 사람치고 못할 터인데 눈 어둔 날 버리고 네가 무엇이 잘 되겠느냐. 새서방 다리고 잘 살아라 더듬더듬 올라간다. 그때는 어느 땐고, 육칠월 한더위라 태양은 불빛 같고 더운 땀을 흩뿌릴 제 한 곳을 점점 들어가니 그곳 경개(景槪)가 매우 좋아 사람의 정신을 돋아 낸다. 치어다보니 만학천봉(萬壑千峰)이요, 내려 굽어보니 백사지(白沙地)로구나. 에 허리 구부러진 늙은 장송(長松) 푸른빛을 띠어 있고 시내 유수는 청산으로 돌고 이골 물이 주루루루 저골 물이 콸콸 열의 열 두 골물이 한데로 합수(合水)쳐 천방저 지방저 월턱저 방울저 버금저 떠나가 청산유수는 골골이 흘러나려 사람의 정신을 돋우어 낸다.

아니리 심 봉사, 물소리 듣더니 마음이 상쾌하여 「어, 내, 이 물에 목욕이나 좀 할 수밖에 없다」상하 의복을 벗어 언덕 위에 표 나게 얹어 놓고 목욕을 시작하는데

중중몰이 물가에 풍덩 들어서며 「어- 시원하고 장히 좋다」물 한 웅큼 덥석 쥐어 양치질도 컬컬하고 또 한 줌을 덥석 집어 궁둥이도 썻어 보며 「얘- 시원하고 장히 좋다. 삼각산에 올라간들 이에서 더 시원하며, 동해수(東海水)를 다 마신들 이에서 더 시원하랴. 얼씨구절씨구 지화자 좋네. 텀벙텀벙 좋을씨고」

아니리 한참 목욕을 하고 의복을 입을 양으로 물 밖으로 나와 보니, 자리가 바뀌

없는지 무상(無常)한 도적놈이 가져갔는지 의복이 없고 보니 심 봉사 위아래 훨씬 벗고 왼 강변을 찾아 보되 의복은 없고 땀은 흘려 도로 한출첨배(汗出沾背)되는구나.

중몰이 섰던 자리에 거꾸러지며 「에따 이 좀도적놈들아, 세상에 사람이 생겨나서 허다한 일이 많건마는 남의 것을 가져다 도적놈이 된단 말이냐. 옷 가져오너라. 이놈아, 몹쓸 놈아. 세상천지 무상한 놈. 아이고 이번은 꼭 죽었네. 굶어서도 죽을 테요, 활딱 벗었으니 어느 곳으로 가잔 말가. 앉은뱅이 선다 하여도 내게다 비하면 상팔자요, 귀머거리 반신불수 그 모두 병신이나 천지만물을 보건마는 내 팔자는 어이하여 지척분별(咫尺分別)을 못하는구나. 아이구 어찌할거나. 이 신세를 어이를 할거나」 그저 앉아서 울음을 운다.

- 심청가 중 한 대목 -

판소리 한 대목을 부르는 심원 기세규(61) (사)호남연정국악연수원과 무진전통문화원장은 고봉(高峯) 기대승(奇大升, 1527~1572)의 13대 후손으로서 간지(干支)가 한 바퀴 돌아 환갑을 맞이하였다. 고봉 기대승은 조선 전기 중종 22년에 태어나 조광조(趙光祖, 1482~ 1520)와 함께 동문수학하였고 퇴계(退溪) 이황(李滉,

1501~1570)과 함께 사단칠정을 논한 성리학의 대가이다. 26살의 나이 차이에도 불구하고 퇴계와 고봉이 1559년부터 1566까지 8년 동안 130여 통의 편지를 주고받으며 학문과 사상을 논한 사단칠정논쟁은 1559년 1월 5일에 퇴계가 고봉에게 보낸 편지에서부터 시작하여 격렬하면서도 심오한 논변을 벌인 조선 최대의 사상논쟁이었다.

이러한 학문적 전통과 가문을 이어온 기 원장의 집안은 항상 사랑채에 손님들의 발길이 끊이지 않고 소리와 북의 장단이 함께 어우러졌다. 광주향교에 출입하면서 유교와 성리학을 가르치고 장의(掌議)로 활동하던 그의 부친(기운섭)은 늘 판소리와 북을 가까이 했다. 어깨너머 아버지의 소리를 듣고 북에 장단을 맞추어 흥을 돋우던 심원장은 자연스럽게 고등학교를 졸업하고 광주시립국악원을 찾아 소리를 배워 심청가, 수궁가, 적벽가를 완창하고 흥보가, 춘향가를 부분 완창했다. 그는 이은하 선생님과 중요무형문화재 제5호인 청암 김성권 선생님에게 소리와 북을 사사하여 현재 20여명 정도의 단원이 활동하고 있는 (사)호남연정국악연수원과 무진전통문화원을 설립하여 후학을 양성 중에 있다.

그가 광주시립국악원을 다닐 무렵 증심사에서 출가 수행하던 송성묵 선생님을 만나 소리에 본격 입문할 때 차도 같이 접했다. 처음 선생님이 내주는 차를 마시며 이름 모를 풀맛에 설탕을 요구하였더니 솔직한 처사의 행동에 웃으시며 차에 대한 이야기를 풀어놓았다. 이때 차를 마시며 송 선생님에게 받은 호가 심원(心遠)이다. 마음을 깊이 쓰라는 선생님의 말씀은 수행자적 삶과 함께 판소리에 녹아들어 그의 일생을 좌우하는 가치관이 되었다.

군대 제대 후 광주에서 송성묵 선생님과 같이 생활하는 가운데 차의 정신적 세계와 이론을 공부하며 차와 소리에 깊이가 더할 즈음 전남대학교 정문 앞에 '다향(茶鄉)'이란 상호를 걸고 찻집을 운영했다. 그러나 당시는 민주화를 위한 대학생들의 데모가 한창이었던 때라 최루가스가 하루도 사라지는 날이 없어 다실 운영은 거의 마비 상태였고 2년 만에 가산을 모두 날리는 손실을 보기도 했다. 그러나 이 때 이강재 선생님, 서양원 사장님, 임춘평피부과 원장님 등 한국 현대 차문화사에 있어서 기틀을 다지고 발전시킨 원로들과의 만남은 심원장의 일생에 잊지 못할 추억으로 남아 있다. 이들과의 교류를 통해 우리차와 소리의 장단을 합쳐 신명나는 소리꾼으로서의 젊음을 발산하였고, 운암 조용민 선생님과 장전 하남호 선생님에게 서예를 사사하며 예술의 가치를 찾은 것은 그대로 그의 인생이 되었다.

심 원장은 요즘 판소리 강연과 공연에 나날이 바쁘다. 한국의 전통문화에 대한 강의 요청이 끊이지 않아 그와의 만남은 쉽지 않았다. 한국전통문화를 판소리와 접목하여 강의를 할 때 그는 가장 살아있는 기운을 느낀다. 소리에 담긴 희로애락은 누구에게나 공감 가는 삶의 현장이다. 심청아버지의 애절한 부정과 춘향의 곧은 사랑이야기는 우리의 삶 속에서 이루어진 이야기이고, 토끼의 영특함은 영악한 현세를 풍자한다.

판소리는 조선 영.정조 시대 전라도 지방의 남자 무당인 화랭이 집단에서부터 유래되어 현재까지 전승되어 온 우리의 전통음악이다. 우리의 전통음악은 정악과 속악으로 나뉘는데 정악은 궁중에서 연주되는 수재천과 같은 궁중음악과 시조를 일러 민간인들이 불렀던 판소리와 구별한다.

판소리는 현장에서 상황에 따라 가변적으로 불리는 음악적 특징이 있다. 따라서 판소리는 '판'으로 짜여 질 때 짠 사람에 의하여 다른 음악으로 해석되고 연출되어 재창조의 과정을 거치면서 유파를 형성하기도 한다. 판소리는 창자가 이야기를 소리로 해석하고 연출하는 판에서 음색과 음계, 장단으로 창자의 해학성과 풍자가 청중의 추임새에 맞추어 역동적으로 나타난다. 창자(광대)는 혼자서 소리(창)와 아니리(말), 발림 혹은 너름새(몸짓)의 세 가지 예술 행위를 추임새(장단)에 맞춰 부르는 세계 유일의 1인 음악이다. 중세 유럽의 '음유시인'과 중국의 '강창' 같은 1인 음악이 있었으나 이들은 모두 사라지고 세계에 현존하는 1인 음악은 우리의 판소리가 유일하다. 이러한 판소리의 현장성은 평민들의 발랄한 진취성을 바탕으로 그들의 원망과 체험을 담아 전승되어 재창작의 과정을 거치면서 개작이

되기도 하는 등 오랜 세월 입에서 입으로 여러 사람의 이야기가 퇴적물 쌓이듯 형성되어 폭 넓은 공감대를 형성한다. 개방적이고 다양한 너름새가 첨가 되어 재치와 풍자, 해학의 멋을 곁들여 관중의 구미에 맞는 소리를 낼 때 한 판의 멋과 흥이 되살아난다.

이 흥에 겨워 삶을 보낸 심 원장은 언제나 차와 함께 소리를 한다. 차와 소리의 논리가 같다고 말하는 심 원장은 문턱이 닳아져야 그 맛을 제대로 알 수 있다고 했다. 차 한 잔에 흥보의 우둔함을 애석해하면서도 그의 착한 천성에 사람의 본성을 칭찬하고, 차 한 잔에 적벽의 목을 놓을 때 세상사는 이치를 함께 공감한다. 사람의 감정을 여과 없이 들려주는 소리꾼으로서의 자신의 몫은 목소리가 고와서는 아니되며 살아온 세파를 있는 그대로 발산하는 데 매력이 있다. 강연 틈틈이 "적벽풍류"를 구성하여 무대에 올렸으며 "암행어사각설이"란 시나리오도 써서 내년 무대에 올릴 계획이다.

심 원장이 본격적인 차활동을 하기 시작한 것은 88년 광주지역의 원로 차인들이 결성한 요차회이다. 처음 요차회 입성을 권유 받았을 때는 아직 나이가 어리다는 이유로 사양하였지만 90년대 후반 다시 한 번의 요청이 들어오자 회원에 가입하고 지금까지 활동 하고 있다. 차와 음악, 전통문화, 유가적인 학문적 성향과 불가적인 정신적 요소들이 심 원장의 인생을 이루는 기반이다.

심 원장은 고운 최치원의 '올곧되 풍류를 즐기며 살라'는 유불도의 사상이 어우러진 비문을 좋아하여 쓰면 쓴 대로, 떫으면 떫은 대로 형식에 매이지 않고 느낌으로 자유롭게 차를 마신다. 그의 차론은 딱히 어떤 이론을 주장하지 않는다. 이론을 정립하는 것은 좋지만 이론에 매여서 차의 성품을 잃어버리는 어리석음이 그에겐 합당하지 않다고 여긴다. 소리를 하듯 차도 사람의 일이라 사람의 감정과 마음을 있는 그대로 느끼고 마시면 된다고 생각한다. 그는 최치원의 비문을 한 구절 더 소개했다. '접화군생(接和群生)' 모든 만물이 조화로운 가운데 접해야 한다는 말로서 풍류와 차가 조화로이 어우러져야 한다는 것이다. 차의 예절이 분별을 뜻하는 것은 시시비비를 가리라는 말이 아니라 때와 장소에 맞는 적절한 마음과 행동을 분별할 줄 알아야 한다는 의미이듯이, 차와 소리가 조화롭게 어우러지는 것은 사람의 마음과 느낌이 같은 곳에서 출발한다는 의미를 담고 있다고 했다. 즉 원칙에 입각해서 마시되 자연스럽게 마시는 것이 그의 차론이다. 그는 공자의 말을 빌려 대신한다. 공자의 제자 가운데 '어떤 것이 효입니까?'하고 물으니 공자 말하기를 '얼굴빛을 잘해라. 아프지 마라'고 한 가장 간단한 논리가 진리라고 일변한다. 세상의 일은 어렵거나 복잡한 데 있지 않고 가장 단순하고 쉬운 데 진리가 있다는 이론은 틀 속에 짜여서 기본을 다지되 법도에 어긋나지 않게 자유로이 마시는 차와 소리의 가르침과 같은 의미이다. 심 원장은 그의 벗 청담 변동해가 만든 문향(文香) 한 잔을 권하며 적벽부 한 대목을 들려준다.

삼강(三江)은 수전(水戰)이오
적벽(赤壁)은 오병(吳兵)이라
난데없는 화광(火光)이 충천(沖天)하니
조조(曹操)가 대패(大敗)하여
화룡도(華容道)로 행(行)할 즈음에
응포일성(應砲一聲)에 일원대장(一員大將)이
엄심갑(俺心甲)옷에 봉(鳳)투구 저켜 쓰고
적토마(赤兎馬) 비껴 타고 ~~~ 얼쑤~~~

2015.06.05.

흙에서 나온 흙이야기

-흙이야기 이치헌 대표-

　자연에서 자연을 찾는 일은 자연의 일상 속으로 들어가지 않으면 안 된다. 차 한 잔에서 찾아지는 자연의 근원은 차인이면 깊이 느껴봤을 것이다. 차 한 잔의 물이 생성되기까지 햇볕의 노고와 바람의 휴식, 계절의 순환, 기다림의 고통까지 자연의 순리를 따르는 것은 인간만이 터득하는 이치라는 것을 알고 있다.

　아직은 덜 익은 듯하지만 흙에서 자연을 찾아 아름답게 익어가는 도공이 있다. 흙이야기를 운영하고 있는 이치헌 대표(45)는 주로 자연에서 소재를 찾아 디자인을 완성한다. 자연의 아름다운 곡선을 찾아 다기에 표현하는 이 대표는 전통적인 이미지의 자연물이 작품으로 생성, 환원, 재탄생하는 것을 즐거움으로 여긴다. 무등산 주상절리와 솟대를 활용한 다관을 제작하면서 주변의 생활들이 작품의 소재가 된다는 것을 알고 사물을 깊이 있게 바라보는 눈이 생겼다. 옛 것을 알고 현대에 응용하는 작업의 시도는 이 대표의 독창적인 상징적 형상을 보여주며 작업의 뿌리를 알 수 있는 계기가 되기도 한다. 이 대표가 한국적인 이미지에 매이지 않고 주변의 사물들의 이미지를 현대화하여 해석하고 그 기능을 살리는 작품을 만드는 것은 옛 어른들의 삶을 이해하고부터 생긴 사고의 결과물이다.

그가 처음 공방을 운영할 땐 사회 경험이 없어 모든 것이 좌절되기도 했으나 장인어른의 따뜻한 충고는 삶의 의지를 찾아주었다. 무엇을 만들지 몰라 방황하고 다도구를 묻는 학생들의 질문에 답하기 위해 차를 배우고 2003년부터는 자신이 쓰고 싶은 다관에 직접 차를 마시기 위해 다기를 제작했다. 5인 다기부터 시작해 3인 다기를 만들기까지 불편하고 서툰 것들을 직접 수정하고 차인들의 충고에 따라 시험제작을 하며 틀을 갖추어 갔다. 틀어지고 깨지고를 반복하

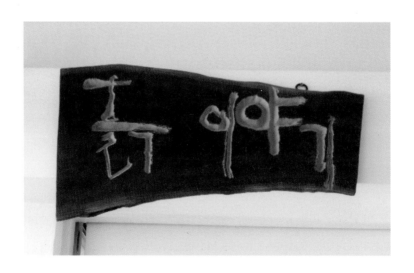

고 색감이 어울리지 않아 찻빛이 제대로 탕색을 내지 못하는 등 다기의 제작은 수없는 좌절과 실패를 거쳤으나 그 절목마다 새로이 떠오르는 영감은 다음 작품에 반영되었다.

2007년에는 개인전을 열고 자신감을 얻어 실용성과 예술성을 접목시키는 시도를 하고 항주차엽연구소 등을 견학하고 작업에 응용하는 창의성을 보이기도 했다. 여기에 조형성을 가미하는 것이 좋겠다는 부인의 권유로 다양성을 반영한 시험적인 작품을 위한 끊임없는 변화를 계속했다. 그 결과 몇 해 전 독일에서 작품을 전시하자는 제의가 들어와 2주 동안 워크숍을 하고 차회를 열어 현지인들의 관심 속에 입지의 영역을 넓혀갔다. 외국에 첫발을 내디딜 때는 황무지와 다름없지만 현지에서 작품의 영감을 얻고 디자인이나 작품의 완성도를 높일 수 있는 것은 그의 미래를 열어주는 통로와 같았다.

그러나 그러한 화려함 뒤에는 가정사의 고난을 피할 수 없었다. 아버님이 돌아가시고 이어지는 할아버지와 할머니의 장례를 치르면서 죽음에 관해 많은 생각을 하게 되었다. 죽음이 가져다주는 인생의 허무함, 사람의 소중함, 자신의 삶을 위한 노력 등 누구나 거치는 삶의 과정이 그에게도 태풍처럼 몰려왔다. 그리고 몇 년 뒤 다시 부인의암투병은 커다란 충격이었다. 선배가 운영하는 흙이야기 공방에서 부인 김화정(45)을 만나 어디든 동행하며 순정과 진실을 함께 했었는데 그런 일들이 어려워진다는 것이 감당하기 힘들었다. 사람이 귀한 재산이라는 것을 알고 있었지만 막상 남의 일 같던 현실이 자신에게 일어나자 한동안은 망연자실할 수밖에 없었다.

그렇게 2년여의 쉼의 기간은 그동안 쌓아온 많은 것을 잃어버리는 시간이기도 했다. 수많은 거래처와 인간관계의 단절은 작품의 판로를 가로막아 바닥으로 추락하는 듯한 좌절감에 싸이게 하여 다시 중국 광주로 눈을 돌리는 계기가 되었다. 2014년 중국소주 '본생미술관'에 레지던트작가로 활동하며 작품을 전시 판매하고, 2015년 봄과 가을에는 중국 따리에서 천 하나를 깔고 차회를 열어 중국인들

에게 인정받으려는 노력은 맨땅에 헤딩하는 기분이었다. 가장 아래에서 부딪히는 좌절을 안고 삶의 의지를 일으켜야 하는 아픔은 자존심을 버려야 산다는 삶의 절박함과 좀 더 겸손한 자세로 낮추어야 한다는 가르침을 일깨워 주었다. 삶이 인생을 가르치는 스승인 것이었다.

2010년에는 전남대학교대학원 문화재협동과정 박사코스를 수료하고 2012년 경인미술관에서 개인전을 열어 그동안 간병하느라 지친 마음에 활력을 전환하는 계기를 만들었다. 그는 학생들에게 말한다. 작가는 결코 화려한 직업이 아니라 현상과 이상의 갭을 줄이고 즐기며 사는 것이라고. 그리고 사람 사이에서 사람답게 활동할 수 있는 것이 진정한 작가정신이라고.

2017.6.24.